THORSTEN POLLEIT

VOM INTELLIGENTEN INVESTIEREN

Für

Ruth
Victoria H. A. E.
Patricia S. E. T.
Leopold A. C. F.

THORSTEN POLLEIT

VOM INTELLIGENTEN INVESTIEREN

Zeitlose Prinzipien für erfolgreiche Investments

FBV

Bibliografische Information der Deutschen Nationalbibliothek:
Die Deutsche Nationalbibliothek verzeichnet diese Publikation in der Deutschen Nationalbibliografie. Detaillierte bibliografische Daten sind im Internet über http://dnb.d-nb.de abrufbar.

Für Fragen und Anregungen:
info@finanzbuchverlag.de

Originalausgabe, 1. Auflage 2019

Nymphenburger Straße 86
D-80636 München
Tel.: 089 651285-0
Fax: 089 652096

Lektorat: Matthias Michel
Korrektorat: Astrid Treusch
Umschlaggestaltung: Maria Wittek
Umschlagabbildung: Shutterstock/Olga Kovalenko
Satz: ZeroSoft, Timisoara
Druck: GGP Media GmbH, Pößneck
Printed in Germany

ISBN Print 978-3-95972-134-9
ISBN E-Book (PDF) 978-3-96092-241-4
ISBN E-Book (EPUB, Mobi) 978-3-96092-242-1

Inhalt

ANHANG

»Investment is most intelligent when it is most businesslike.«

— Benjamin Graham

»[F]inding the really outstanding companies and staying with them through all the fluctuations of a gyrating market proved far more profitable to far more people than did the more colorful practice of trying to buy them cheap and sell them dear.«

— Philip A. Fischer

»It's not supposed to be easy. Anyone who finds it easy is stupid.«

— Charlie Munger

»It is not necessary to do extraordinary things to get extraordinary results.«

— Warren E. Buffett

»Monetary inflation not only raises prices and destroys the value of the currency unit; it also acts as a giant system of expropriation.«

— Murray N. Rothbard

Einleitung

Bücher über das Investieren gibt es viele, und unter ihnen sind ausgezeichnete Werke. Warum also noch ein Buch? Warum dieses Buch?

Seit vielen Jahren beschäftige ich mich als Ökonom intensiv mit den volkswirtschaftlichen Problemen, die das weltweite ungedeckte Papiergeldsystem (man bezeichnet es auch als *Fiat-Geldsystem*) verursacht. Dazu gehören zum Beispiel Inflation, (Zwangs-) Umverteilung, Wirtschafts- und Finanzkrisen (»Boom und Bust«) und Überschuldung. All diese Probleme habe ich in vielen Vorträgen und Aufsätzen behandelt.

Seit der internationalen Finanz- und Wirtschaftskrise 2008/ 2009 hat das öffentliche Interesse an diesen Themen ganz erheblich zugenommen. Meine Vorträge und Aufsätze, so stellte ich fest, stießen auf wachsendes Interesse. Vor allem bin ich von Zuhörern und Lesern immer häufiger und mit Nachdruck gefragt worden: *Wie lege ich mein Vermögen in einem Fiat-Geldregime an, damit es erhalten bleibt? Welche Möglichkeiten gibt es, wenn ich bestrebt bin, mein Vermögen zu mehren?*

Mir wurde klar, dass man sich als Ökonom nicht nur darauf beschränken darf, zu analysieren und Probleme aufzuzeigen, sondern dass man auch praktikable Lösungen erarbeiten und anbieten muss. Mit dieser Einsicht (zu der mich, so sollte ich anmerken, meine Frau hingeführt hat) habe mich vor gut sieben Jahren aufgemacht, konkrete, praktisch umsetzbare Handlungsempfehlungen zu erarbeiten.

Die »Währungsfrage« war für mich bereits seit vielen Jahren gelöst: Gold ist aus meiner Sicht langfristig die härteste, verlässlichste Währung. Der Anleger braucht aber auch eine nach Abzug der Inflation positive Rendite, um an der volkswirtschaftlichen Vermögensmehrung teilzuhaben. Daher habe ich versucht, von den besten Investoren zu lernen: das Vorgehen derjenigen Investoren eingehend zu studieren, die über lange Phasen hinweg hohe Rendite auf ihr eingesetztes Kapital erzielt haben und dabei gleichzeitig umsichtig und klug mit den Risiken des Investierens umgegangen sind. Zu diesem Kreis der besten, der erfolgreichsten Investoren zählen Namen wie Benjamin Graham, Philip A. Fisher, Warren E. Buffett, Charlie Munger, Seth Klarman, Walter Schloss, Gerald M. Loeb, Joel Greenblatt, Howard Marks und andere.

Von besonderem Interesse war für mich herauszufinden, ob es *zeitlose Prinzipien für erfolgreiches Geldanlegen* gibt. Ich bin zum Schluss gelangt: Ja, es gibt sie! Und im Grunde kann jeder sie sich zu Eigen machen, sie erlernen, sie für sich nutzbar machen. Aus dieser Einsicht heraus – und auch als Ausdruck meiner gewonnenen Überzeugung – habe ich mich Ende 2012 mit einem Value-Investor zusammengetan und einen Investmentfonds gegründet, mit dem die *zeitlosen Prinzipien für erfolgreiches Investieren* konsequent in die Tat umgesetzt werden. Die Wertentwicklung des Fonds, dem ich beratend zur Seite stehe, hat uns recht gegeben.

Anfang 2017 habe ich begonnen, für die *WirtschaftsWoche Online* eine vierzehntägig erscheinende Kolumne mit dem Titel *Intelligent investieren* zu verfassen. Damit wollte ich Aufklärungsarbeit leisten: eine breite Leserschaft in Kontakt bringen und vertraut machen mit den zeitlosen Prinzipien des erfolgreichen Investierens – und dabei eine kritisch-konstruktive Auseinandersetzung mit althergebrachten Börsenweisheiten und vor allem den Anlageempfehlungen der Banken- und Finanzindustrie führen. Viele positive, aber auch einige kritische Reaktionen auf meine Beiträge haben mich ermuntert, aus diesen Kolumnen und weiterführenden Aufsätzen das vorliegende Buch zusammenzustellen. Der Kolumnencharakter bringt es mit sich, dass sich einige grundlegende Hinweise und Ausführungen, etwa zur Identifizierung von »großartigen Unternehmen«, in verschiedenen Beiträgen wiederholen. Bei der Zusammenstellung für dieses Buch wurde bewusst darauf verzichtet, solche Redundanzen zu eliminieren, um den Aufbau der in sich geschlossenen Aufsätze zu erhalten.

Das Buch richtet sich an private wie auch professionelle Anleger, die daran arbeiten, ihren Investitionserfolg zu verbessern, also im Grunde an jeden, der – wie ich es bezeichne – ein »umsichtiger Investor« werden will: ein Investor, der eine hohe Rendite auf das eingesetzte Kapital bei gleichzeitig begrenztem Risiko anstrebt und dabei auch über die Ausdauer und die Willensstärke verfügt, sein Geld langfristig (das heißt mindestens für fünf Jahre) anzulegen und sich nicht unnötig vom kurzatmigen Auf und Ab an den Börsen ablenken lässt.

Besonders hinweisen möchte ich an dieser Stelle auf den im Anhang dieses Buches abgedruckten Aufsatz »Kritik der modernen Finanzmarkttheorie«. Er ist mein Versuch, die *moderne Finanzmarkttheorie* – auf die sich im Kern die in den folgenden Beiträgen geäußerte Kritik immer wieder richtet – einer strikten logischen Kritik zu unterwerfen. Um das Ergebnis vorwegzunehmen: Die moderne Finanzmarkttheorie, die mittlerweile eine dominierende Rolle für das Anlegerverhalten auf den Finanzmärkten einnimmt, und von der wichtige Handlungsempfehlungen für das Investieren abgeleitet werden, erweist sich als logisch inkonsistent und damit falsch. Der umsichtige Investor sollte sich daher von der modernen Finanzmarkttheorie fernhalten.

Wenn Sie nach der Lektüre dieses Buches sagen können, dass Sie nun anders über das Investieren denken und dass Sie erkannt haben, wie man beim Investieren vorgehen sollte – und was man beim Investieren vermeiden muss –, dann hat sich das Schreiben der Aufsätze gelohnt. Damit lässt sich nun auch die anfangs gestellte Frage beantworten: Dieses Buch soll die *zeitlosen Prinzipien für erfolgreiche Investments* in einer komprimierten und verständlichen, gut lesbaren Form jedem, der sich für das Investieren interessiert, zugänglich machen. Denn wer diese Prinzipien erfasst, verinnerlicht und sich konsequent an ihnen ausrichtet, vermeidet unnötige Fehler und besitzt eine gute Ausgangsposition, um erfolgreiche Investitionsentscheidungen treffen zu können.

An dieser Stelle möchte meinen Dank aussprechen: an Andreas Toller und Malte Fischer von der *WirtschaftsWoche* für ihre großzügige Unterstützung; dem Value-Investor Matthias Riechert, der meine Gedanken über das Investieren in die richtigen Bahnen gelenkt hat; den zahlreichen Gesprächspartnern und Investoren, mit denen mich eine enge und vertrauensvolle Zusammenarbeit verbindet; und Georg Hodolitsch vom FinanzBuchVerlag für die professionelle Begleitung. Vor allem gilt mein Dank meiner Frau Dr. Ruth Polleit Riechert. Ohne ihre Liebe und Ermunterung hätte ich nicht die »Komfortzone« des Ökonomen verlassen und mich den intellektuellen und vor allem auch mentalen Herausforderungen des Investierens gestellt. Sie alle haben zu diesem Buch – direkt oder indirekt, wissentlich oder unwissentlich – beigetragen. Alle verbliebenen Unzulänglichkeiten dieses Buches sind ausschließlich mir allein anzulasten.

Thorsten Polleit
Königstein i. T., Oktober 2018

1. KAPITEL

Investieren Sie schon, oder spekulieren Sie noch?

»[T]he investor should feel sure of himself and of his advisors [...] as to whether they have a clear concept of the differences between investment and speculation and between market price and underlying value.«

BENJAMIN GRAHAM

Wenn Sie, liebe Leserin, lieber Leser, darüber nachdenken, wie Sie bislang Ihre Geldanlageentscheidungen getroffen haben: Würden Sie dann sagen, dass Sie investiert oder eher spekuliert haben? Vermutlich werden Sie antworten: Es kommt darauf an, wie man Investieren und Spekulieren definiert. Recht haben Sie. In der Tat können die Begriffe Investieren und Spekulieren für unterschiedliche Personen zu unterschiedlichen Zeiten durchaus unterschiedliche Bedeutung haben.

Etwas flapsig könnte man sagen: Investieren ist erfolgreiches Spekulieren, und Spekulieren ist erfolgloses Investieren. Doch ganz so einfach sollte man es sich nicht machen. Benjamin Graham (1894–1976) – akademischer Lehrer, Investor und Autor der in Fachkreisen bekannten und eifrig rezipierten Bestseller *Security Analysis* (1934, dt.: *Die Geheimnisse der Wertpapieranalyse*), den er gemeinsam mit David L. Dodd (1885–1988) verfasst hat, und *The Intelligent Investor* (1949; dt.: *Intelligent investieren*) – hat sich eingehend mit der Frage auseinandergesetzt, was Investieren und was Spekulieren eigentlich ausmacht. Seine Überlegungen dazu sind zeitlos, sind heute noch hilfreich für jeden, der investieren – und nicht spekulieren – will.

Graham verdeutlicht den Unterschied zwischen Investieren und Spekulieren mit dem Konzept der *Sicherheitsmarge* (»Margin of Safety«). Die Sicherheitsmarge bezeichnet die Differenz zwischen dem fundamentalen (oder: intrinsischen) Wert eines Wertpapiers und seinem Kaufpreis. Kostet beispielsweise eine Aktie an der Börse 40 US-Dollar, und beträgt ihr Wert (den Sie als Investor nach aufwendiger Analyse ermittelt haben) 100 US-Dollar, so beträgt die Sicherheitsmarge 60 US-Dollar oder 60 Prozent: Um diesen Betrag beziehungsweise Prozentsatz kann der Wert der Aktie fallen, ohne dass Ihr investiertes Kapital verloren geht.

Eine hohe Sicherheitsmarge stellt dem Investor zum einen erhöhte Renditechancen in Aussicht, in unserem Beispiel von 150 Prozent (wenn die Aktie, die man zu 40 US-Dollar gekauft hat, nachfolgend auf ihren Wert von 100 US-Dollar steigt). Eine hohe Sicherheitsmarge schützt den Investor zum anderen davor, die Erfolgsaussichten – und damit den Wert der Aktie – zu überschätzen und einen zu hohen Preis zu bezahlen. Wir können damit festhalten: Je höher (niedriger) die Sicherheitsmarge ausfällt, desto höher (niedriger) ist die Renditechance, und desto niedriger (höher) das Risiko für den Investor. Doch gibt es überhaupt Phasen, in denen die Preise an der Börse von ihrem Wert abweichen und in denen ein umsichtiger Graham-Investor das Prinzip der Sicherheitsmarge ausnutzen kann?

Vertreter der modernen Finanzmarkttheorie verneinen das. Sie sind der Auffassung, die Börsenkurse entsprächen stets ihrem fundamentalen (intrinsischen) Wert und dass es deswegen für den Anleger nicht möglich sei, durch gezielte Auswahl von Aktien eine Rendite zu erzielen, die höher ist als die Rendite des Gesamtmarktes. Auf diesen Glaubenssätzen ist die heutige Finanzbranche, ist das Verhalten der Mehrheit der Finanzmarktakteure aufgebaut. Doch ist das, was die moderne Finanzmarkttheorie sagt, überzeugend?

Man darf durchaus Zweifel anmelden. Logische Gründe sprechen gegen die moderne Finanzmarkttheorie: Würden die Börsenkurse stets ihrem Wert entsprechen, würde es gar keinen Handel, keine Transaktionen geben (können). Denn dann hätte niemand einen Grund zu kaufen oder zu verkaufen. Und das entspricht natürlich nicht der Wirklichkeit: Auf den Finanzmärkten wird vielmehr fortwährend gehandelt, eben weil unterschiedliche Marktakteure unterschiedliche Einschätzungen über den richtigen Wert von Aktien, Anleihen und Devisen haben.

Die Erfahrung zeigt, dass es immer wieder Phasen gibt, in denen Sorge, Furcht und Panik den Börsenkurs der Aktie weit unter ihren Wert treiben können. Ein Beispiel ist die Finanz- und Wirtschaftskrise 2008/2009. Die Aktienkurse fielen extrem stark und viele rutschten unter ihren Wert, auch die von Unternehmen, die erfolgreiche Geschäftsmodelle hatten und die weiterhin in der Lage waren, Gewinne zu erzielen. Gerade in der Zeit der großen Krise boten sich ausgezeichnete Kaufgelegenheiten: Denn nach Graham investiert man dann beherzt, wenn die Sicherheitsmarge hinreichend hoch ausfällt.

Aus diesem Blickwinkel betrachtet, wird auch deutlich, dass Aktieninvestments nicht per se spekulative und Anleiheinvestments nicht per se nicht-spekulative, sichere Investments sind. Es kommt vielmehr auf die Sicherheitsmarge an. Graham berichtet in diesem Zusammenhang, dass in den 1920er-Jahren Anleihen von US-amerikanischen Eisenbahngesellschaften als risikoarme Papiere heiß begehrt waren und problemlos bei Privatanlegern platziert wurden. Dann jedoch, in der »Großen Depression« Ende der 1920er-/Anfang der 1930er-Jahre, fielen die Kurse dieser Papiere um bis zu 90 Prozent – das Papier, das zuvor 1 US-Dollar an der Börse kostete, war nun für 0,1 US-Dollar zu haben.

Die gleichen Anleihen, die vor dem Kurssturz als sicher gegolten hatten, wurden, nachdem die Kurse gefallen waren, als risikoreich angesehen, und viele Anleger machten einen großen Bogen um sie. Einige kundige Investoren erkannten jedoch, dass die Eisenbahngesellschaften noch über ausreichende finanzielle Mittel verfügten, um die Anleihen zumindest teilweise zu bedienen. Sie schätzten den Wert der Anleihen auf 0,4 US-Dollar – und kauften. Schließlich betrug die Sicherheitsmarge für die Anleihen aufgrund des Kursrutsches 300 Prozent! Damit wird deutlich: Der intrinsische Wert im Vergleich zum Marktpreis entscheidet darüber, ob ein Wertpapier eine sinnvolle Investition oder eine (unvertretbare) Spekulation ist.

In der Regel notieren Aktien großer und bekannter Unternehmen (»Blue Chips«) relativ teuer an der Börse. Denn viele Anleger neigen dazu, Aktien bekannter Namen zu kaufen. Auf diese Weise glauben sie, ihr Investitionsrisiko zu begrenzen. Aus Sicht eines

Graham-Investors ist dieses Vorgehen allerdings nicht überzeugend. Übersehen wird, dass der Preis, den man für die Aktien der Großen und Bekannten zu bezahlen hat, häufig keine attraktive Sicherheitsmarge bietet. Nicht nur fällt die Investitionsrendite gering(er) aus, der Investor geht auch ein erhöhtes Kapitalverlustrisiko ein (wenn der Wert der Aktien nahe am Kaufpreis oder gar darunter liegt).

Damit wird deutlich, was Spekulieren ist: Man spekuliert, wenn man den Wert eines Wertpapiers, das man erwirbt, nicht kennt. Und wenn man den Wert nicht (annähernd) kennt, lässt sich auch die Sicherheitsmarge nicht mit hinreichender Gewissheit abschätzen. Der Spekulant kann Glück haben, dass das Papier, das er kauft, tatsächlich einen deutlich höheren Wert hat als der Preis, den er bezahlt. Wenn das aber nicht der Fall ist – wenn also die Sicherheitsmarge gering ausfällt oder gar negativ ist (der Wert des Papiers unter dem Kaufpreis liegt) –, läuft er Gefahr, eine geringe oder gar negative Rendite einzufahren.

Mit Graham lässt sich sagen: Der Investor trägt ein geringeres Risiko als der Spekulant, weil der Investor, anders als der Spekulant, mit dem Prinzip »Preis-versus-Wert« arbeitet. Damit kommen wir zu einer ganz entscheidenden Frage: Wie lässt sich der Wert eines Wertpapiers ermitteln? Betrachten wir dazu ein Unternehmen beziehungsweise seine Aktie. Zur Wertbestimmung gibt es eine feste Formel: Der Wert der Aktie ist die Summe aller *abgezinsten* künftigen Gewinne.

Wie man Aktien bewertet

Nehmen wir an, Sie analysieren ein Unternehmen und kommen zum Schluss, dass es Ihnen einen Gewinn von 100 Euro pro Jahr für die kommenden 10 Jahre beschert. Welchen Preis sind Sie maximal bereit, für das Unternehmen beziehungsweise für seine Aktie zu zahlen? Zunächst werden Sie in Erfahrung bringen, wie hoch der Marktzins ist. Nehmen wir an, er beträgt 5 Prozent pro Jahr. Das heißt, wenn Sie zu 5 Prozent pro Jahr 100 Euro anlegen, haben Sie am Ende eines Jahres 105 Euro (vor Steuern, wohlgemerkt). Daraufhin werden Sie die *erwarteten* Gewinne des Unternehmens abzinsen auf die

Gegenwart, also ihren *Barwert* ermitteln: Der Wert des Unternehmens entspricht der *Summe aller abgezinsten Gewinne.* In unserem Beispiel ergibt sich ein Barwert in Höhe von 772,20 Euro.

Abb. 1: Wie man den Wert eines Unternehmens ermittelt

Gewinne, Barwert der Gewinne und Unternehmenswert – ein Beispiel

Jahr	Gewinn pro Jahr	Abgezinster Gewinn auf das Jahr(1)	Barwert der Investition*
0			772,2
1	100	95,2	...
2	100	90,7	...
3	100	86,4	...
4	100	82,3	...
5	100	78,4	...
6	100	74,6	...
7	100	71,1	...
8	100	67,7	...
9	100	64,5	...
10	100	61,4	...

Quelle: Eigene Berechnungen. Annahme: Marktzins beträgt 5 Prozent pro Jahr.

(1) Beispielsweise beträgt der Barwert der Zahlung im Jahr 2: $100 / ((1+0,5)^2) = 90,7$, der der Zahlung in Jahr 8: $100 / ((1+0,5)^8) = 67,7$.

*Summe der Beträge in Spalte 3.

Wenn die Aktie der Firma an der Börse 772,20 Euro kostet, können Sie entweder Ihr Geld zu 5 Prozent anlegen oder die Aktie kaufen. Beides erzielt die gleiche Rendite. Liegt der Börsenkurs *über* 772,20 Euro, ist es vorteilhafter für Sie, wenn Sie Ihr Geld zu 5 Prozent anlegen. Denn die Aktie, wenn sie für mehr als 772,20 Euro gekauft wird, bringt Ihnen eine Rendite von weniger als 5 Prozent. Liegt der Börsenkurs *unter* 772,20 Euro, ist es hingegen vorteilhafter für Sie, die Aktie zu erwerben anstatt das Geld zu 5 Prozent pro Jahr anzulegen.

Nun sind aber die künftigen Unternehmensgewinne unbekannt, und es stellt sich zudem die Frage, welchen Diskontierungsfaktor man wählen soll. Wer sich gewissenhaft an die Arbeit macht, um die künftigen Unternehmensgewinne abzuschätzen, der wird sehr rasch merken, dass es Unternehmen gibt, bei denen das tendenziell möglich ist (wenn man sich intensiv mit dem Unternehmen und seiner Branche beschäftigt), und dass es Unternehmen gibt, bei denen das nur schwer oder ganz unmöglich ist. Der umsichtige Graham-Investor wird sich nur mit solchen Unternehmensaktien genauer beschäftigen, deren Zukunftserfolge er zumindest annähernd verlässlich beurteilen kann, und er wird die Finger von den Aktien lassen, die er nicht versteht.

Der umsichtige Investor wird zudem einen Diskontierungszins wählen, der ökonomisch sinnvoll für ihn ist (und das ist seine künftige alternative Renditemöglichkeit, näherungsweise in Form von zum Beispiel der Rendite für 30-jährige Anleihen, beziehungsweise in einem Umfeld, in dem die Zentralbanken die Zinsen künstlich tief halten, eine ökonomisch sinnvolle Mindestrendite). Der Barwert – der der Summe aller abgezinsten künftigen Unternehmensgewinne entspricht – ist sodann mit dem Börsenkurs zu vergleichen. Eine Investition macht aus Sicht eines Graham-Investors dann Sinn, wenn der Wert der Aktie deutlich (zum Beispiel 10 oder 20 Prozent) *über* dem zu bezahlenden Börsenkurs liegt.

Wer investieren und nicht spekulieren will, der kommt folglich nicht drum herum, die Ärmel hochzukrempeln und sich daranzumachen, den Wert der Aktie (gleiches gilt für Anleihen oder Immobilien) aufzuspüren – und zwar indem er Unternehmensberichte liest, Unternehmensmessen besucht, denkt und rechnet. Eine schnelle und leichte Abkürzung gibt es nicht: Wer seine Investitionsentscheidung zum Beispiel nur aufgrund von Kurs-Gewinn-Verhältnissen oder der Dividendenrenditen trifft, geht nicht gut begründet vor; er wird so nicht zum erhofften Erfolg gelangen.

Das Investieren wie ein Graham-Investor hat einen weiteren Vorzug: Wer den Wert der Aktien, in die er investiert hat, hinreichend genau kennt, der kann auch dann gut schlafen, wenn an den Börsen Panik herrscht, wenn die Kurse der Aktien zeitweise unter ihren Wert fallen. Verlustängste entstehen nämlich vor allem daraus, dass man spekuliert und nicht investiert: dass man den Wert nicht kennt und folglich auch nicht die Sicherheitsmarge. Allein schon wegen der beruhigenden Wirkung auf den eigenen Seelenfrieden ist es lohnend, sich mit den Ideen des Graham-Investors anzufreunden.

Wie man mit der »Sicherheitsmarge« umgeht

Nehmen wir an, Ihre Analyse kommt zum Ergebnis, die Aktie ist 100 Euro wert. An der Börse – an der es gerade panisch zugeht – wird sie zu, sagen wir, 70 Euro gehandelt. Ihre »Sicherheitsmarge« liegt folglich bei 30 Euro beziehungsweise 30 Prozent: Um diesen Betrag beziehungsweise Prozentsatz kann der Aktienwert fallen, ohne dass Sie einen Kapitalverlust erleiden. Wenn der Börsenkurs auf 90 Euro steigt (der Kursgewinn Ihrer bereits gekauften Aktien beträgt 28,6 Prozent), schrumpft die Sicherheitsmarge auf 10 Prozent, wenn die Aktie zu 90 Euro gekauft wird. Handelt die Aktie hingegen bei 110 Euro, würden Sie nicht kaufen. Die Aktie wäre zu teuer, Ihre Sicherheitsmarge *negativ*: Ein Kauf zu 110 Euro würde Ihnen einen Kapitalverlust von 10 Prozent bescheren.

Abb. 2: Wert, Preis und die Sicherheitsmarge einer Aktie
Wie sich die Sicherheitsmarge erklärt

	1	2	3	4	5	6
Wert, €	100	100	100	100	100	100
Kaufpreis, €	50	70	80	90	100	110
Sicherheitsmarge in %	50	30	20	10	0	-10

Quelle: Eigene Darstellung. Die Sicherheitsmarge errechnet sich als Unterschied zwischen Wert und Kaufpreis der Aktie, ausgedrückt in Prozent des Wertes.

Es ist denkbar, dass Ihre Analyse zeigt, dass der Wert, den Sie bisher den Aktien zugewiesen haben, nun deutlich niedriger anzusetzen ist – weil sich zum Beispiel das Wettbewerbsumfeld für das Unternehmen verändert hat und sich die Gewinnperspektiven verschlechtert haben. Nehmen wir an, der Börsenkurs der Aktie ist 80 Euro, und Ihre bisherige Werteinschätzung lag bei 100 Euro. Nun aber sind Sie der Auffassung, der Wert liegt nur noch bei 70 Euro. In diesem Falle würde Ihnen die Sicherheitsmarge (von minus 10 Euro) empfehlen, die Aktie zu verkaufen – und nach besseren Gelegenheiten Ausschau zu halten.

2. KAPITEL

Die Gretchenfrage: Kann ich, oder kann ich nicht?

»Diejenigen fürchten das Pulver am meisten, die es nicht erfunden haben.«

HEINRICH HEINE

»Bald kommt der Aktienmarkt-Crash.« Wer eine solche Überschrift veröffentlicht, kann sich großer Aufmerksamkeit sicher sein. Denn sie rührt an Urängste, an psychologische Schwachpunkte der meisten Börsianer: der Angst vor Verlusten. Derzeit fallen die Krisenprophezeiungen wieder auf fruchtbaren Boden: Der weltweite Börsen-Boom befindet sich bereits in seinem neunten Jahr, und an Faktoren, die sein Ende einläuten könnten, herrscht kein Mangel.

Als da wären: Die US-Zentralbank (Fed) hebt die Zinsen an und beendet die bisher kurstreibende Geldflut; die US-Administration greift zu Importzöllen, auf die andere Länder mit Vergeltung reagieren – damit wird die internationale Arbeitsteilung, der unverzichtbare Grundpfeiler des weltweiten Wohlstandes und eine wichtige Triebfeder der Unternehmensgewinne, beeinträchtigt; und dann steigt auch noch die ohnehin bereits hohe weltweite Verschuldung immer weiter an.

Wie soll man als umsichtiger Investor mit Crash-Ängsten umgehen? So mancher Anleger wird vermutlich das Börsen-Fernsehen anschalten, wird Marktberichte von Banken und Brokern lesen und versuchen, sich ein fundiertes und umfassendes Bild zu machen, um die richtigen Entscheidungen treffen zu können. Wenngleich das auch auf den ersten Blick vernünftig klingt: Das ist nicht das, was der Investor als Erstes machen sollte.

Er sollte sich vielmehr die zentrale, die elementare Frage in Erinnerung rufen, die sich *jeder*, der mit Sinn und Verstand investieren will, stellen und auch gut durchdacht beantworten sollte. Diese Frage lautet: *Kann ich über die Jahre hinweg betrachtet besser als der Gesamtmarkt abschneiden, ja oder nein?* Kann ich eine Rendite erzielen, die langfristig höher ist als die Rendite des Gesamtmarktes – kann ich das leisten, oder kann ich das nicht leisten? (Siehe hierzu die nachstehende Grafik.)

Abb. 3: Die zentrale Frage für alle, die umsichtig investieren

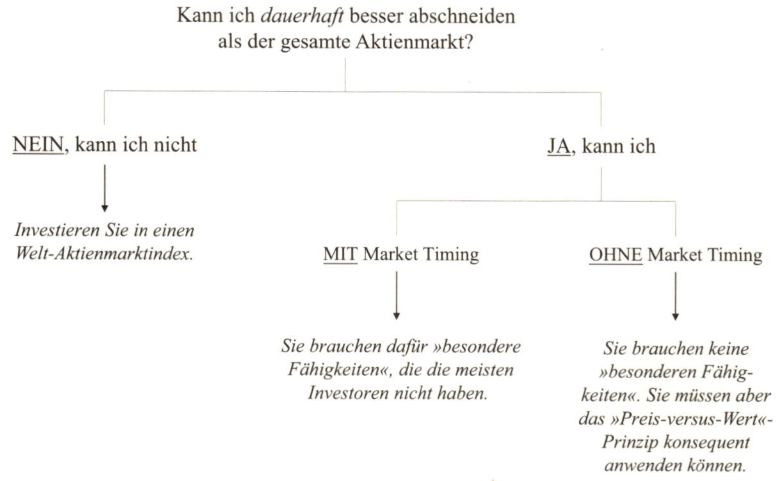

Quelle: Eigene Darstellung.

Nein, kann ich nicht

Wenn die Antwort *Nein* lautet, ist das keine Schande. Man steht nicht allein damit: Den meisten Investoren gelingt es nicht, eine Rendite zu erzielen, die höher ist als die Rendite des Gesamtmarktes. Die sinnvolle Lehre daraus ist: Investiere in den Welt-Aktienmarktindex per Zertifikat oder ETF. Denn durch ein solches *passives Investieren* können Sie an der weltweiten Kursentwicklung der

Unternehmensanteile teilhaben, und das zu sehr geringen (Transaktions-)Kosten.

Konsequent angewandt setzt man hier auf die lange Frist, das heißt man betreibt kein »Market Timing«. Denn wer die Hoffnung hegt, er könne durch vorzeitiges Verkaufen den Kursstürzen auf dem Aktienmarkt entkommen, begeht einen Denkfehler: Wer die Hoffnung hegt, er könne durch geschicktes, zeitweises Aus- und Wiedereinsteigen besser abschneiden als der Aktienmarkt, der widerspricht seiner Grundsatzentscheidung – dass er eben *nicht* besser abschneiden kann als der Gesamtmarkt. Das ist ein Fehler, den man vermeiden sollte.

Ja, kann ich – und zwar mit »Market Timing«

Lautet die Antwort *Ja* – ich kann besser abschneiden als der Gesamtmarkt –, wie soll man dann mit dem Auf und Ab an den Börsen umgehen? Hier gibt es zwei mögliche Ansätze. Der *erste Ansatz* besteht darin, dass man mit »Market Timing« versucht, den Aktienmarkt outzuperformen: Als »Market Timer« bemüht man sich, aus dem Aktienmarkt auszusteigen, kurz bevor es zu Kursrückschlägen kommt, und nach erfolgtem Kursrutsch *frühzeitig* wieder einzusteigen.

Vielleicht gibt es erfolgreiche Market Timer. Aber sie sind vermutlich rar gesät. Denn es gibt keine Möglichkeit, bereits schon heute die Faktoren verlässlich zu identifizieren und systematisch vorherzusagen, die die künftigen Aktienkurse bestimmen. In der kurzen Frist bilden sich die Aktienkurse nicht selten aufgrund psychologischer Gründe wie Euphorie und Angst, Gier und Panik, nicht aber aufgrund fundamentaler Erwägungen wie Marktstellung und Eigenkapitalrendite einer Firma.

Die psychologischen Faktoren zu identifizieren und ihren Einfluss auf die künftigen Aktienkurse verlässlich vorhersagen zu wollen, ist ein – zumindest in wissenschaftlicher Hinsicht – unmögliches Unterfangen: Es gibt das Wissen nicht, das uns sagen könnte, welche Faktoren bestimmte Gemütszustände der Börsianer bewirken, und wie diese Gemütszustände die Aktienkurse beeinflussen. Das menschliche Handeln lässt sich nicht prognostizieren, wie es in der Naturwissenschaft praktiziert wird.

Wer als Market Timer erfolgreich ist, muss daher über eine »besondere Fähigkeit« verfügen, muss das können, was normalerweise unerreichbar ist: Er muss wissen, was künftig passiert, und welche Wirkung das auf die Aktienkurse hat. Wie gesagt, ausgeschlossen ist es nicht, dass jemand das kann. Aber die »besondere Fähigkeit« kann per definitionem nicht jeder haben. Und jeder, der meint, er könne mit Market Timing herausstechen, sollte daher gut darüber nachdenken, ob er tatsächlich zu den erfolgreichen Market Timern zählt.

Sollte man *nicht* zu den erfolgreichen Market Timern zählen – unterliegt aber fälschlicherweise der Illusion, »besondere Fähigkeiten« zu haben –, kann das den Investor sehr teuer zu stehen kommen. Man wird in Boom-Phasen zu früh verkaufen, in Crash-Phasen zu spät kaufen, was insgesamt dazu führen wird, dass die eigene Rendite unter der des Gesamtmarktes liegt. Das Resultat ist dann nicht Outperformance, sondern Underperformance.

Ja, ich kann – aber nicht mit »Market Timing«

Der *zweite Ansatz* umfasst die Investoren, die meinen, sie können den Gesamtmarkt outperformen, aber nicht indem sie auf »Market Timing« setzen. Die Investoren, die versuchen, ohne Market Timing eine Outperformance zu erzielen, halten sich strikt an das »Preis-versus-Wert«-Prinzip. Der *Preis* einer Aktie ist der Börsenkurs. Er ist während der Handelszeit jederzeit und von allen einsehbar und zeigt, für wie viel Geld eine Aktie den Besitzer gewechselt hat.

Der *Wert* einer Aktie findet sich hingegen nicht auf dem Kurszettel (und viele Börsianer, die Aktien kaufen und verkaufen, kennen ihn auch nicht). Er muss vielmehr ermittelt werden – und entspricht der Summe der abgezinsten Gewinne, die ein Unternehmen erzielt. Um den Wert einer Aktie bestimmen zu können (nicht auf die Nachkommastelle, aber zumindest doch innerhalb einer gewissen Bandbreite), sind eingehende Analysen, Fachwissen und Entscheidungsfestigkeit gefragt.

In der Praxis angewandt, bedeutet das »Preis-versus-Wert«-Prinzip, dass man eine Aktie nur dann kauft, wenn ihr Preis deutlich (sagen wir 10 bis 20 Prozent) *unter* ihrem Wert liegt (wenn also eine »Sicherheitsmarge« vorliegt). Ein Beispiel soll erläutern, wie das »Preis-versus-Wert«-Prinzip funktioniert. Nehmen wir an, Sie kommen zu dem Schluss, dass das Unternehmen *X* ein hervorragendes Unternehmen ist, und dass seine Aktie 100 Euro wert ist.

Die Aktie handelt jedoch (weil andere das ebenso sehen wie Sie) bei 120 Euro. Zu diesem Preis kaufen Sie natürlich nicht. Denn Sie wollen ja nicht mehr für die Aktie bezahlen, als sie wert ist. Doch dann gibt es plötzlich Panik an der Börse (weil zum Beispiel die italienische Regierung verkündet, sie wolle aus dem Euro aussteigen), und die Aktienkurse fallen um, sagen wir 30 Prozent. Der Aktienkurs von Unternehmen *X* fällt sogar noch stärker, von 120 auf 70 Euro.

Ihre Analyse zeigt nun aber, dass durch die »Italienkrise« die Gewinne des Unternehmens *X* gar nicht negativ beeinflusst werden, dass die Aktie nach wie vor 100 Euro wert ist. Daraufhin kaufen Sie beherzt zu 70 Euro – denn Sie rechnen aufgrund guter Gründe damit, dass der Aktienkurs früher oder später auf 100 Euro, also den Wert der Aktie, steigt und Ihnen eine Rendite von 42,9 Prozent winkt. Zudem haben Sie eine Sicherheitsmarge von 30 Euro: Um diesen Betrag kann der *Wert* der Aktie fallen, ohne dass Sie einen dauerhaften Kapitalverlust verschmerzen müssen.

Gesetzt den Fall, Ihre Werteinschätzung ist fehlerhaft, und die Aktie ist nur 80 Euro wert, dann liegt Ihre Sicherheitsmarge also nicht bei 30, sondern bei 10 Euro – ist aber nach wie vor positiv: Sie haben die Aktie ja zu einem Preis von 70 Euro gekauft, was *deutlich unter* dem Wert der Aktie liegt. Selbst wenn Sie den Wert der Aktie überschätzt haben sollten (wenn er 80 statt 100 Euro beträgt), haben Sie dank der Sicherheitsmarge einen Puffer, der Sie vor Kapitalverlusten bewahrt.

Wissen, warum man was tut

Wenn Sie glauben, Sie können den Aktienmarkt *nicht* outperformen, ist der Fall klar: Verfolgen Sie eine konsequent passive Aktienanlage, investieren Sie in einen breit aufgestellten Welt-Aktienmarktindex, bleiben Sie langfristig investiert, nehmen Sie von Market Timing Abstand. Wenn Sie hingegen meinen, dass eine Outperformance möglich ist, dann bedenken Sie: Die Chancen für die meisten Investoren sind vermutlich am größten, wenn eine Outperformance ohne Market Timing angestrebt wird.

Sich mit diesen Überlegungen eingehend auseinanderzusetzen, ist vermutlich eine der wichtigsten Maßnahmen für jeden Investor, unter anderem auch, um Crash-Sorgen zu bändigen, beziehungsweise sie sinnvoll bei Investmententscheidungen zu berücksichtigen. Denn wenn man weiß, was man tut, und warum man es tut, hilft das, einen kühlen Kopf zu bewahren. Das wusste schon Heinrich Heine (1797–1856), der schrieb: »Diejenigen fürchten das Pulver am meisten, die es nicht erfunden haben.«

3. KAPITEL

Wie Sie Verlustängsten ein Schnippchen schlagen

»In Ängsten findet manches statt,
was sonst nicht stattgefunden hat.«
WILHELM BUSCH

Gehören Sie zu den Menschen, die sich über einen Verlust stärker ärgern als sich über einen Gewinn in gleicher Höhe freuen? Wenn ja, dann haben Sie eine mehr oder weniger ausgeprägte *Verlustaversion*, die Sie mit vielen Ihrer Mitmenschen teilen. Verlustängste sind allzu menschlich. Doch sie sind nicht förderlich, wenn man Geld im Kapitalmarkt angelegt hat. Verlustängste provozieren Investitionsentscheidungen, die die Investitionsrendite mitunter stark beeinträchtigen.

Denken wir an eine Situation, in der die Börsenkurse einbrechen, sagen wir um 15 oder 25 Prozent. Man will »raus«, will retten, was zu retten ist, nicht untätig zusehen, wie der Wert des Aktiendepots dahinschmilzt. Lieber Verluste begrenzen und Kasse halten, auch wenn man vielleicht nicht zu den Ersten gehört, die wieder einsteigen, wenn sich die Marktstimmung dreht. Können Sie diesen Wunsch nachvollziehen? Wenn ja, dann sollten Sie wissen: Das ist eine Situation, in der die Emotion die Vernunft zu übertrumpfen sucht.

Stellen wir uns folgende Frage: Was ist ein Verlust? Fällt der Börsenkurs der Aktie unter den Kurs, zu dem Sie gekauft haben, machen Sie einen Buchverlust. Müssten Sie daraufhin verkaufen, realisieren Sie den Verlust, und das verringert das Kapital, das Ihnen für weitere Investitionen zur Verfügung steht. Für den umsichtigen

Investor, der langfristig investiert – der einen Zeithorizont von, sagen wir, fünf Jahren oder mehr hat –, sind Buchverluste allerdings nebensächlich. Ihn haben *ökonomische Verluste* zu interessieren.

Die Börsenkurse schwanken. In der Regel ist das gut und richtig, denn so kommen die richtigen Preise für Aktien zustande. Manchmal jedoch werden die Kurse von Euphorie, Gier, Furcht und Panik getrieben und reflektieren nicht notwendigerweise die Veränderung des Unternehmenswertes. Letzterer ist – vereinfachend gesprochen – die Summe aller abgezinsten Gewinne, die das Unternehmen in der Zukunft erzielen wird (siehe Kapitel »Investieren Sie schon, oder spekulieren Sie noch?«). Es gibt immer wieder Phasen, in denen Wert und Preis einer Aktie auseinanderfallen.

Der umsichtige Investor setzt daher einen Buchverlust nicht reflexartig gleich mit einem ökonomischen Verlust. Vielmehr sieht er eine dauerhafte Wertminderung seines Kapitals als den für ihn relevanten Verlust an. Was ist damit gemeint? Nehmen wir an, Sie haben ein attraktives Unternehmen identifiziert, und Ihre eingehende Analyse hat ergeben, dass die Unternehmensaktie einen Wert von, sagen wir, 100 Euro hat. Ein Kursrutsch an der Börse lässt den Preis der Aktien auf 70 Euro fallen, und Sie kaufen die Aktie.

Betrachten wir nun zwei Fälle. Im ersten Fall rutscht die Aktie beispielsweise weiter auf 40 Euro ab, weil Panik herrscht und der Ausverkauf weitergeht. Ihr Buchverlust beträgt 30 Euro. Als umsichtiger Investor haben Sie jedoch keinen Grund zittrig zu werden: Wenn Sie sicher sein können, dass der Wert des Unternehmens weiterhin 100 Euro beträgt, können Sie nach wie vor mit einer Rendite von 43 Prozent rechnen [(100/70 – 1)*100]. Denn früher oder später wird sich der Börsenkurs dem Wert der Aktie annähern.

Die Situation ist für Sie als umsichtiger Investor sogar vorteilhaft: Sie können jetzt Aktien zu 40 Euro kaufen, die 100 Euro wert sind – und in unserem Beispiel hätten Sie damit die Möglichkeit, eine Rendite von 250 Prozent zu erzielen! Der Kursrückgang erhöht hier nicht etwa das Risiko des Investors, er senkt es vielmehr: Etwas zu 40 Euro kaufen zu können, was 100 Euro wert ist, ist weniger risikoreich, als es zu 70 Euro zu kaufen. Höhere Rendite bei geringerem Risiko ist also möglich!

Anders verhält es sich im zweiten Fall. Hier stellt sich heraus, dass das Management des Unternehmens nicht so gut ist, wie Sie ursprünglich gedacht haben. Ihnen ist also ein Schätzfehler unterlaufen. Sie müssen erkennen, dass der Wert des Unternehmens nicht 100 Euro beträgt, sondern nur, sagen wir, 50 Euro. Sie haben etwas für 70 Euro gekauft, was nur 50 Euro wert ist. Wie sollen Sie mit dieser Situation umgehen? Vielleicht doch warten, bis die Aktie wieder ihren Kaufpreis erreicht hat, und dann verkaufen?

Die Empfehlung ist hier klar: Aussteigen. Sie haben zu viel bezahlt. Damit wird deutlich: Die Auswahl und Bewertung der Aktien sind zentral für Ihren Investitionserfolg. Hier bestimmen Sie maßgeblich mit, welche Rendite Sie auf Ihr Kapital in den kommenden Jahren erzielen. Und wenn Sie das verinnerlicht haben, dann wissen Sie auch genau, welchen Entwicklungen Sie fortan sinnvollerweise Aufmerksamkeit und Energie schenken müssen und welchen nicht.

Das Auf und Ab der Börsenkurse ist für den umsichtigen Investor nur insofern wichtig, als es ihn günstige Gelegenheiten finden lässt: Wenn die Kurse für Unternehmensaktien deutlich unterhalb ihres Wertes handeln – dann sind sie für das Investieren prinzipiell attraktiv.

Viele Investoren stehen jedoch im Bann der Aktienkursschwankungen. Und sie haben Angst vor einer Kurskorrektur. Sie wollen ihre Aktien verkaufen, bevor die Kurse einknicken, und Aktien erst wieder kaufen, wenn die Kurse auf dem Tiefpunkt sind. Das Problem: Man weiß nicht, ob und wann Börsenkurse fallen. Und nachdem die Kurse gefallen sind, lässt sich auch nicht mit Gewissheit sagen, ob sie ihren Boden tatsächlich schon gefunden haben. Die meisten Anleger verkaufen zu früh und steigen zu spät wieder ein – und das schmälert ihre Investitionsrendite.

Erfolgreiche Investoren haben an dieser Stelle einen Rat: Sie empfehlen, ausschließlich in »großartige Unternehmen« zu investieren. In solche also, die über lange Zeit überdurchschnittlich hohe Renditen auf das eingesetzte Kapital erzielen und den Gewinn pro Aktie merklich steigern können. Das gelingt nicht allen. Großartigen Unternehmen aber schon, weil sie über »Markteintrittsbarrieren« verfügen: Sie können etwas, was andere nicht oder nicht so ohne Weiteres nachahmen können.

US-Investor Philip A. Fisher (1907–2004) weist darauf hin, dass es im Grunde kaum eine Situation gibt, in der es sich empfiehlt, großartige Unternehmen, die man gut ausgewählt hat und deren Wert man kennt, zu verkaufen. Wenn die Börsenkurse in der Baisse purzeln, sei der umsichtige Investor vielmehr gut beraten, an ihnen festzuhalten. Großartige Unternehmen überstehen auch schwierige Wirtschaftsphasen, ihr Aktienkursrückgang ist nur vorübergehend.

Auch in Kurs-Übertreibungsphasen, wenn die Börsenkurse der Aktien stark steigen und teuer werden, sollte der umsichtige Investor an seinen großartigen Unternehmen festhalten und kein Markt-Timing betreiben. Denn er sieht sich hier schließlich den gleichen Problemen gegenüber wie in der Börsen-Baisse: Man weiß nicht, wo der beste Verkaufskurs liegt, und man weiß nicht, wie tief die Kurse noch fallen werden, sodass man auch nicht weiß, wann man wieder einsteigen soll.

Nicht zuletzt spricht die Besteuerung gegen eine »Rein-Raus«-Strategie. Sie ist mit erheblichen Kosten verbunden und schmälert die Investitionsrendite. Allerdings gilt auch hier: Sollten Sie tatsächlich einmal die Erfolgspotenziale eines Unternehmens falsch, das heißt zu optimistisch eingeschätzt haben, kann es trotz Besteuerung der zwischenzeitlich aufgelaufenen Kursgewinne lohnend sein, auszusteigen und in Unternehmensaktien zu investieren, die tatsächlich großartig sind.

Es gibt eine Verlustangst, die begründet ist, die bei vielen Investoren jedoch häufig unterentwickelt ausfällt: die Sorge, dass attraktive Renditen an einem ungenutzt vorbeiziehen, dass einem Gewinne entgehen beziehungsweise dass man *Opportunitätsverluste* erleidet. Im Tagesgeschäft wird in der Regel versucht, die entgangenen Gewinne durch einen Vergleich zwischen der eigenen Portfoliorendite und der Rendite eines Vergleichsindexes (wie zum Beispiel DAX, S&P 500 oder MSCI World) sichtbar zu machen: Liegt die eigene Rendite über (unter) der des Aktienmarktindexes, hat man »outperformed« (»underperformed«).

Solch ein Vorgehen ist jedoch nicht unproblematisch. In den Aktienindizes sind stets auch Unternehmen enthalten, die alles andere als großartig sind, die vielleicht sogar ihre besten Zeiten schon hinter sich haben. Beurteilt man sein Investitionsergebnis anhand eines »schwachen« Aktienindexes, unterschätzt man seine entgangenen Gewinne, glaubt sich erfolgreicher, als man tatsächlich ist. Der umsichtige Investor ist daher gut beraten, seine Leistung anhand der Resultate zu messen, die herausragende Investoren erzielen.

Indem man das eigene Investitionsergebnis an den Resultaten der Besten misst, kann man sich ein klares und aufschlussreiches Bild über die eigene Vermögensentwicklung machen. Der Grundsatz, sich an den Besten zu orientieren, gilt natürlich vor allem für die Investoren, die sich als aktive Investoren einstufen. Sie sollten nämlich den Anspruch haben, in der langen Frist Überrenditen zu erzielen. Das gilt sowohl für den Fall, in dem der aktive Investor selbst Aktien auswählt, als auch für den Fall, in dem er mit professionellen Investoren – im Regelfall Portfoliomanager und Fondsanbieter – zusammenarbeitet. Der richtige Maßstab ist hier die Leistung der besten Investoren, nicht die des Marktdurchschnitts.

Ein ganz entscheidender Schritt, um kontraproduktive Verlustängste beim Investieren auszuschalten, besteht darin, die eigenen Emotionen in den Griff zu bekommen. Das kann gelingen, wenn man den Wert der Aktien, in die man investieren will, hinreichend genau kennt. Zum einen kann man dann sinnvolle Investitionsentscheidungen treffen: Das Investieren ist gut begründet, wenn der Wert der Aktie über ihrem Preis liegt, den man an der Börse zu zahlen hat; und daher kann man mit solchen Entscheidungen auch gut schlafen.

Zum anderen weiß man, wie man sich bei Kursschwankungen zu verhalten hat. Das Auf und Ab der Börsenkurse lässt einen kalt, solange der Wert der Aktie über dem Preis liegt, den man bezahlt hat. Und in dem Fall, in dem der Börsenkurs unter den Wert der Aktie fällt, und der Kauf der Aktie noch attraktiver wird. Erst dann, wenn eine Wertminderung der Aktie eintritt – und sie ist unabhängig vom Börsenkurs –, besteht eine Notwendigkeit zu handeln: Dann muss man sich nach besseren Alternativen umsehen.

Der umsichtige Investor, der auf diese Weise seine Emotionen kontrolliert und seine Investitionsentscheidungen trifft, vermeidet die Fehler, die die meisten seiner Wettbewerber am Kapitalmarkt machen. Und hier wie in anderen Lebensbereichen gilt: Nicht selten reicht es aus, die Fehler, die andere machen, zu vermeiden, um besser abzuschneiden als der Rest. Kurzum: Wer den Wert kennt, schlägt Verlustängsten ein Schnippchen und kann erfolgreich investieren.

4. KAPITEL

Unternehmen schaffen Wert

»It's not a faith in technology.
It's faith in people.«

STEVE JOBS

Nie war der Wohlstand auf der Welt so groß wie heute. Noch nie war die Güterproduktion so reichhaltig, kann so viele Menschen ernähren wie heute. Dieser materielle Erfolg hat einen Grund: *Arbeitsteilung*. Die Menschen haben mehrheitlich erkannt, dass sie sich besser stellen, wenn sie miteinander friedvoll kooperieren, und zwar indem jeder das produziert, was er relativ am besten, am kostengünstigsten herstellen kann. Die in Arbeitsteilung hergestellten Güter werden hernach getauscht – und das ist zum Vorteil aller. Die Arbeitsteilung ist der Grundpfeiler, auf denen der Wohlstand der Nationen ruht.

In den modernen, entwickelten und höchst arbeitsteilig organisierten Volkswirtschaften spielen die Unternehmen – egal ob kleine oder große, ob börsengelistete oder nicht-börsengelistete – die entscheidende Rolle für die Wertschöpfung. Die Unternehmen sind es, die produktiv sind, die die Ergiebigkeit der Arbeit erhöhen, Güter produzieren und den materiellen Wohlstand der Volkswirtschaft mehren.

Unternehmen setzen Produktionsmittel (Gebäude, Maschinen, Arbeitskraft etc.) ein, um Güter und Dienste zu erzeugen. Sie nehmen Geld in die Hand und kaufen damit die für die Produktion erforderlichen Mittel ein, fügen sie zu absatzfähigen Angeboten zusammen und verkaufen sie zu Preisen, die, wenn sie erfolgreich gewirtschaftet haben, nicht nur die Kosten der Produktion decken, sondern auch noch einen Gewinn erzielen. Auf diese Weise erwirtschaften Unternehmen eine positive Rendite auf ihr eingesetztes Kapital.

Erfolgreiche Unternehmen, denen es im Zeitablauf gelingt, die Produktivität zu erhöhen und zu wachsen, werden wertvoller. Das drückt sich zum Beispiel in einem steigenden Gewinn pro Aktie aus. Den Gewinn kann das Unternehmen verwenden, um ihn im eigenen Geschäft zu reinvestieren und/oder in Form einer Dividende an die Unternehmenseigner auszuzahlen. Doch nicht alle Unternehmen sind gleichermaßen erfolgreich, nicht alle überleben. Im marktwirtschaftlichen Wettbewerb findet nämlich ein Ausleseprozess statt, den der Kunde, der Konsument, maßgeblich bestimmt.

Nur die Unternehmen können gedeihen, denen es gelingt, die Bedürfnisse der Kunden auf die bestmögliche Weise zu erfüllen. Sie werden durch einen wachsenden Marktanteil, steigende Gewinne und hohe Kapitalrenditen belohnt. Unternehmen hingegen, deren Produkte nicht auf das Interesse der Käufer stoßen, erleiden Gewinneinbußen. Entweder gelingt es ihnen, ihre Produkte zu verbessern und ihre Nachteile wettzumachen, oder sie scheiden über kurz oder lang aus dem Markt aus.

Im freien Markt müssen Unternehmen ihre Erfolge täglich stets aufs Neue verdienen. Der Wettbewerb führt dazu, dass erfolgreiche Unternehmen früher oder später Konkurrenz bekommen. Neue Anbieter drängen in die Branchen und Sektoren, in denen sich eine vergleichsweise hohe Rendite erzielen lässt. Das ist volkswirtschaftlich erwünscht. Es sorgt zum einen dafür, dass die dringendsten Bedürfnisse erfüllt und die weniger dringlichen zurückgestellt werden. Die steigende Konkurrenz sorgt zum anderen dafür, dass die Nachfragewünsche in bestmöglicher Weise und zu niedrigen Kosten erfüllt werden.

Für den Investor birgt der Wettbewerbsprozess damit Chancen, aber eben auch Risiken. Für ihn ist es folglich von entscheidender Wichtigkeit, in solche Unternehmen zu investieren, die *Wettbewerbsvorteile* haben: Unternehmen, die möglichst immun sind gegen den Konkurrenzdruck, die für möglichst lange Zeit in der Lage sind, hohe Renditen auf das eingesetzte Kapital zu erzielen und ihre Gewinne pro Aktie zu steigern. Das können, wie gesagt, nicht alle Unternehmen. Im Grunde schaffen das nur recht wenige. Sie aufzuspüren – und das möglichst in einer relativ frühen Phase ihres Lebenszyklus – ist eine der zentralen Herausforderungen, die es zu meistern gilt, wenn man langfristig erfolgreich investieren will.

Doch wie kann man die großartigen Unternehmen – diese »Great Businesses« – aufspüren? Erfolgreiche Investoren suchen in der Regel nach ganz bestimmten Erfolgsfaktoren – nach Eigenschaften, die Unternehmen haben müssen, damit man sie als »großartig« einstufen kann. Bekannt sind beispielsweise die »15 Punkte« des Star-Investors Philip A. Fisher (1907–2004). Fisher listet 15 Fragen auf, die er dem umsichtigen Investor empfiehlt zu beantworten, bevor er sich entscheidet, in eine Aktie zu investieren (siehe hierzu Abb. 4). Fishers »Checkliste« speist sich aus den Erfahrungswerten seiner eigenen erfolgreichen Investitionstätigkeit, und sie leitet an, sich systematisch mit einem Unternehmen zu beschäftigen, um seine Erfolgsperspektiven mit der notwendigen Gewissheit einschätzen zu können.

Abb. 4: Philip A. Fischers »15 Punkte«

Faktoren, die für die Bewertung eines Unternehmens wichtig sind

1.	Hat das Unternehmen Produkte mit ausreichendem Marktpotenzial, um einen beträchtlichen Anstieg der Verkäufe in den kommenden Jahren zu ermöglichen?
2.	Ist die Unternehmensführung entschlossen genug, um Produkte und Prozesse zu entwickeln, die das Absatzpotenzial zusätzlich erhöhen, wenn das Wachstumspotenzial der gegenwärtig erfolgreichen Produkte weitgehend ausgeschöpft ist?
3.	Wie effektiv sind die Forschungs- und Entwicklungsausgaben des Unternehmens relativ zu seiner Betriebsgröße?
4.	Hat das Unternehmen eine überdurchschnittlich gute Vertriebsorganisation?
5.	Verfügt das Unternehmen über eine ausreichende Gewinnmarge?

6.	Was macht das Unternehmen, um die Gewinnmarge zu halten oder zu erhöhen?
7.	Unterhält das Unternehmen herausragende Beziehungen zu seinen Arbeitnehmern?
8.	Hat das Unternehmen herausragende Beziehungen zu seinem Führungspersonal?
9.	Verfügt das Unternehmen über talentierten Führungsnachwuchs?
10.	Wie gut ist die Kosten- und die Buchhaltungskontrolle des Unternehmens?
11.	Gibt es sonstige Aspekte (die branchenspezifisch besonders sind), die dem Investor Hinweise geben können, wie herausragend die Stellung des Unternehmens gegenüber den Konkurrenten ist?
12.	Hat das Unternehmen eine kurz- oder langfristorientierte Gewinneinschätzung?
13.	Wird das Wachstum des Unternehmens die Ausgabe von neuen Aktien erfordern? Wenn ja: Wird die größere Anzahl von Aktien die Vorteile für den Aktionär, die aus dem zu erwarteten Unternehmenswachstum resultieren, aufheben?
14.	Kommuniziert die Unternehmensführung offen mit seinen Investoren, wenn die Geschäfte gut laufen, und wird es schmallippig, wenn die Unternehmenslage sich verschlechtert?
15.	Hat das Unternehmen eine Leitung (Management) von unzweifelhafter Integrität?

Quelle: Entnommen und frei übersetzt aus Philip. A. Fisher (2003), *Common Stocks and Uncommon Profits,* John Wiley & Sons, Inc., S. 47–78.

Die intensive Beschäftigung mit einem Unternehmen, in das man zu investieren gedenkt, ist überaus wichtig. Kauft man die Aktie, ist man Aktionär, ist man Teilhaber am Unternehmen. Als Aktionär schlüpft man in die Rolle eines Unternehmers, der die Unternehmensführung einem Management anvertraut. Als Aktionär ist man mitverantwortlich für die Geschicke des Unternehmens, ist angehalten, das Management zu kontrollieren. Wenn es seine Aufgabe nicht gut genug erledigt oder seine eigenen Ziele über die der Aktionäre stellt (Stichwort: zu große Dienstwagen, zu hohe Gehaltszahlungen), ist es die Verantwortlichkeit der Aktionäre, eine Kurskorrektur herbeizuführen. Verantwortungsvolle Aktionäre sind daher ein bedeutender Faktor, damit ein Unternehmen gut geführt wird.

Ein weiterer Aspekt ist hier von großer Wichtigkeit: und das ist das *Ziel*, das man mit dem Investieren verfolgt. Der US-amerikanische Investor Gerald M. Loeb (1899–1974) unterscheidet dabei zwei Zielebenen: (1) Man will die Kaufkraft seines Geldes erhalten, man will mit seinem Geld in fünf, zehn, 15 oder 20 Jahren noch genauso viel kaufen können wie heute. Das Bewahren der Kaufkraft des Geldes kann jedoch nur ein Mindestziel sein. (2) Wenn man investiert, muss man auf sein Geld und damit die Vorzüge erhöhten Konsums in der Gegenwart verzichten. Dafür will man angemessen entgolten werden. Sprich, man möchte eine nach Abzug der Geldentwertungsrate positive Rendite und damit eine Mehrung des investierten Geldes erzielen.

Lassen sich diese beiden Ziele – Kaufkrafterhalt des Geldes und eine Mehrung der investierten Kaufkraft des Geldes – mit Aktien erreichen? Im Vorgriff auf die folgenden Kapitel in diesem Buch lautet die Antwort: Ja, aber. Betrachten wir in diesem Zusammenhang die Zeit von März 1973 bis November 2017. Wer hier in einen breit definierten Index für US-amerikanische Aktien investiert hat, der konnte im Durchschnitt eine Rendite (die sowohl Kursgewinne als auch Dividendenzahlungen berücksichtigt) von 10,6 Prozent pro Jahr erzielen. Die Inflation der Konsumentenpreise lag bei durchschnittlich knapp 4 Prozent pro Jahr. Die reale, das heißt inflationsbereinigte Aktienrendite lag folglich durchschnittlich bei etwa 6,6 Prozent pro Jahr.

Allerdings ist hier rückblickend zu beachten, dass es für die meisten Anleger vermutlich gar nicht möglich war, alle Aktien, die in einem breit definierten Aktienindex enthalten waren, zu erwerben. Es sind einfach zu viele Aktien, und um sie kaufen zu können, hätte der Anleger über einen beträchtlichen Investitionsbetrag verfügen müssen. Hinzu kommt, dass die Zusammensetzung eines breit gestreuten Aktienmarktindexes sich im Zeitablauf geändert hat: Unternehmen fielen aus dem Index heraus, andere wurden aufgenommen, und die Gewichte der einzelnen Aktien im Index veränderten sich.

Abb. 5: Hohe Inflation wird für die meisten Unternehmen zum Problem

Aktienkurs Berkshire Hathaway, S&P 500 und Inflation der US-Konsumgüterpreise

Jahresveränderungen in Prozent			
Jahr	Berkshire Hathaway Aktie	S&P 500 inkl. Dividenden	Preise der Konsumentengüter
1969	19,4	-8,4	5,5
1970	-4,6	3,9	5,8
1971	80,5	14,6	4,3
1972	8,1	18,9	3,3
1973	2,5	-14,8	6,2
1974	-48,7	-26,4	11,1
1975	2,5	37,2	9,1
1976	129,3	23,6	5,7
1977	46,8	-7,4	6,5
1978	14,5	6,4	7,6
1979	102,5	18,2	11,3
1980	32,8	32,3	13,5
1981	31,8	-5,0	10,3
1982	38,4	21,4	6,1
1983	69,0	22,4	3,2
1984	-2,7	6,1	4,3
1985	93,7	31,6	3,5
ø ,69 - ,85	36,2	10,3	6,9
ø ,73 - ,81	34,9	7,1	9,0

Quelle: Berkshire Hathaway; Thomson Financial; eigene Berechnungen.

Der Investor, der einen breit gestreuten Aktienmarktindex abzubilden versuchte, musste daher erhebliche Kosten (Zeit und Gebühren) aufwenden, um sein Portfolio fortlaufend anzupassen. Allein aufgrund der Transaktionskosten wäre daher seine Rendite vermutlich geringer ausgefallen als die des Aktienmarktindexes. Selbst wenn man heutzutage auf ein Aktienindex-Zertifikat oder ein Exchange Traded Fund (ETF) auf einen Aktienindex zurückgreift, muss man bedenken, dass dafür Kosten anfallen, die die Rendite gegenüber dem Aktienmarktindex schmälern.

Weiterhin ist in Rechnung zu stellen, dass die Betrachtung der langfristigen Durchschnittsrendite der Aktienkurse nur allzu leicht den Blick dafür verstellen kann, dass Phasen hoher Inflation für die meisten Unternehmen und damit deren Aktienkurse schlecht sind. Warum das so ist, wird im Kapitel »Die ganze Wahrheit über Inflation« genauer erklärt. An dieser Stelle sei nur kurz auf die Phase von 1973 bis 1981 hingewiesen (Abb. 5). Hier gab es hohe Inflation der Konsumentenpreise und starke Schwankungen der Wirtschaftslage. Durchschnittlich betrug die Inflation 9,0 Prozent pro Jahr, die Aktienkurssteigerung (einschließlich der Dividenden) lag nur bei 7,1 Prozent. Der Kurszuwachs der Aktien fiel also geringer aus als die Inflation – und folglich erlitten die meisten Aktionäre einen realen Kaufkraftverlust.

Zudem zeigt die Abb. 5, dass die Jahresrendite der Aktie von Berkshire Hathaway – die Firma, die geleitet wird von Investor-Legende Warren E. Buffett (*1930) – im gesamten Betrachtungszeitraum nicht nur dreimal so hoch ausfiel wie der Aktienmarktindex S&P 500, auch in der Hochinflationszeit entwickelte sich der Kurs von Berkshire Hathaway überdurchschnittlich gut, sodass der Aktionär auch eine hohe reale Verzinsung auf sein eingesetztes Kapital erzielen konnte. Die Gründe für den Investmenterfolg von Warren E. Buffett werden uns in den folgenden Kapiteln noch beschäftigen. Doch zuvor wollen wir einen genaueren Blick auf die Natur und das Wesen des Geldes richten, wollen aufzeigen, was der umsichtige Investor über Geld wissen sollte.

5. KAPITEL

Was der Investor über Geld wissen sollte

»Paper money is like dram-drinking, it relieves for a moment by deceitful sensation, but gradually diminishes the natural heat, and leaves the body worse than it found it. ... Nature has provided the proper materials for money, gold and silver, and any attempt of ours to rival her is ridiculous.«

THOMAS PAINE

Der tagtägliche Umgang mit Geld ist für die meisten Menschen vermutlich so selbstverständlich geworden, dass kaum jemand sich noch tiefergehende Gedanken darüber macht, was Geld eigentlich ist, und welche volkswirtschaftliche Bedeutung es hat. Doch es lohnt sich, über die Natur und das Wesen des Geldes genau Bescheid zu wissen – nicht nur zum Zwecke des Alltagsgebrauchs, sondern vor allem auch, wenn man investiert und daher angehalten ist, über den Tag hinauszudenken. Und wie immer wenn man etwas lernen will, sollte man von den Besten lernen. Was die Lehre über das Geld anbetrifft, so kommt man am österreichischen Ökonom Ludwig von Mises (1881–1973) nicht vorbei.

Seine Habilitationsschrift mit dem Titel *Theorie des Geldes und der Umlaufsmittel* wurde 1912 veröffentlicht. Sie beinhaltet wesentliche Erkenntnisfortschritte über Wesen und Wirkung des Geldes in einer arbeitsteilig organisierten Geldwirtschaft. Auch mehr als hundert Jahre nach der Erstveröffentlichung ist der Wissenswert von Mises' geldtheoretischen Einsichten ungeschmälert; der Erkenntniswert des Buches ist zeitlos. Nachstehend werden die wichtigsten Einsichten knapp vorgestellt und erläutert. Beginnen wir damit, was Geld ist:

Geld ist das allgemein akzeptierte Tauschmittel. Es ist ein Gut wie jedes andere, aber mit der Besonderheit, dass es das marktfähigste Gut ist. Geld ist das Gut, das sich am leichtesten gegen andere Güter eintauschen lässt. Geld ist kein Produktionsgut, es ist auch kein Konsumgut. Es ist vielmehr ein Gut eigener Art *(sui generis)*: Geld ist das verbreitetste Tauschgut.

Geld hat nur eine Funktion: die Tauschmittelfunktion. Recheneinheits- und Wertaufbewahrungsfunktion sind lediglich Unterfunktionen der Tauschmittelfunktion. Die Recheneinheitsfunktion repräsentiert die Tauschmittelfunktion des Geldes: Man drückt die Tauschrelation in Geld aus (beispielsweise lässt sich 1 Apfel gegen 1 Euro tauschen; Geld dient als *numeraire*). Und die Wertaufbewahrungsfunktion bedeutet nichts anderes als die Verschiebung des Tauschaktes auf der Zeitachse.

In einer arbeitsteiligen modernen Volkswirtschaft ist Geld unverzichtbar. Erst mit der Verwendung von Geld wird eine *Wirtschaftsrechnung* möglich, durch die die Handelnden Kosten und Ertrag von komplexen Produktionsentscheidungen gegenüberstellen und ökonomisch sinnvolle Entscheidungen treffen können. Ohne Geld wären die heutigen modernen, arbeitsteiligen Volkswirtschaften mit ihrer hohen Produktivität gar nicht denkbar.

So wichtig Geld auch ist: Es ist ein Gut wie jedes andere Gut auch. Daher ist seine Wertbestimmung auch dem *Gesetz des abnehmenden Grenznutzens* unterworfen. Dieses Gesetz besagt, dass der Nutzen einer zusätzlichen Einheit eines Gutes mit steigender Verfügbarkeit des Gutes abnimmt. Angewendet auf das Geld heißt das: Je mehr Geld jemand hält, desto geringer ist für ihn der Nutzen der zusätzlich erhaltenen Geldeinheit. Warum ist das so?

Der Nutzen des Geldes kommt im Nutzen der Güter zum Ausdruck, die man für die Hingabe einer Geldeinheit eintauschen kann. Steigt die Geldmenge, nimmt der Grenznutzen des Geldes ab – und das heißt nichts anderes, als dass andere Güter wertvoller relativ zum Geld werden. Erhöht die Zentralbank die Geldmenge in den Händen der Marktakteure, werden sie die vermehrte Geldmenge früher oder später (aufgrund des Grenznutzenkalküls) im Tausch gegen andere Güter anbieten, also Güter nachfragen. Die

Güterpreise steigen, und die Kaufkraft des Geldes nimmt ab (und zwar im Vergleich zu einer Situation, in der die Geldmenge unverändert geblieben wäre).

Das ist übrigens auch die (logische) Erklärung, warum in früheren Zeiten die Ökonomen in der Ausweitung der Geldmengen *Inflation* erblickten (und entsprechend war für sie *Deflation* eine Verringerung der Geldmenge).

Während die Ausweitung der Konsum- und Investitionsgüter wohlfahrtsmehrend ist, gilt das nicht für eine Ausweitung der Geldmenge. Wenn – wie vorangehend aufgezeigt – Geld nur eine Funktion hat – die Tauschmittelfunktion –, dann heißt das, dass jede gerade vorhandene Geldmenge »optimal« ist. Die gerade verfügbare Geldmenge leistet die Gelddienste so gut wie jede andere. Eine hohe Geldmenge führt zu hohen Güterpreisen, eine geringe Geldmenge zu geringen Güterpreisen.

Gesamtwirtschaftlich betrachtet stiftet eine Vermehrung der Geldmenge *keinen* Nutzen. Im heutigen ungedeckten Papiergeldsystem (oder auch: Fiat-Geldsystem) steigt die Geldmenge allerdings fortwährend. Das bleibt nicht folgenlos, denn eine *Veränderung* der Geldmenge ist höchst bedeutsam. Sie bewirkt notwendigerweise Umverteilungswirkungen von Einkommen und Vermögen (»Cantillon-Effekt«): Diejenigen, die das neu geschaffene Geld als Erste erhalten, sind die Gewinner, weil sie noch zu unveränderten Preisen kaufen können; sie werden reicher. Diejenigen, die das neue Geld später oder gar nichts von ihm bekommen, sind die Verlierer; sie werden ärmer.

Diese Einsichten lassen die *Quantitätstheorie* in ganz anderem Lichte erscheinen. Sie besagt im Kern, dass ein Ansteigen der Geldmenge für ein *proportionales* Ansteigen aller Preise sorgt, die Einkommen und ihre Verteilung aber unberührt lassen. Doch diese angebliche »Neutralität« des Geldes ist ein Mythos. Eine Ausweitung der Geldmenge ist niemals neutral: Unterschiedliche Marktakteure sind zu unterschiedlichen Zeiten in unterschiedlicher Weise davon betroffen. Und wenn sich die Folgen der Geldmengenerhöhung vollständig entfaltet haben, haben sich die Einkommens- und Vermögensverhältnisse in jedem Falle geändert gegenüber der Situation vor der Geldmengenausweitung.

Carl Menger (1840–1921), der Begründer der Österreichischen Schule der Nationalökonomie, hat 1871 eine Theorie der Geldentstehung vorgelegt. Ihr zufolge entsteht Geld spontan aus einem freien Marktprozess, und zwar aus einem Sachgut, das, bevor es zu Geld wurde, allein aufgrund seiner nicht-monetären Eigenschaften wertgeschätzt wurde – wie es etwa bei Gold und Silber der Fall gewesen ist. Mit seinem »Regressionstheorem« untermauert Mises die Theorie von Menger.

Dazu greift Mises auf (praxeo-)logische[1] Überlegungen zurück. Geld, so weist er nach, kann nicht anders entstehen als aus einem Sachgut. Beispielsweise könnten sich in einem freien Markt beliebig vermehrbare ungedeckte Papierscheine nicht als Geld etablieren: Niemand würde ihren Tauschwert kennen. Die Logik des Regressionstheorems widerlegt damit die Theorie, dass das Geld eine staatliche Schöpfung sei. Diese Sichtweise, die sich bis auf die antiken griechischen Philosophen Platon und Aristoteles zurückverfolgen lässt, findet ihren neuzeitlichen Hochpunkt in der Abhandlung *Staatliche Theorie des Geldes*, die der deutsche Ökonom Georg Friedrich Knapp (1842–1926) im Jahr 1905 veröffentlicht hat. Obwohl Knapps Theorie nicht überzeugen kann, hält sie sich bis auf den heutigen Tag hartnäckig.

In *Theorie des Geldes und der Umlaufsmittel* legt Mises den Grundstein für die monetäre Konjunkturtheorie der Österreichischen Schule. Dazu bringt er drei bis dahin isolierte Theoriebausteine zusammen: die englische »Currency School«, die Kapital- und Zinstheorie Eugen von Böhm-Bawerks (1851–1914) und die Theorie Knut Wicksells (1851–1926), in der die Folgen eines Abweichens des Marktzinses vom »natürlichen Zins« beschrieben werden. Dadurch zeigt Mises, dass ein Ausweiten der Geldmenge durch Bankkreditvergabe, die nicht durch »echte Ersparnisse« gedeckt ist – wie es im heutigen Kredit- oder Papiergeldsystem der Fall ist – notwendigerweise zu Finanz- und Wirtschaftsstörungen (»Boom und Bust«) führen muss.

Wer sich das heutige internationale monetäre System ansieht, der wird sich vermutlich die Frage stellen: *Was ist das eigentlich für ein Geldsystem?* Mit Blick auf die Lehre der »Österreicher« lässt es

---

[1] Das Wort Praxeologie bezeichnet die Logik des menschlichen Handelns.

sich als ungedecktes Papiergeld- oder auch als Fiat-Geldsystem bezeichnen (das lateinische Wort *fiat* heißt: »So sei es«). Es zeichnet sich vor allem durch drei Eigenschaften aus: (1) Fiat-Geld wird von staatlichen Zentralbanken produziert, die das Monopol der Geldproduktion innehaben. (2) Fiat-Geld ist intrinsisch wertlos, es hat die Form von mit Tinte bedruckten Papierzetteln (beziehungsweise Baumwollstücken) und Einträgen auf Computerfestplatten (in Form von »Bits and Bytes«) – und die Geldmenge lässt sich im Grunde beliebig vermehren. (3) Fiat-Geld wird im Regelfall durch Bankkreditvergabe produziert, durch Kredite, die nicht durch »echte Ersparnis« gedeckt sind; Fiat-Geld wird »ex nihilo« geschaffen. Ob US-Dollar, Euro, chinesischer Renminbi, Britisches Pfund oder Schweizer Franken – sie alle stellen Fiat-Geld dar.

Das heutige Fiat-Geldsystem ist keinesfalls auf »natürliche Weise« entstanden. Das zeigt unmissverständlich der Blick auf die Währungsgeschichte. Die »monetäre Zeitenwende« kam am 15. August 1971. An diesem Tag entschied US-Präsident Richard Nixon, dass von nun an der US-Dollar nicht mehr in Gold einlösbar war. Durch diese unilaterale Entscheidung der Amerikaner wurde nicht nur die Gold-Verankerung des US-Dollar beendet, es wurde vielmehr ein weltweites Fiat-Geldsystem aus der Taufe gehoben, das in der Währungsgeschichte beispiellos ist. (Zur Geschichte des US-Dollar siehe die folgende Info-Box.)

Eine kurze Geschichte des US-Dollar

Durch das Münzgesetz vom 2. April 1792 (»Coinage Act«) wurde der Dollar zur Währungseinheit der noch jungen Vereinigten Staaten von Amerika. Ein Dollar entsprach 371,25 Gran Feinsilber (480 Gran = 1 Feinunze = 31,1034 Gramm) oder 24,75 Gran Feingold; das Austauschverhältnis zwischen Silber und Gold betrug folglich 15 zu 1. Das Münzgesetz gab den Vereinigten Staaten damit einen »Bimetallismus«: Silber und Gold waren das gesetzliche Zahlungsmittel. Weil aber der Marktpreis des Silbers im Vergleich zum Gold schon bald über 15 zu 1 stieg, stellte sich eine Überbewertung von Silber gegenüber Gold ein.

Das Graham'sche Gesetz zeigte Wirkung. Das schlechte (überbewertete) Geld verdrängte das gute (unterbewertete) Geld: Silbermünzen liefen um, nicht aber Goldmünzen. Die Änderung des Münzgesetzes im Jahr 1834 hob das Austauschverhältnis auf 16 zu 1. Fortan entsprach eine Feinunze Gold 20,6718 Dollar. Das führte nun zu einer Überbewertung von Gold gegenüber Silber. Das relativ billige Gold verdrängte das teure Silber als Geld, und Amerika hatte de facto einen Goldstandard.

Während des Bürgerkrieges (1861–1865) wurden »Greenbacks« ausgegeben, Dollar, die keine Silber- oder Golddeckung hatten, und es kam zu hoher Inflation.

Eine politische Bewegung, das Geldwesen neu zu ordnen, führte zum Münzgesetz von 1873. Darin wurde Silber als Geld demonetisiert: Fortan galt nur noch Gold als Geld, weshalb die Silberanhänger vom »Verbrechen von 1873« sprachen. Als die generelle Goldeinlösepflicht für den Dollar am 1. Januar 1879 wieder in Kraft gesetzt wurde, hatten die USA endgültig den Goldstandard offiziell eingeführt. Anders als viele andere Staaten hielt das Land auch während des Ersten Weltkriegs (1914–1918) daran fest; lediglich von 1917 bis 1918 gab es ein Goldexportverbot.

Ab dem Jahr 1933 wertete Präsident Franklin D. Roosevelt den Dollar schrittweise gegenüber dem Gold ab und setzte ihn Anfang 1934 auf 35 Dollar pro Feinunze fest. Gleichzeitig hatten die US-Banken ihre Goldeinlagen an das Schatzamt zu übergeben. Zu dem Zeitpunkt zirkulierte Gold schon nicht mehr, weil Roosevelt bereits am 5. April 1933 den privaten Goldbesitz unter Strafe gestellt hatte (der Goldbesitz für Amerikaner wurde erst 1974 wieder erlaubt).

Nach dem Ende des Zweiten Weltkriegs (1939–1945) wurde der US-Dollar im *System von Bretton Woods*, welches das internationale Finanzsystem ordnen sollte, zur Weltankerwährung: Der Dollar war an das Gold gebunden; 35 Dollar entsprachen weiterhin einer Feinunze, und alle übrigen Währungen waren mit einem festen Wechselkurs an den Dollar gekoppelt, sodass auch sie (indirekt) am Gold hingen. Doch nachdem die Vereinigten Staaten Ende der 1950er-Jahre begannen, eine inflationäre Geldpolitik zu betreiben – sie vermehrten die Dollargeldmenge über ihre Goldbestände hinaus –, begann sich der Marktpreis zusehends vom offiziellen Preis in Höhe von 35 Dollar pro Feinunze abzulösen, weil eine Abwertung des Dollar gegenüber dem Gold erwartet wurde.

Bereits 1961 hatten daher die USA und sieben europäische Staaten vereinbart, den offiziellen Goldpreis zu verteidigen (»London Gold Pool«). Sie wickelten weiterhin untereinander Goldtransaktionen zum offiziellen Kurs ab. Doch die Spannungen wurden so groß, dass die Vereinbarung im März 1968 zusammenbrach. Ausländische Regierungen, die Dollar hielten, verlangten zusehends die Einlösung ihrer Dollarguthaben in Gold. Um den Goldabfluss zu stoppen, verkündete, wie bereits erwähnt, Präsident Nixon am 15. August 1971, dass der Dollar fortan nicht mehr in Gold eintauschbar sei. Mit diesem unilateralen Beschluss Amerikas gingen alle wichtigen Währungen der Welt auf einen nicht einlösbaren Fiat-Geldstandard über.

Der umsichtige Investor sollte stets vor Augen haben, dass das Fiat-Geld unter ökonomischen und ethischen Defiziten leidet. Es ist inflationär, es verliert seine Kaufkraft im Zeitablauf, weil die Zentral- und Geschäftsbanken es fortlaufend vermehren. Fiat-Geld sorgt zudem für eine nicht marktkonforme (Um-)Verteilung von Einkommen und Vermögen, schafft Gewinner und Verlierer – und es erweist sich als sozial ungerecht, weil es die kleinen und mittleren Einkommensverdiener besonders schädigt: Sie können den Folgen der Fiat-Geldvermehrung meist nicht ausweichen. Auch die gefürchteten Wirtschaftskrisen, die Boom-und-Bust-Zyklen, sind unmittelbare Folge des Fiat-Geldes.

Doch damit nicht genug. Das Fiat-Geld treibt die Volkswirtschaften in die Verschuldungsfalle. Verlockt durch niedrige Zinsen, für die die Zentralbanken sorgen, wirtschaften Unternehmen, Konsumenten und vor allem die Staaten zusehends auf Pump. Die Kreditschulden wachsen im Zeitablauf schneller als die Einkommen. Folglich steigen die Schuldenlasten der Volkswirtschaften an, wie sich nahezu überall auf der Welt eindrücklich zeigt – und das lässt Befürchtungen wach werden, dass das alles ein unschönes Ende nehmen könnte: Schuldenkollaps, Wirtschaftskrise und/oder Entwertung des Geldes.

Nicht zuletzt wird der Staat in einem Fiat-Geldregime immer größer. Er kann sich nämlich auf dem Kreditweg das benötigte Geld problemlos besorgen. Die Regierenden erkaufen sich damit Wählergunst und Wiederwahl, indem sie großzügig finanzielle Wohltaten verteilen. Die staatlichen Tätigkeiten weiten sich immer weiter aus, verdrängen zusehends die private Initiative. Das Wirtschafts- und Gesellschaftsleben wird zusehends verstaatlicht. Immer mehr Menschen werden finanziell abhängig vom Staat. So gesehen zerstört das Fiat-Geld auch die freie Marktwirtschaft und mit ihr die unternehmerische und bürgerliche Freiheit.

Vor allem aber müssen die chronisch inflationäre Wirkung des Fiat-Geldes und seine Umverteilungswirkung den umsichtigen Anleger aufhorchen lassen. Wer sein Kapital nicht nur langfristig erhalten, sondern auch mehren will, der muss den Geldwertschwund und die Umverteilungswirkungen des Fiat-Geldes in sein Entscheidungskalkül einbeziehen. Lassen Sie uns daher im folgenden Kapitel genauer betrachten, was es mit dem komplexen Phänomen der Inflation tatsächlich auf sich hat – denn diese Erkenntnis ist besonders bedeutsam, um die sich daraus für die Kapitalanlage ergebenden Handlungsnotwendigkeiten zu verstehen.

6. KAPITEL

Die ganze Wahrheit über Inflation

»Die Inflation kommt nicht über uns als ein Fluch oder als ein tragisches Geschick; sie wird immer durch eine leichtfertige oder sogar verbrecherische Politik hervorgerufen.«

LUDWIG ERHARD

Unter Inflation wird heutzutage üblicherweise ein dauerhaftes Ansteigen der Preise auf breiter Front verstanden. Genauer: Die *Mainstream-Ökonomen* sprechen von Inflation, wenn der Konsumentenpreisindex um mehr als etwa 2 Prozent pro Jahr ansteigt. Aus ökonomischer Sicht ist Inflation – verstanden als das Ansteigen der Güterpreise auf breiter Front – jedoch nur eine der Folgen, *ein mögliches Symptom*, die ein Ausweiten der Geldmenge in der Volkswirtschaft nach sich ziehen kann.

Um das zu verdeutlichen, sei zunächst eine Situation angenommen, in der die Geldmenge in der Volkswirtschaft zunimmt, während gleichzeitig das Güterangebot unverändert bleibt. Hier werden früher oder später die Preise der Güter ansteigen. Das liegt daran, dass nunmehr *mehr Geld* zum Kauf der gleichen Gütermenge vorhanden ist. Das Ansteigen der Güterpreise ist hier der Reflex der gestiegenen Geldmenge. Geldmengen- und Güterpreisanstieg gehen gewissermaßen Hand in Hand.

Ein Anstieg der Geldmenge ist übrigens *niemals neutral*. Er sorgt – und zwar notwendigerweise – stets für eine *Umverteilung*. Beispielsweise gewinnen Schuldner zulasten der Gläubiger, wenn eine überraschende Geldmengenausweitung die Preise erhöht.

Zudem werden die Erstempfänger des neuen Geldes begünstigt auf Kosten der Spätempfänger. Erstere können mit dem zusätzlich erhaltenen Geld noch zu unveränderten Güterpreisen kaufen. Nach und nach, wenn das Geld im Zuge von Käufen von Hand zu Hand weitergereicht wird, steigen die Güterpreise. Diejenigen, die das neue Geld erst zu einem späteren Zeitpunkt erhalten (beziehungsweise diejenigen, die nichts von ihm abbekommen), sind folglich die Benachteiligten: Sie können mit dem neu erhaltenen Geld die Güter nur noch zu erhöhten Preisen kaufen (beziehungsweise sie erhalten kein neues Geld und müssen nun auch noch erhöhte Güterpreise bezahlen).

Betrachten wir eine Situation, in der die Geldmenge *und* die Gütermenge zunehmen. Die Folge ist, dass die Güterpreise tendenziell unverändert bleiben. Auf den ersten Blick gibt es keine Inflation – denn die Güterpreise steigen ja nicht. Doch die Geldmengenausweitung sorgt auch hier für eine Umverteilung: Die Verkäufer des gestiegenen Güterangebots können weiterhin zu unveränderten Preisen verkaufen, während es den Käufern der Waren verwehrt wird, das gestiegene Güterangebot zu verminderten Preisen zu kaufen: Schließlich wären die Güterpreise ja gefallen, wenn bei steigendem Güterangebot die Geldmenge nicht erhöht worden wäre.

Eine Geldmengenausweitung, die nicht mit einer Gütervermehrung einhergeht – bei der also die Güterpreise steigen (es also Preisinflation gibt) –, bedeutet Geldwertschwund und eine *sichtbare Umverteilung* von Einkommen und Vermögen. Hingegen kommt es zu einer *nicht sichtbaren Umverteilung*, wenn die Geldmenge und gleichzeitig auch die Gütermenge steigen: Selbst wenn die Güterpreise insgesamt unverändert bleiben, werden einige durch die Geldmengenausweitung auf Kosten anderer bessergestellt.

In keinem Fall erweist sich eine Geldmengenausweitung als neutral! Das ist auch der Grund, warum man als Investor stets die Geldmengenveränderung im Auge haben muss: Sie – und nicht die Veränderung der Güterpreise – signalisiert (1) Veränderungen in der Kaufkraft des Geldes und/oder (2) die Umverteilung von Einkommen und Vermögen, die sich in der Volkswirtschaft abspielen.

Eine weitere, grundsätzliche Kritik des heutigen Inflationsverständnisses ist angebracht: Der Ansatz, Inflation anhand von

Konsumentenpreisindizes zu erfassen, greift zu kurz. Konsumentenpreisindizes erfassen nur die Preise von Endgütern und Dienstleistungen, die in der laufenden Periode produziert werden. Die Preise für bereits vorhandene Güter wie zum Beispiel Aktien, Grundstücke, Häuser und Rentenpapiere – man spricht hier von *Vermögensgütern* – werden nicht oder nur unvollständig erfasst. Das ist problematisch, denn eine wachsende Geldmenge schlägt sich nicht nur in steigenden Konsumgüterpreisen, sondern auch in den Preisen von Vermögensgütern nieder.

Abb. 6: Wie die Geldpolitik für Preisinflation sorgt

Bruttoinlandsprodukt, Geldmenge und Aktienkurse

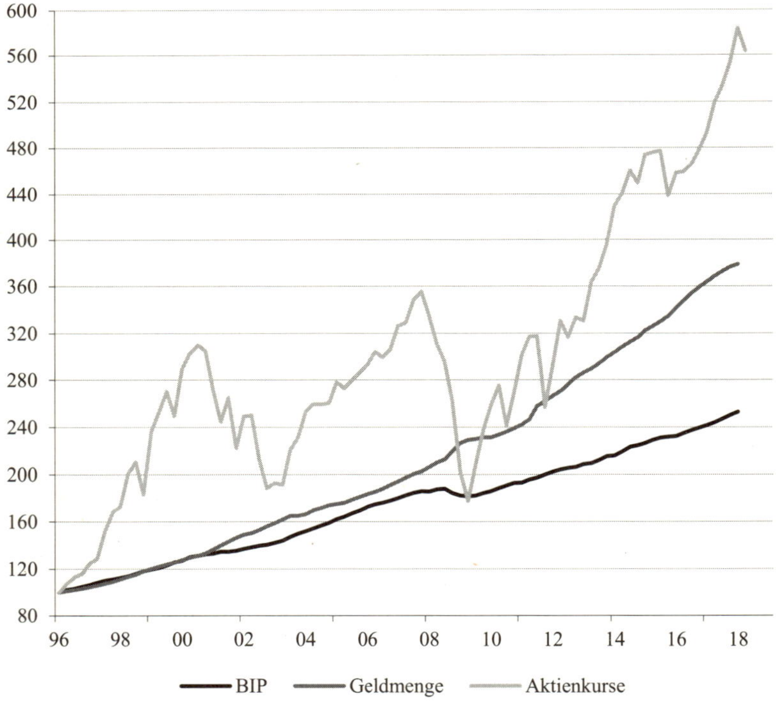

Quelle: Thomson Financial; eigene Berechnungen. Serien sind indexiert (Q1 1996 = 100).

Der Auftrieb der Vermögenspreise – der in gleicher Weise das Geld entwertet wie Konsumgüterpreisinflation – wird jedoch von den Mainstream-Ökonomen und der Öffentlichkeit in der Regel ignoriert. Für sie ist Inflation lediglich ein Anstieg der Konsumentenpreise. Ein Anstieg der Vermögenspreise bedeutet jedoch, wenn er nicht begleitet wird von einem Absinken anderer Güterpreise, einen Kaufkraftverlust des Geldes. Steigen zum Beispiel die Preise für Häuser und Aktien, so bedeutet dies, dass man mit einer Geldeinheit nunmehr weniger Häuser und Aktien kaufen kann. Die Geldhalter werden ärmer, die Besitzer von Häusern und Aktien reicher.

Mainstream-Ökonomen sprechen angesichts steigender Vermögensgüterpreise von einem *positiven Vermögenseffekt*. Sie meinen damit, dass beispielsweise steigende Preise für Aktien die Menschen reicher machen. Eine Missdeutung. Denn es handelt sich nicht um einen positiven Vermögenseffekt, sondern um einen *Umverteilungseffekt*. Die Halter von Vermögen, deren Preise steigen, profitieren, während die Geldhalter ärmer werden, weil sie immer weniger Güter im Tausch für eine Geldeinheit erhalten.

Dem Vermögensgewinn für die einen steht folglich ein Vermögensverlust für die anderen gegenüber. Es ist volkswirtschaftlich daher unsinnig, den Anstieg der Geldpreise für Vermögen – wie zum Beispiel steigende Aktienkurse – mit einem Vermögenseffekt, der die Volkswirtschaft angeblich reicher machen soll, gleichzusetzen. Ein wachsendes Güter- und Dienstleistungsangebot vermehrt in der Tat die Wohlfahrt, nicht aber ein Anstieg der Geldpreise.

Für den umsichtigen Investor sind diese Einsichten von großer Bedeutung. Wer beispielsweise Termin- und Spareinlagen hat oder wer Anleihen hält, muss sich die Frage stellen: *Reicht der Zinsertrag aus, um die Inflation – nicht nur die Konsumentenpreisinflation, sondern auch die Inflation der Vermögenspreise – zu kompensieren?* Wenn das nicht der Fall ist, kommt es zu Verlusten: Übersteigt die Rate des Preisauftriebs in der Volkswirtschaft den Nominalzins, büßen die Ersparnisse ihre Kaufkraft ein. Der Anleger spart nicht, er entspart, wird ärmer.

Mit Blick auf Aktieninvestitionen stellt sich weiterhin die Frage: Welche Bedeutung hat Inflation für den Unternehmenserfolg? Soweit die Inflation die Aktienkurse in die Höhe treibt, profitiert der Aktionär, so könnte man meinen. Doch es gibt auch Folgen der Inflation, die sich negativ auf den Geschäftserfolg und damit Unternehmenswert auswirken.

Steigen die Güterpreise, verringert sich die Kaufkraft des Geldes, über das die Menschen verfügen: Ihre Einkommen steigen in der Regel weniger stark, als die Preise der Güter in Phasen der Inflation zulegen. Das bedeutet, dass sich die Güternachfrage verändert: Nicht mehr alle Güter werden im bisherigen Ausmaß nachgefragt. Darunter leiden insbesondere die Unternehmen, deren Produkte in Phasen der Inflation weniger stark oder gar nicht mehr nachgefragt werden.

Inflation erschwert zudem die Wirtschaftsrechnung. Inflation verzerrt die Preisrelationen zwischen den Gütern und macht es für Unternehmer schwierig zu erkennen, welche Güter tatsächlich knapp sind und vermehrt produziert werden sollen. Wenn alle Güterpreise mehr oder weniger stark ansteigen, lässt sich aus Sicht eines Unternehmens kaum sagen, ob echte Knappheit vorliegt oder nur der Inflationseffekt zutage tritt. Unternehmen laufen daher bei Inflation Gefahr, falsche Entscheidungen zu treffen. Beispielsweise werden das Absatzpotenzial überschätzt und Produktionskosten unterschätzt, und die Gewinnlage der Unternehmen verschlechtert sich.

Inflation führt vor allem auch zum Ausweis von *Scheingewinnen*. Nehmen wir an, das Unternehmen verfügt über Lagerbestände, die in der Bilanz zu Herstellungskosten in Höhe von 100 Euro gebucht sind. Die Inflation hebt den Marktpreis für die Waren um 50 Prozent auf 150 Euro. Gleichzeitig sind aber auch die Herstellungskosten um 50 Prozent auf 150 Euro gestiegen. Verkauft das Unternehmen nun seine Ware, weist es einen Bilanzgewinn von 50 Euro aus (150 Euro Marktwert minus 100 Euro Bilanzansatz). Gleichzeitig sind die Herstellungskosten durch die Inflation auf 150 Euro gestiegen – und der Gewinn ist tatsächlich *null*. Wenn das Unternehmen nun aber den Gewinn ausschüttet (in Form von Dividenden), betreibt es Kapitalverzehr. Kurzum: Der Scheingewinn schädigt die Leistungsfähigkeit des Unternehmens.

Auf eine weitere wichtige ökonomische Einsicht soll an dieser Stelle hingewiesen werden: Inflation (verstanden als Ausweitung der Geldmenge, die sich in steigenden Preisen zeigt) hat nur dann eine wirtschaftsbelebende Wirkung, wenn sie *überraschend* kommt.

Wenn alle 2 Prozent Inflation erwarten, und die Zentralbank sorgt für eine *Überraschungsinflation* von, sagen wir, 4 Prozent, tut sich etwas in der Wirtschaft. Beispielsweise sinken die Reallöhne, und Unternehmen erhöhen ihre Nachfrage nach Arbeit. Es kommt zu einer inflationsgetriebenen Konjunkturbelebung.

Allerdings ist damit zu rechnen, dass die Marktakteure früher oder später aufwachen: Sie werden in ihren Lohn-, Miet- und Kreditverträgen eine höhere Inflation vereinbaren (beispielsweise 4 statt bisher 2 Prozent). Damit verliert die erhöhte Inflation ihre belebende Wirkung. Will die Zentralbank die Konjunktur antreiben, muss sie zu einer noch höheren Überraschungsinflation greifen. Das Spiel wiederholt sich. Man ahnt bereits, wohin die Politik der Überraschungsinflation führt: zu Hochinflation oder, im Extremfall, gar zu Hyperinflation.

Der Blick auf die Währungsgeschichte zeigt, dass das Fiat-Geldsystem beziehungsweise diejenigen, die dem Fiat-Geld vertraut haben, immer wieder Schiffbruch erlitten haben. Der Grund: Fiat-Geld lädt zu politischem Missbrauch geradezu ein. Es wurde eingeführt, weil Regierungen die Macht haben wollen zu inflationieren, und dazu müssen sie die Geldmenge willkürlich ausweiten können. Aufgrund der großen Bedeutung, die das Geld nicht nur für die Volkswirtschaft insgesamt hat, sondern auch für den umsichtigen Investor und seine Portfolioentscheidungen, ist es sinnvoll, noch einige Worte über *gutes Geld* zu verlieren. Das soll im folgenden Kapitel geschehen, das sich mit dem Goldgeld beschäftigt.

7. KAPITEL

Gold ist die bessere Währung

»Gold is a currency. It is still, by all evidence, a premier currency. No fiat currency, including the dollar, can match it.«

ALAN GREENSPAN

Gold wird aus vielen Gründen nachgefragt: für Industrieanwendungen, Schmuckerzeugung, Investmentanlagen und monetäre Zwecke. Gold ist jedoch vor allem eines: Sachgeld. Das ist kein Zufall. Edelmetalle, allen voran das Gold, haben die Eigenschaften, die ein Gut haben muss, um als Geld verwendet werden zu können: Sie sind knapp, homogen, haltbar, teilbar, prägbar, transportabel, allgemein wertgeschätzt, und sie verkörpern einen hohen Wert pro Gewichtseinheit. Deshalb haben die Menschen, wenn sie ihr Geld – also das allgemein akzeptierte Tauschmittel – frei wählen konnten, auf Edelmetalle, insbesondere Gold, zurückgegriffen. So kam es, dass das Gold über lange Zeit hinweg quasi das *Weltgeld* war.

Nicht selten ist jedoch von Finanzexperten zu hören, das Halten von Gold sei nicht sinnvoll, weil Gold keine Zinsen abwerfe. Aktien oder Anleihen seien die bessere Wahl. Was ist von diesem Argument zu halten? Nun, die Empfehlung »Halten Sie Aktien oder Anleihen statt Gold« ist aus Sicht des Anlegers so fragwürdig wie der Satz »Autofahren ist besser als Bücher lesen«. Gold ist eine Währung, und sie steht nicht im direkten Wettbewerb mit Aktien, sondern im direkten Wettbewerb mit anderen Währungen. Die Fragen, die sich der umsichtige Anleger stellen sollte, sind vielmehr die folgenden: Soll ich mein Vermögen in Aktien, Immobilien oder in Form von liquiden Mitteln halten? Und wenn ich mich für liquide Mittel entscheide: Soll ich US-Dollar, Euro, Schweizer Franken oder die Währung Gold halten?

Abb. 7: Gold hat Bankdepositen langfristig geschlagen

Wertentwicklung in Prozent[1]

US-Aktien, Kurse + Dividenden	Goldpreis (USD/oz)	USD 3 Monatsgeld (USD)	Konsumentenpreise (USD)
I. Februar 1973 bis August 2018:			
10,64	6,51	4,80	3,96
II. Januar 1980 bis August 2018:			
12,18	2,19	4,38	3,09
III. Januar 1995 bis August 2018:			
10,32	5,01	2,33	2,21
IV. Januar 2000 bis August 2018:			
5,64	7,97	1,60	2,17
V. Juni 2007 bis August 2018:			
7,80	5,48	0,57	1,71

Quelle: Thomson Financial; eigene Berechnungen.

(*) Stetige, annualisierte Rendite.

Es ist vor diesem Hintergrund sicherlich erhellend, die Preisentwicklung des Goldes mit anderen Anlageformen zu vergleichen. Abbildung 7 zeigt einige Zahlen dazu. Von Februar 1973 bis August 2018 lag die jahresdurchschnittliche Rendite, die man mit US-amerikanischen Aktien verdient hat, bei 10,6 Prozent. Guthaben bei Banken in Form von 3-Monatsgeld brachten 4,8 Prozent – nur wenig mehr als die Inflation der Konsumentenpreise in Höhe von 4 Prozent. Der Goldpreis (in US-Dollar gerechnet) stieg in der betrachteten Zeit jahresdurchschnittlich um 6,5 Prozent – deutlich mehr als kurzlaufende Bankeinlagen. Was lässt sich aus diesen Zahlen schlussfolgern?

Betrachten wir an dieser Stelle zudem die Goldpreisentwicklung der letzten 20 Jahre, und zwar in Euro gerechnet. Wer bei Einführung des Euro am 1. Januar 1999 Gold gekauft hat, der hat bis August 2018 einen inflationsbereinigten Wertzuwachs von 200 Prozent erzielt. Der DAX legte inflationsbereinigt im gleichen Zeitraum nur um 75 Prozent zu. Verzinsliche Euro-Guthaben erzielten ein Plus von nur 2,4 Prozent, und unverzinsliche Euro-Bestände erlitten einen Kaufkraftverlust von 29 Prozent. Das Beispiel zeigt: Es gibt Phasen, in denen sich der Preis des Goldes besser entwickelt als die Kurse der Aktien. Das aber ist – und das sei hier betont – nicht der Normalfall.

Abb. 8: Gold – das bessere Geld

Kaufkraftbereinigte Wertentwicklung von Gold, Aktien und Euro (*)

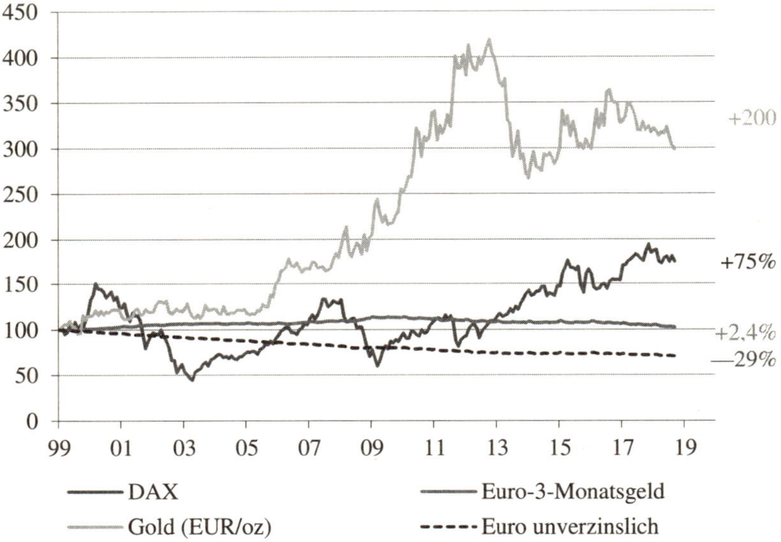

Quelle: Thomson Financial; eigene Berechnungen.

(*) Ermittelt anhand der Euroraum-Konsumentenpreise.

Der Blick auf die langfristige Wertentwicklung des Goldes soll vielmehr unterstreichen, dass Gold das *bessere Geld* ist – und dass man das Gold als Konkurrent zu den offiziellen Währungen wie US-Dollar, Euro, japanischer Yen, chinesischer Renminbi oder Schweizer Franken einstufen sollte. Dass die Rendite für Aktien höher ausgefallen ist als die für Gold (und verzinsliche Bankeinlagen) kann nicht verwundern: Aktien repräsentieren Anteile am Produktivkapital, das im Zeitablauf (wenn das Unternehmen erfolgreich wirtschaftet) an Wert gewinnt. Gold erzielt keinen solchen Wertzuwachs durch Produktivitätsgewinne. Gleichzeitig entkommt aber das Gold der Entwertung des ungedeckten Papiergeldes, weil sich sein Preis am Markt bilden kann: Die Inflationierung des ungedeckten Geldes schlägt sich in einem Anstieg des Goldpreises nieder und bewahrt die Kaufkraft des gelben Metalls.

In den letzten Jahrzehnten schien vielen Anlegern das Halten von Fiat-Geld relativ attraktiv zu sein, weil sich mit Fiat-Geld-Bankguthaben ein Zins verdienen ließ. Gold hat bekanntlich keine solche »Eigenverzinsung«. Mittlerweile gibt es jedoch auf Fiat-Geld keinen Zins mehr: Die Zentralbanken haben die Kurzfristzinsen auf oder sogar unter die Nulllinie gedrückt; und es ist recht wahrscheinlich, dass das Niedrig- beziehungsweise Negativzinsregime noch lange Bestand haben wird. Nach Abzug der Inflation ist die *reale Verzinsung* für Bankguthaben *negativ* geworden: Wer Guthaben bei Banken hält, erleidet Verluste; steigende Kontoführungsgebühren verschlimmern die Sache. Gold kann durch eine Politik des Negativzinses nicht entwertet werden.

Das gelbe Metall ist eine *Versicherung* gegen den chronischen Kaufkraftverlust, der die offiziellen Währungen auszeichnet. Ihre Menge wird von den Zentralbanken unablässig erhöht, und das senkt die Kaufkraft dieses Geldes. Die physische Goldmenge lässt sich nicht beliebig, politischer Willkür folgend vermehren und damit entwerten. Zudem kann der Marktpreis des Goldes auch nicht auf null fallen – wie es beim ungedeckten Papiergeld im Extremfall passieren kann und immer wieder auch der Fall gewesen ist. Selbst wenn Gold nicht mehr für monetäre Zwecke eingesetzt würde, gäbe es noch für andere Zwecke – Schmuck- und Industrieverwendung – eine Goldnachfrage und damit einen positiven Preis. Gold ist so gesehen wertmäßig unzerstörbar.

Giro-, Termin- und Sparguthaben können im Extremfall verloren gehen, wenn die Bank pleitegeht und der Einlagensicherungsfonds nicht ausreicht, die Bankkunden zu entschädigen. Gold hingegen trägt – anders als Bankguthaben – kein Zahlungsausfallrisiko. Gerade die Versicherungsfunktion des Goldes kann sich für den Anleger als renditeträchtig erweisen. In Phasen von beispielsweise aufkeimenden Sorgen vor systemischen Zahlungsausfällen im weltweiten Banken- und Finanzapparat wäre damit zu rechnen, dass die Nachfrage nach Gold als »sicherer Hafen« zunimmt und sein Preis steigt. Das wiederum eröffnet Gelegenheit, teures Gold zu verkaufen und mit dem Erlös attraktive Assets wie ausgewählte Unternehmensaktien oder Immobilien zu stark verminderten Preisen zu kaufen.

Dieses Beispiel deutet bereits an, dass man als Anleger mit Gold wie mit Geld umgehen sollte: Geld – ob nun in Form von US-Dollar, Euro, Schweizer Franken oder Gold – hält man, wenn sich keine attraktiven Investitionsmöglichkeiten aufdrängen und man liquide bleiben und geduldig auf bessere Gelegenheiten warten will. Die häufig geäußerte Idee, Gold zu kaufen und »darauf sitzen zu bleiben, egal was kommt«, ist hingegen nicht notwendigerweise der Weisheit letzter Schluss. Denn wer in Krisenphasen – wenn der Goldpreis relativ stark steigt und viele attraktive Assets im Zuge der Panik übermäßig stark im Preis verfallen – am Gold festhält, der könnte Gefahr laufen, eine große Renditechance zu vergeben.

Diese Überlegungen machen auch deutlich, dass man nicht davon ausgehen kann, Gold sei zu jedem Zeitpunkt eine wertmäßig attraktive Versicherung, die gegen Geldentwertung und Zahlungsausfälle wirksam schützt. Das wäre zu kurz gedacht. Entscheidend ist – wie bei jeder anderen Anlageentscheidung auch –, zu welchem Preis man kauft. Kauft man das Gold zu teuer – beispielsweise in einer Situation, in der »Panikkäufe« den Goldpreis bereits sehr stark in die Höhe getrieben haben –, kann der Anleger nachfolgend enttäuscht werden: Der Goldpreis steigt nicht weiter an, möglicherweise fällt er auch, und die erhoffte Wertsteigerung, die ihn gegen anderweitige Verluste versichern soll, bleibt aus. Kauft er hingegen das Gold zu einem günstigen Preis (zum Beispiel in einer Phase, in der auf den Finanzmärkten Sorglosigkeit Einzug gehalten hat), kann er im Krisenfall auf eine Wertsteigerung hoffen.

Wenn das Gold angeblich das »perfekte Geld« ist: Warum haben die heutigen Währungen keine Golddeckung mehr, warum sind sie nicht in Gold einlösbar? Das hat politische, nicht ökonomische Gründe. Regierungen wollen nicht nur die Hoheit über das Geld, sondern auch eine Geldart, deren Wert sich nach politischer Interessenlage verändern lässt, um beispielsweise die Konjunktur zu beeinflussen oder Umverteilungen und Kriege zu finanzieren. Das solide Goldgeld steht solchen Vorhaben im Wege. So kam es, wie es kommen musste: Die Staaten ersetzten Anfang der 1970er-Jahre das Goldgeld durch ihr Fiat-Geld (die Eigenschaften des Fiat-Geldes wurden bereits in Kapitel »Was der Investor über Geld wissen sollte« besprochen).

Ob US-Dollar, Euro, japanischer Yen, chinesischer Renminbi, Britisches Pfund oder Schweizer Franken – sie sind allesamt Fiat-Geld. Solange die Volkswirtschaften am Fiat-Geld festhalten, muss man damit rechnen, dass sich die ökonomischen und ethischen Defizite des Fiat-Geldes immer unverhohlener zeigen werden. Die Finanz- und Wirtschaftskrise 2008/2009 ist ein Beispiel par excellence für eine schwere, durch Fiat-Geld verursachte Krise. Zudem verliert das Fiat-Geld im Zeitablauf seine Kaufkraft, eine Erkenntnis, die der Investor nicht aus dem Auge verlieren sollte.

Buffett über Gold – eine kritische Anmerkung

Auf der Aktionärsversammlung von Berkshire Hathaway Inc. vom 4. bis 5. Mai 2018 in Omaha, US-Bundestaat Nebraska, wies Warren E. Buffett sein Publikum darauf hin, wie wichtig der langfristige Atem für den Investitionserfolg ist. Wer beispielsweise 1942 (in dem Jahr, in dem Buffett seine erste Aktie gekauft hat) 10.000 US-Dollar in einen breiten Korb von US-Aktien investiert und geduldig an dieser Entscheidung festgehalten hat, der hat heute Aktien im Wert von 51 Millionen US-Dollar. Mit dem Beispiel machte Buffett auch deutlich: Wer in produktives Vermögen wie Aktien investiert, der wird über lange Jahre hinweg einen beachtlichen Wertzuwachs erzielen. In einer Marktwirtschaft schaffen Unternehmen Werte, sie erzielen eine positive Verzinsung auf das eingesetzte Kapital. Die Gewinne gehen dem Aktionär entweder als Dividende zu, oder sie werden vom Unternehmen reinvestiert, und der Aktionär kommt auf diese Weise in den Genuss des Zins- und Zinseszinseffektes.

Die Berkshire-Aktie hat unter der Leitung von Buffett in der Zeit von 1965 bis 2017 eine jahresdurchschnittliche Rendite von 20,9 Prozent erzielt (nach Steuern), während die Rendite des S&P 500 nur 9,9 Prozent betrug (vor Steuern). Hätten Sie 1965 in Berkshire investiert, würden Sie sich heute über eine Gesamtrendite von 2.404.784 Prozent freuen: Aus 1.000 US-Dollar sind mehr als 24 Millionen US-Dollar geworden (genau:

24.048.480 US-Dollar). Buffett verglich den Investmenterfolg von Unternehmensaktien (dem produktivem Vermögen) mit dem von Gold (stellvertretend für das unproduktive Vermögen). Aus 10.000 US-Dollar, die 1942 in Gold angelegt wurden, wären bis heute 400.000 US-Dollar geworden, so Buffett, also viel weniger als bei einer Aktieninvestition.

Was aber ist von diesem Vergleich zu halten? Um diese Frage zu beantworten, sollte man sich zunächst klarmachen, was Gold aus Anlegersicht ist beziehungsweise sein kann. Gold kann grundsätzlich als (I) Vermögensgut, (II) Rohstoff oder als (III) Geld(-art) eingestuft werden. Wenn man Gold als Vermögensgut oder als Rohstoff ansieht, ließen sich vielleicht in der Tat Zweifel anmelden, ob der Investor sein Geld in das gelbe Metall stecken sollte. Wenn Gold aber als (eine Form von) Geld eingestuft wird, ist Buffetts Vergleich zwischen der Wertentwicklung von Aktien und Gold wenig sinnvoll. Denn jeder Investor hat folgende Entscheidungen zu treffen: (1) Ich verfüge über einen Anlagebetrag, und ich habe zu entscheiden, wie viel ich davon investiere (in Aktien, Anleihen, Häuser etc.), und wie viel ich davon in liquiden Mitteln, in Form von Kasse, halte. (2) Wenn ich mich entschieden habe, beispielsweise *X* Prozent meines Vermögens als Kasse zu halten, dann muss ich mich entscheiden, in welcher Währung, in welcher Geldart, ich sie zu halten wünsche: in US-Dollar, Euro, japanischem Yen, Schweizer Franken – oder in Goldgeld.

Wenn man diese Überlegungen teilt, dann kann man zu zwei Schlussfolgerungen gelangen: (1) Man hält keine Kasse, weil Aktien immer besser rentieren als Geld. Viele Investoren werden dieser Empfehlung vermutlich nicht folgen. Sie müssen auch Geld halten, weil sie Zahlungen zu leisten haben. Zudem wollen die meisten wohl auch Geld halten, um mit der allgegenwärtigen Unsicherheit fertig zu werden. Geld hilft ihnen dabei: Geld ist das liquideste, das marktgängigste Gut, es lässt sich am einfachsten eintauschen gegen andere Güter. Wer Geld hält, ist jederzeit tauschfähig – und kann die sich ergebenden Kauf- und Investitionsgelegenheiten nutzen.

(2) Man entscheidet sich, auch Kasse zu halten. Wer zeitnah zu erfüllende Zahlungsverpflichtungen in US-Dollar oder Euro

hat, für den liegt es nahe, entsprechende US-Dollar- und Euro-Beträge vorzuhalten. Diejenigen, die Geld auch längerfristig, für unvorhergesehene Zahlungserfordernisse vorhalten wollen (»Vorsichtskasse«), müssen entscheiden, welches Geld sich für diesen Zweck eignet. Um das zu beurteilen, kann man auf seine Kaufkraftentwicklung schauen. Würde Buffett diese Sicht teilen, wäre die Wertentwicklung des US-Dollar mit der des Goldes zu vergleichen. Dabei zeigt sich, dass Gold – im Gegensatz zum US-Dollar – in den letzten Jahrzehnten seine Kaufkraft nicht nur bewahrt, sondern sogar vermehrt hat! Die Kaufkraft des US-Dollar hat von 1972 bis heute 84 Prozent verloren; selbst wenn man eine banküibliche Verzinsung des US-Dollar in Rechnung stellt, zeigte seine Kaufkraft nur ein Plus von 47 Prozent. Die Kaufkraft des Goldes ist hingegen um 394 Prozent *gestiegen*. Dass also Gold keine Wertentwicklung wie Aktien gehabt hat, ist nicht verwunderlich: Gold ist Geld – und es ist das »bessere Geld«, es hat sich gegenüber dem Fiat-Geld als das bessere Wertaufbewahrungsmittel erwiesen.

An die Geldqualitäten des Goldes reichen Fiat-Währungen nicht annähernd heran. Ludwig von Mises formulierte diese Einsicht 1940 mit den Worten: »Man hat an der Goldwährung manches auszusetzen gewusst; man hat ihr den Vorwurf gemacht, dass sie nicht vollkommen sei. Doch niemand weiss anzugeben, wie man an Stelle der Goldwährung Vollkommeneres und Besseres setzen könnte.« Mit diesen Erkenntnissen über das Geld – beziehungsweise das Goldgeld – ausgestattet, wollen wir uns jetzt wieder dem Investieren, dem Handeln auf den Kapitalmärkten zuwenden. Am Anfang hat das richtige Denken zu stehen. Nur mit ihm kann man letztlich zum Investmenterfolg gelangen.

8. KAPITEL

Investmenterfolg durch richtiges Denken

»In der Tat ist's eine große Gabe des Himmels, einen geraden (oder, wie man es neuerlich benannt hat, schlichten) Menschenverstand zu besitzen.«

IMMANUEL KANT

Unser Gehirn – eines der komplexesten Gebilde, das wir kennen – kann uns so manchen Streich spielen und uns zu falschen Entscheidungen verleiten, wenn wir nicht lernen, es richtig einzusetzen. Darüber hat der israelisch-amerikanische Psychologe Daniel Kahneman (*1934), zusammen mit seinem Mitstreiter Amos Tversky (1937–1996), in zahlreichen Experimenten eingehend geforscht.

Kahneman wurde 2002 mit dem Nobelpreis für Wirtschaftswissenschaften ausgezeichnet; sein Buch *Thinking, Fast and Slow* (2011; dt.: *Schnelles Denken, langsames Denken*) wurde zum Weltbestseller. Mit Tversky hat er 1979 die »Prospect Theory« (»Neue Erwartungstheorie«) formuliert. Sie hat im Bereich der Entscheidungstheorie beziehungsweise Verhaltensökonomik (»Behavioral Economics«) große Aufmerksamkeit gefunden.

Nach Kahneman verfügt der Mensch über zwei Systeme des Denkens. »System 1« arbeitet schnell, intuitiv und emotional, um die Handlungssituation zu erfassen und uns die Handlungsempfehlung zu geben. Es funktioniert quasi automatisch mit relativ wenig Aufwand. Zum Beispiel können wir in der Regel an der Stimmlage schnell erkennen, ob jemand zornig ist oder nicht. Oder wenn die Frage lautet: »Wie heißt die Hauptstadt von Frankreich?«, ist die

Antwort sogleich: »Paris«. Oder: »Was ist das Ergebnis von 2 + 2?« Wir müssen nicht lange nachdenken, um die Antwort zu finden: »4«. Oder: Es fällt uns nicht schwer zu verstehen, was gemeint ist, wenn jemand sagt: »Ich habe Hunger«. Allerdings stößt die Nützlichkeit, die das Denken in System 1 hat, auch rasch an Grenzen.

Stellen wir uns die Frage: Was folgt logisch aus den Aussagen (1) »Alle Lebewesen sind sterblich« und (2) »Der Mensch ist ein Lebewesen«? Die logisch richtige Schlussfolgerung lautet: »Der Mensch ist sterblich.« Das war noch recht einfach. Oder versuchen wir uns an der folgenden Aufgabe: Merken Sie sich eine zwölfstellige Telefonnummer nach einmaligem Vorsagen. Die meisten von uns stellt das vor große Schwierigkeiten.

Nicht selten führt uns System 1 sogar in die Irre. Beispiel: Ein Baseballset, bestehend aus Baseball und Schläger, kostet 1,10 Euro. Der Schläger kostet einen Euro mehr als ein Baseball. Frage: Was kostet der Baseball? Die meisten antworten: 10 Cent. Doch die richtige Antwort lautet: Der Ball kostet 5 Cent.[2] Sie ahnen es: Mit dem Denken, wie es System 1 vollzieht, kommen wir bei diesen Aufgaben nicht weiter.

Glücklicherweise verfügen wir nicht nur über System 1, sondern auch über ein »System 2«. Letzteres steht für aufwendiges, tiefgehendes Denken. Es erfordert Anstrengung, es stellt sich – anders als System 1 – nicht automatisch ein. Über das Denken in System 1 und System 2 Bescheid zu wissen und es situationsgerecht einzusetzen, ist besonders wichtig für alle, die langfristig erfolgreich investieren wollen.

Erfolgreich investieren bedeutet, dass man besser abschneidet als der Gesamtmarkt, dass man also eine »Überrendite« erzielt. Das ist eine sehr anspruchsvolle Herausforderung. Denn die Preisbildung auf den Märkten für zum Beispiel Aktien, Anleihen, Währungen oder Edelmetalle bietet in der Regel nur recht selten die Möglichkeit, Überrenditen erzielen zu können.

Das liegt daran, dass der Marktprozess meist sehr schnell und umfassend die Kurse an neue Informationen anpasst. Nehmen

---

2 Erklärung: x = Preis des Baseballschlägers, y = Preis des Baseballs. Es gilt $x + y = 1{,}10$. Wenn der Baseballschläger 1 Euro mehr kostet als der Ball, gilt: $y + 1 = x$. Somit gilt: $(y + 1) + y = 1{,}10$. Daraus folgt: $x = 1{,}05$ und $y = 0{,}05$.

wir an, der Preis für eine bestimmte Aktie reflektiert bereits alle Informationen, die für ihren Wert relevant sind. Wer die Aktie zu diesem Preis kauft, kann nicht auf eine Überrendite hoffen. Wie aber kommt man dem Ziel, eine Überrendite zu erzielen, näher?

Indem man sich zunächst das Folgende klarmacht: Wer denkt und handelt wie alle anderen (also konventionell), wird Ergebnisse erzielen, die auch alle anderen erzielen – also keine Überrenditen. Man wird, wenn die Entwicklung eintritt, die alle erwarten, ein durchschnittlich gutes Ergebnis erreichen; und wenn die Entwicklung nicht eintritt, ein durchschnittlich schlechtes Ergebnis.

Wer hingegen anders als die anderen vorgeht (also unkonventionell handelt), hat zwar prinzipiell die Möglichkeit, eine Überrendite zu erzielen. Allerdings auch nur dann, wenn das Szenario, das er seinen Dispositionen zugrunde legt, auch tatsächlich eintritt. Wenn das Szenario nicht eintritt, wird er schlechter als der Durchschnitt abschneiden.

Abb. 9: Was erforderlich ist, um Überrendite zu erzielen
Erfolg und Misserfolg von konventionellem und unkonventionellem Verhalten

	Konventionelles Verhalten	Unkonventionelles Verhalten
Positiver Ausgang	Durchschnittlich **gutes** Ergebnis	**Besser** als der Durchschnitt (Überrenditen)
Negativer Ausgang	Durchschnittlich **schlechtes** Ergebnis	**Schlechter** als der Durchschnitt

Quelle: Howard Marks.

Überrenditen erzielen ist also in der Tat alles andere als »einfach«, und es geht zudem mit einem überdurchschnittlichen Verlustrisiko einher, wenn das Erwartete nicht eintritt. Was ist erforderlich, um auf unkonventionellem Wege Überrenditen erzielen zu können? Der erfolgreiche amerikanische Investor und Gründer von Oaktree Capital Management Howard Marks (*1946) sagt: richtiges Denken. Diese Aussage führt uns direkt zurück zu Daniel Kahnemans Unterscheidung des Denkens in System 1 und System 2. Führen wir uns die Unterschiede dieser beiden Arten des Denkens noch einmal anhand von drei Beispielen vor Augen:

System 1: Ich weiß, das Unternehmen *A* ist exzellent, es stellt sehr gute Produkte her, also kaufe ich die Aktie.

System 2: Jeder glaubt, Unternehmen *A* ist eine gute Firma. Vermutlich ist die Aktie daher schon überbewertet. Ich führe erst eine Bewertung der Aktie durch und entscheide dann, ob ich kaufe oder nicht.

System 1: Alle Prognosen besagen, dass die Konjunktur einbricht. Das ist schlecht für Aktien. Also verkaufe ich!

System 2: In der Tat, der Ausblick für die Wirtschaft ist mies. Aber das ist vermutlich bereits in den Kursen enthalten. Also sehe ich mir die Bewertungen der Aktien erst genau an und entscheide dann, was zu tun ist.

System 1: Die Europäische Zentralbank (EZB) hebt bald die Zinsen an, glaube ich. Der Euro wird daher gegenüber dem US-Dollar aufwerten. Ich verkaufe Dollar.

System 2: Möglich, dass die EZB die Zinsen anhebt. Aber der Euro-Dollar-Wechselkurs wird von vielen Faktoren beeinflusst. Ich weiß zudem nicht, ob er derzeit zu teuer oder zu billig ist. Ich lasse besser die Finger davon.

Aus dem Denken in System 1 erwächst im Grunde nichts weiter als eine unreflektierte Meinung über die Zukunft. Sie führt zu Schlussfolgerungen, die auch alle anderen ziehen, die in System 1 denken – und das sind vermutlich die meisten Akteure an den Finanzmärkten. Wer beim Investieren in System 1 denkt, befindet sich zwar in einer Mehrheitsgesellschaft, gelangt häufig jedoch nicht ans erhoffte Renditeziel.

Denn wer in System 1 denkt, der übersieht vor allem, dass die Preise auf den Finanzmärkten die Erwartungen aller Marktteilnehmer widerspiegeln beziehungsweise dass die Einschätzungen der Marktakteure von entscheidender Bedeutung sind für die weitere Entwicklung der Kurse.

Wer in System 2 denkt, ist den Denkern in System 1 mindestens einen, wenn nicht gar mehrere Denkschritte voraus. Ein Investor, der sich des Systems 2 bedient, wägt ab, hinterfragt, überprüft kritisch. Bevor er eine Entscheidung trifft, stellt er sich beispielsweise folgende Fragen:

- Was denken alle anderen, wie sich die Aktienmärkte künftig entwickeln?

- Wie unterscheidet sich meine Erwartung von den Konsensus-Erwartungen und warum?
- Welche Gründe gibt es, dass meine Einschätzung zutreffender sein sollte als die der anderen?
- Welche Zukunftsszenarien gibt es, welche Eintrittswahrscheinlichkeit haben sie, und was bedeuten sie für die künftigen Aktienkurse?
- Was passiert mit den Aktienkursen, wenn meine Erwartung über die Zentralbankpolitik richtig ist und alle anderen falschliegen?

Wer eine Aktie an der Börse kauft, der sollte wissen, dass sie jemand anderes verkauft. Herr *A* kauft eine Aktie, weil er meint, sie sei eine gute Investition für ihn. Herr *A* ist bereit, sein Geld gegen die Aktie einzutauschen. Der Verkäufer, Herr *B*, denkt genau das Gegenteil: Er meint, die Aktie sei für ihn keine gute Investition, er bevorzugt das Geld. Warum sollte Herr *A besser informiert sein als Herr B*? Diese Frage muss man sich stellen. Einer von beiden liegt falsch. Nur einer kann richtigliegen. Diese Einsicht wird dem offenbar, der in System 2 denkt – und leitet ihn an, sorgfältig über Kauf- und Verkaufsentscheidungen nachzudenken, und das trägt dazu bei, das Risiko von Fehlentscheidungen zu verringern.

Überrenditen zu erzielen, ist möglich, wie die Erfolge von namhaften Investoren zeigen. Allerdings ist das – wie gezeigt – alles andere als einfach. Investmentlegende Charlie Munger (*1924) sagt es treffend: »It's not supposed to be easy. Anyone who finds it easy is stupid.« Zu Deutsch: »Man sollte nicht annehmen, dass es einfach sei. Jeder, der es einfach findet, ist dumm.« Wer nach Überrendite strebt, muss nicht nur unkonventionell denken, es muss ihm gleichzeitig auch gelingen, zur richtigen Zeit in System 2 zu denken: Richtiges Denken beim Investieren – das Denken in System 2 und nicht nur in System 1 – ist ein unverzichtbares Element, um langfristig erfolgreich zu sein. Das Erfreuliche ist, dass man Kahneman zufolge das Denken in System 2 durch Übung lernen kann.

9. KAPITEL

Grundlegendes zur Performance

»Die gegenwärtige Generation entdeckt wiederholt, was die vorangegangene Generation bereits vergessen hat.«

JOHANN WOLFGANG VON GOETHE

Wer als Anleger in einer prosperierenden Volkswirtschaft mithalten will, muss eine Mindestrendite erzielen: Eine Rendite, die die Rate der Geldentwertung (Inflation) und die Zuwachsrate der gesamtwirtschaftlichen Produktion (Wachstum) abdeckt. Warum ist das so? Im heutigen ungedeckten Papiergeldsystem weiten die Zentralbanken die Geldmenge unaufhörlich aus. Die Folge ist Inflation – und zwar in Form steigender Konsumgüterpreise und/oder steigender Vermögenspreise. Und Inflation schmälert die Kaufkraft des Geldes.

Wenn Sie mit Ihrer Geldanlage »nur« die Inflation verdienen, bleibt die Kaufkraft Ihres Vermögens zwar erhalten, aber Sie gewinnen nichts hinzu. Die Volkswirtschaften wachsen jedoch im Zeitablauf, die Menschen werden wohlhabender. Sie müssen daran teilhaben, wenn Sie nicht zurückfallen wollen. Das klingt kompliziert? Ist es nicht. Dazu ein Beispiel. Nehmen wir an, Sie leben in einer Apfel-Wirtschaft, in der es 1 Apfel gibt. Die Apfel-Produktion legt jedes Jahr um 2 Prozent zu. Das heißt, nach fünf Jahren gibt es 1,10 Äpfel, nach zehn Jahren 1,22 Äpfel und nach 20 Jahren 1,49 Äpfel (hellgraue Linie in Abb. 10).

Abb. 10: Performance-Messung

Entwicklung von Menge, Preis und Marktwert

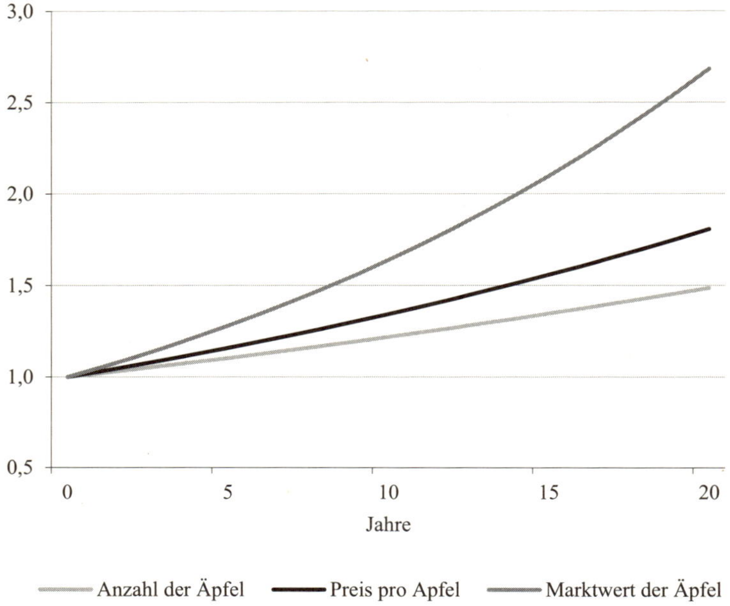

Quelle: Eigene Berechnungen.

Nun weitet die Zentralbank unablässig die Geldmenge aus. Deshalb steigen die Apfelpreise, und zwar *chronisch,* um, sagen wir, 3 Prozent jedes Jahr. Kostet ein Apfel gegenwärtig 1 Geldstück, so kostet er nach fünf Jahren 1,16, nach zehn Jahren 1,34 und nach 20 Jahren 1,81 Geldstücke (schwarze Linie). Gegenwärtig kostet also das gesamte Apfelangebot 1 Geldstück: 1 Apfel multipliziert mit dem Preis von 1 Geldstück pro Apfel. In fünf Jahren kostet es 1,28, in zehn Jahren 1,64, in 20 Jahren 2,68 (dunkelgraue Linie). Überlegen Sie: Was bedeutet es, wenn Sie 1 Geldstück halten und Sie weder am Wachstum des Apfelangebots noch an dessen Preisauftrieb teilhaben? Die Antwort zeigt die hellgraue Linie in Abbildung 11: Ihre Kaufkraft fällt von heute 1 auf 0,86 nach fünf Jahren, auf 0,74 nach zehn Jahren und auf 0,55 nach 20 Jahren.

Abb. 11: Vermögensentwicklung

Wertentwicklung bei unterschiedlichen Renditen

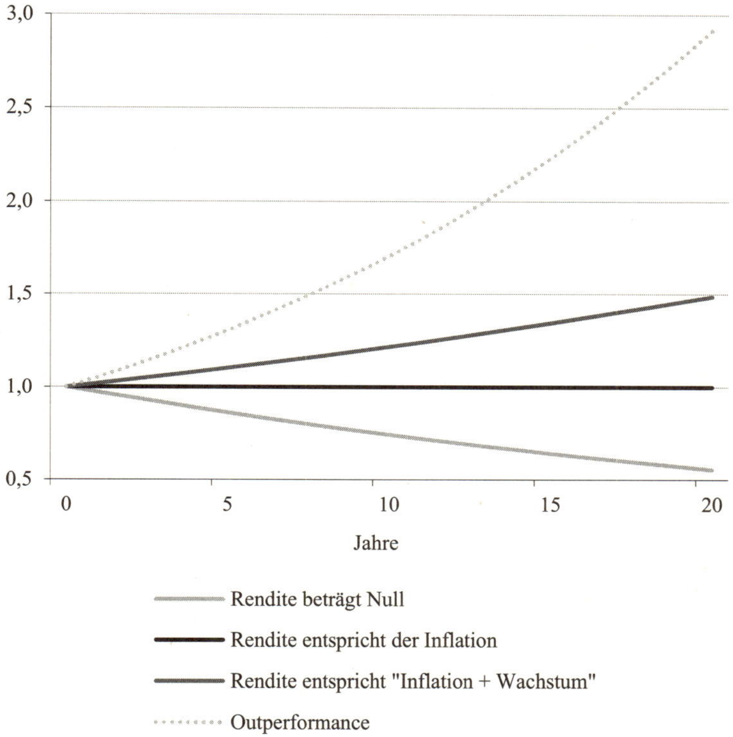

Quelle: Eigene Berechnungen.

Verdienen Sie nur die Inflation, bleibt Ihre Kaufkraft konstant (schwarze Linie). Wenn Sie neben der Inflation auch das Wachstum verdienen, steigt Ihr kaufkraftbereinigtes Vermögen an (dunkelgraue Linie): von heute 1 auf 1,10 nach fünf Jahren, auf 1,22 nach zehn Jahren und auf 1,49 nach 20 Jahren. Wenn es Ihnen gelingt, Ihr Vermögen entsprechend der dunkelgrauen Linie zu mehren, werden Sie im Zeitablauf zwar »reicher«. Ihr Vermögen entwickelt sich aber »nur« so, wie das Vermögen aller anderen in der Volkswirtschaft auch. Erst dann, wenn es Ihnen gelingt, Ihr Vermögen auf einen Entwicklungspfad zu bringen, der oberhalb der dunkelgrauen Kurve liegt (wie zum Beispiel die gepunktete Linie), verbessern Sie Ihre *relative* Vermögensposition; dann haben Sie »mehr geschaffen« als die anderen.

Doch, so werden Sie vielleicht fragen: Muss ich eine »Outperformance« anstreben? Über die Antwort auf diese Frage lässt sich trefflich streiten. An dieser Stelle soll nur ein Argument vorgebracht werden, das eine Outperformance empfiehlt: die Kosten der Geldanlage. Jeder weiß, für das Führen von Konten und Depots werden Gebühren fällig. Zudem kostet auch jede Transaktion: Das Kaufen und Verkaufen von Wertpapieren ist schließlich nicht zum Nulltarif zu haben.

Nehmen wir an, Ihre Bank verlangt die folgenden Gebühren: 5,95 Euro pro Transaktion zuzüglich 0,25 Prozent des gehandelten Betrages, wobei letzterer bei 75 Euro gedeckelt ist. Wenn Sie (»Kleinanleger«) Aktien für 10.000 Euro kaufen, werden 31 Euro fällig, also 0,31 Prozent Ihres Investitionsbetrags gehen verloren. Handeln Sie (»Großanleger«) 50.000 Euro, betragen die Kosten nur 0,15 Prozent Ihres Anlagekapitals. Häufiges Kaufen und Verkaufen ist also teuer; gerade bei relativ kleinen Beträgen. Diese Kosten verringern Ihre Investitionsrendite. Wenn Sie langfristig erfolgreich investieren wollen, müssen Sie die Kosten wieder reinbekommen – durch eine entsprechend hohe Rendite.

Für diejenigen Anleger, die viel handeln, heißt das, dass die Investitionsrendite höher liegen muss als der Vergleichsmaßstab (wie zum Beispiel S&P 500 oder DAX). Sonst erreicht man seine Mindestrendite *unter Berücksichtigung der Transaktionskosten* nicht. Wer in Fonds investiert, muss zudem das Fondsmanagement bezahlen. Beispielsweise kostet ihn das 1 Prozentpunkt des investierten Betrages pro Jahr. Das geht zulasten der Fondsrendite. Hinzu kommt, dass Fonds, wenn Sie Wertpapiere kaufen oder verkaufen, natürlich ebenfalls Transaktionskosten verursachen, die das Anlageergebnis schmälern.

Wenn dann der Fonds, in den Sie investiert haben, und der Sie einiges kostet, keine Outperformance abliefert (sagen wir über einen gleitenden Fünf-Jahres-Durchschnitt), sondern nur gleichauf mit dem Aktienmarktindex liegt, sollten Sie hellhörig werden und sich die Frage stellen: Warum soll ich meinen Fondsmanager so reichlich belohnen für eine durchschnittliche Leistung? Wer als Vermögender gar einen Beraterkreis um sich schart, produziert noch mehr Kosten, die zunächst einmal die Investitionsrendite belasten: Das Geld, das an Berater und Personal ausbezahlt wird, kann nicht investiert werden.

Wer häufig kauft und verkauft und dabei Kursgewinne realisiert, der verursacht weitere Kosten: Er muss Steuern zahlen. In Deutschland ist auf Kursgewinne eine Abgeltungssteuer in Höhe von 25 Prozent (zuzüglich Solidaritätszuschlag und gegebenenfalls Kirchensteuer) fällig. Nehmen wir an, Sie orientieren sich an einem Aktienmarktindex. Heute investieren Sie 10.000 Euro. Wenn der Aktienmarkt jedes Jahr um 10 Prozent steigt, haben Sie nach 15 Jahren »Buy-and-Hold« 41.772,50 Euro. Darauf müssen Sie, wenn Sie die Gewinne realisieren, 7.943,12 Euro Steuern zahlen. Ihnen bleiben 33.829,36 Euro. Ihre jahresdurchschnittliche Rendite beträgt also 8,46 Prozent.

Sollten Sie nach 15 Jahren einen Betrag *nach* Steuern von 41.772,50 Euro anstreben, müssen Sie in diesem Beispiel eine jahresdurchschnittliche Rendite von etwa 11,67 Prozent erzielen – also deutlich »outperformen« gegenüber dem Aktienmarkt (der annahmegemäß bei 10 Prozent liegt). Eine Outperformance von 1,67 Prozentpunkten pro Jahr mag auf den ersten Blick nicht bedeutsam erscheinen. Sie ist es aber: Im Zuge des Zins- und Zinseszinseffektes machen 1,67 Prozentpunkte einen ganz gewaltigen Unterschied auf das Endergebnis der Investition.

Die Gretchenfrage lautet: Kann ich outperformen, oder kann ich nicht outperformen? An dieser Frage führt kein Weg vorbei. Jeder Investor sollte, ja muss sie an den Anfang seiner Überlegungen stellen.

Wer meint, er kann *nicht* dauerhaft besser abschneiden als der Gesamtmarkt, der ist gut beraten, *passiv* zu investieren. Beispielsweise indem er in ein Aktienmarkt-Zertifikat oder -ETF mit geringen Kosten investiert und geduldig für lange Zeit daran festhält. Wer hingegen meint, er kann outperformen, der wird *aktiv* investieren wollen. Ob er dazu in der Lage ist oder nicht, wird die Zeit zeigen: Nach etwa fünf Jahren Investitionszeit sollte man Bilanz ziehen. Dann sollte man erkennen können, ob eine Outperformance erzielt wird oder nicht.

Und zum Schluss: Wie hoch ist die Mindestrendite anzusetzen? Ich empfehle als Faustregel: Man rechne die Zunahme der Geldmenge und das Wachstum des Bruttoinlandsproduktes zusammen. Für diesen Wert liegt der langfristige Durchschnitt in den USA bei knapp 10 Prozent pro Jahr (vor Steuern). Das zeigt, wie sehr man sich als Investor strecken muss, um bei der Vermögensmehrung zumindest mit dem Durchschnittserfolg aller anderen mithalten zu können. Doch wie gesagt: Hierbei handelt es sich um eine Mindestanforderung. Bevor man sich aber voreilig auf das Erzielen einer Mindestrendite festlegt, sollte man überlegen, ob es nicht besser geht. Damit befassen wir uns im nächsten Kapitel.

10. KAPITEL

Orientieren Sie sich an den Besten

»Der Mensch wird ohne Grundsätze, jedoch mit der Fähigkeit geboren, sie alle in sich aufzunehmen.«

VOLTAIRE

Wenn ich als Schüler eine Klassenarbeit mit mittelmäßiger Note nach Hause brachte, bemühte ich mich, meinem Vater klarzumachen, dass mein Abschneiden gar nicht so schlecht sei – die meisten Schüler hätten schließlich keine gute Note bekommen, und ich läge immerhin noch im Klassendurchschnitt. Mein Vater ließ dieses Argument aber nicht gelten: Ich solle mich nicht an der Leistung des Durchschnitts, sondern an der Leistung der Besten orientieren, sagte er. Das sei der Maßstab, an dem man sich zu messen habe, das bringe einen weiter. Wie wahr. Diese Lebensweisheit gilt natürlich auch für das Investieren.

Heutzutage befolgen viele Investoren sie jedoch nicht: Um zu beurteilen, ob man gut oder schlecht abschneidet, stellen sie ihre erzielte Rendite der Rendite eines Vergleichsmaßstabes (»Benchmark«) gegenüber. Liegt die eigene Rendite höher (niedriger) als die Rendite der Benchmark, hat man »outperformed« (»underperformed«). Als Benchmark dienen dabei Aktienmarktindizes, zum Beispiel der Deutsche Aktienmarktindex (DAX), der Standard & Poor's 500 (S&P 500) oder der MSCI World. Aktienmarktindizes sollen die Erfolgsentwicklung von Aktieninvestments in der Breite repräsentativ abbilden.

Abb. 12: Licht und Schatten im Aktienmarktindex

Kursverlauf DAX, Commerzbank- und Siemens-Aktie (*), 1999–2018

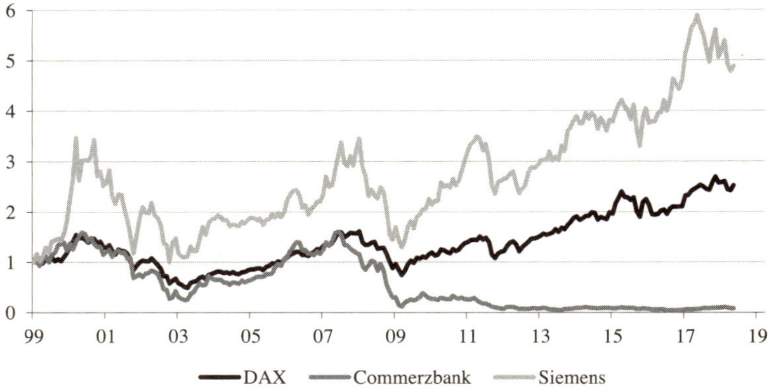

Quelle: Thomson Financial; eigene Berechnungen. (*) Januar 1999 = 1.

Zwar gibt es Unterschiede, wie die einzelnen Aktienmarktindizes ermittelt werden. Doch eines haben sie gemeinsam: Sie alle stellen einen Durchschnitt dar, und zwar einen Durchschnitt, der sich errechnet aus der Entwicklung erfolgreicher, weniger erfolgreicher und nicht erfolgreicher Unternehmen beziehungsweise deren Aktienkursen: Aktien, die sich durch hohe Kurssteigerungen und Ausschüttungen auszeichnen, Aktien, die nicht allzu erfolgreich sind, und auch Aktien von Unternehmen, die scheitern.

Wer im Januar 1999 in den DAX investiert hat, hat bis Mitte März 2018 einen Wertzuwachs von 144 Prozent (einschließlich Dividenden) erzielt. Das entsprach einer jahresdurchschnittlichen Rendite von 4,7 Prozent. Hätte man in die Aktie der Commerzbank (die bis September 2018 im Aktienmarktindex enthalten war) investiert, wären 90 Prozent des eingesetzten Kapitals *verloren*. Die Siemens-Aktie hingegen bescherte dem Anleger ein Plus von 392 Prozent, das entsprach einer jahresdurchschnittlichen Rendite von 8,6 Prozent.

Wenn es nachweislich erfolgreiche und wenig erfolgreiche Unternehmen gibt – warum nicht gleich nur in die guten, die erfolgreichen investieren? Das ist eine durchaus berechtigte Frage. Die Antwort, die darauf in der Regel gegeben wird, hat ihren Ursprung in der modernen Finanzmarkttheorie (auch: »Modern Portfolio

Theory«), die zum dominierenden Paradigma des guten Investierens aufgestiegen ist und die dem heutigen Verständnis des Investierens ihren Stempel aufgedrückt hat.

Eine Kernaussage der modernen Finanzmarkttheorie lautet: Der Investor kann nicht dauerhaft besser abschneiden als der Gesamtmarkt. Er kann – und soll – daher nicht auf eine nachhaltige Outperformance hoffen, denn sie ist für ihn unerreichbar. Am besten investiert er in einen breiten Aktienmarktindex (indem er ein Zertifikat oder ein ETF kauft). Für die Finanzindustrie ist die Empfehlung der modernen Finanzmarkttheorie – für die es sogar Wirtschaftsnobelpreise gegeben hat – ein gefundenes Fressen.

Denn mit ihr kann das Investieren zu einer Art »Breitensport« verklärt werden. Banken und Anlageberater empfehlen roboterhaft jedem, gemäß dem Gießkannenprinzip *breit zu diversifizieren*, in einen breiten Aktienmarktindex zu investieren, von allen Aktien ein paar zu kaufen. Wie angenehm: Man muss sich nicht mehr abmühen, die knappen lohnenden Anlagen mühsam aufzuspüren, muss nicht mehr mit den kniffligen Problemen der Einzelwertanalyse ringen, sondern kann sich beispielsweise als Fondsmanager darauf konzentrieren, möglichst viele Kundengelder einzuwerben.

Und ist der Durchschnitt – der breite Aktienmarktindex – erst einmal zum Maßstab des Erfolgs erhoben, braucht man sich auch nicht mehr nach der Decke zu strecken. Das Erreichen des Durchschnitts kann als Triumph ausgerufen werden: Man ist so gut wie der Rest. Die Schwelle zur »Outperformance« wird gesenkt, die zur »Underperformance« hingegen erhöht. Es ist nun leichter, gut dazustehen, und es ist schwieriger, sich als schlechter Investor zu entzaubern. Ganz anders stehen die Dinge, wenn man sich an den Besten misst.

Wer sich mit den Besten vergleicht, erkennt rasch, welche Renditen tatsächlich erreichbar sind (die der Blick auf die Entwicklung des Aktienmarktindexes häufig verstellt) – und man erkennt, wo man steht. Das mag mitunter schmerzlich sein. Doch nur so kann man lernen, den Ehrgeiz entwickeln, seine Investitionsentscheidungen zu verbessern. Entweder, indem man sich selbst aufmacht, sich in die Theorie und die Praxis des Investierens vertieft, oder indem man die Zusammenarbeit mit nachweislich erfolgreichen Investoren sucht.

Und die gibt es – auch wenn die moderne Finanzmarkttheorie das verneint. Sie finden sich meist nicht in den Werbeprospekten der Banken und Finanzberater. Aber der Anleger kann unter dem Begriff »Value-Investoren« fündig werden. Allerdings tummeln sich darunter zuweilen recht unterschiedliche Ansätze. Vorzugsweise sollte der Interessierte daher nach solchen Value-Investoren suchen, die sich bei ihrem Vorgehen nachweislich eng und mit Erfolg an die Vorgaben von Investmentgrößen wie Benjamin Graham, Warren Buffett und Philip Fisher anlehnen.

Kein Zweifel: In einem Aktienmarkt können logischerweise nicht alle outperformen, nicht alle können besser abschneiden als der Durchschnitt. An der Börse findet schließlich eine Umverteilung statt: Steigt die Aktie, die Herr *A* hält, wird er reicher im Vergleich zu Frau *B*, die die Aktie nicht besitzt. Aber, wie gesagt, es gibt sie, die Investoren, die ihre Sache dauerhaft besser machen als der Rest: Investoren, die über lange Zeit deutlich höhere Renditen erzielen als der Gesamtmarkt.

Abb. 13: Outperformance und Underperformance

S&P 500, DAX und Berkshire Hathaway, 1999–2018(*)

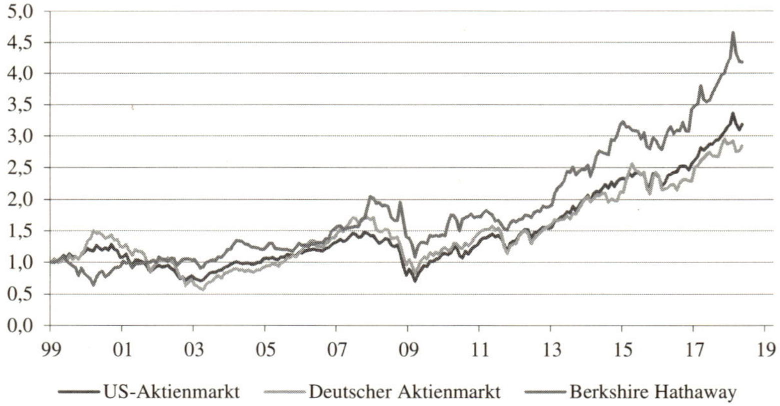

Quelle: Thomson Financial; eigene Berechnungen.

(*) Januar 1999 = 1.

Seit Anfang 1999 bis Mitte März 2018 – eine durchaus turbulente Phase auf den Aktienmärkten – hat der S&P 500 um 213 Prozent zugelegt, der DAX um 144 Prozent und Berkshire Hathaway

– Warren Buffetts legendäre Investmentfirma, die ihr Geld in großartigen Unternehmen anlegt – um 333 Prozent. Von 1965 bis Ende 2017 hat die Berkshire-Aktie im Durchschnitt pro Jahr um 20,9 Prozent zugelegt – der S&P 500 nur um 9,9 Prozent. Buffett hat sich nie an einem Aktienmarktindex, am Durchschnitt, orientiert. Wie man sich denken kann: Meinem Vater hat genau das gefallen. Für mich ist eine seiner Lebensweisheiten – sich an den Besten zu orientieren – unverzichtbar und unbezahlbar.

11. KAPITEL

Liquidität ist kein Muss

»Of the maxims of orthodox finance none, surely, is more anti-social than the fetish of liquidity, the doctrine of that it is a positive virtue on the part of investment institutions to concentrate their resources upon the holding of ›liquid‹ securities. It forgets that there is no such thing as liquidity of investment for the community as a whole.«

John Maynard Keynes

In der griechischen Mythologie ist eine Sirene ein weibliches Fabelwesen, das durch seinen betörenden Gesang – den Sirenengesang –, aber auch durch seine Fähigkeit, alles auf Erden Geschehende offenbaren zu können, vorbeifahrende Schiffsleute anlockt, um sie dann zu töten. Auch Odysseus begegnete auf seiner Irrfahrt den Sirenen. Auch in der Finanzmarktbranche gibt es einen sirenenähnlichen Lockgesang, der so manchen Investor betört und ihm – wenn auch glücklicherweise nicht das Leben kostet – eine unbefriedigende Investitionsrendite beschert. Dieser Lockgesang heißt: *Liquidität.*

Wir alle möchten »liquide« sein, wollen uns jederzeit das kaufen können, was wir zu kaufen wünschen, und jederzeit unsere Rechnungen vollumfänglich bezahlen können. So gesehen ist hohe Liquidität »gut«, geringe Liquidität »schlecht«. Aber auch viele private und professionelle Investoren bevorzugen es, liquide zu sein. Beispielsweise in angespannten Marktphasen: Wer dann liquide ist, kann meist sehr günstig an gute Unternehmensaktien kommen und dadurch seine Investitionsrendite erhöhen.

Aber auch in normalen Marktphasen ist vielen Investoren die Liquidität ihrer Investments sehr wichtig. Wenn beispielsweise eine Aktie wider Erwarten nicht gut läuft, will man sie rasch und problemlos zum Marktpreis verkaufen können. Ist eine Aktie liquide, kann man auch eine Investment-Position in ihr rasch und ohne großen Preisauftrieb aufbauen. So gesehen lässt sich die von vielen Investoren gewünschte, nicht selten sogar als unverzichtbar angesehene Liquidität so beschreiben:

> *Eine Aktie ist liquide, wenn der Investor sie jederzeit kaufen und verkaufen kann – und zwar auch in großen Stückzahlen – ohne, dass dadurch der Marktpreis der Aktie nennenswert beeinflusst wird.*

Entsprechend ist eine Aktie *wenig liquide*, wenn sie nicht jederzeit in der vom Investor gewünschten Anzahl ge- oder verkauft werden kann, beziehungsweise wenn schon relativ kleine Kauf- und Verkaufsbeträge zu starken Börsenkursausschlägen nach oben und unten führen.

Die Erfahrung zeigt jedoch, dass Liquidität nicht per se gegeben ist, sondern von den vorherrschenden »Umständen« abhängt. In Bullenmärkten beispielsweise, in denen die Euphorie groß ist, steigt die Liquidität. Nicht nur Börsenumsätze der etablierten Blue-Chips-Aktien steigen, auch Aktien mit einer relativ geringen Marktkapitalisierung (Nebenwerte) werden zusehends liquider. Anders in Bärenmärkten: Die Liquidität nimmt ab, für Blue-Chips-Aktien und meist verstärkt auch für Nebenwerte.

Hört und liest man die Kommentare vieler Börsianer, könnte man den Eindruck gewinnen, eine hohe Liquidität einer Aktie sei ein wichtiger, ja ein entscheidender Faktor für den Investitionserfolg. Doch ist das wirklich so? Der Investor sollte sich in der Tat einmal die Frage stellen: Welche Beziehung besteht zwischen der Liquidität einer Aktie (im oben verstandenen Sinne) und der Fähigkeit des Unternehmens, erfolgreich zu sein, also für lange Zeit eine hohe Rendite auf das Eigenkapital zu erzielen?

Die Liquidität der Aktien von bereits erfolgreichen und etablierten Unternehmen ist in der Regel hoch. Zum Beispiel hatte Anfang Februar 2018 das US-Unternehmen Apple Inc. eine Marktkapitalisierung von gut 800 Mrd. US-Dollar bei mehr als 5,1 Mrd. ausstehenden Anteilsscheinen. Die meisten Investoren können folglich ihre Apple-Positionen jederzeit auf- oder abbauen, ohne dass sie dadurch den Apple-Börsenkurs nennenswert in die eine oder andere Richtung beeinflussen.

Es gab jedoch eine Zeit, in der die Apple-Aktie eine geringe Liquidität hatte: als das Unternehmen noch jung war, bevor es durchgestartet ist. Hätte der Investor zu diesem frühen Zeitpunkt, als die Aktie noch eine geringe Liquidität hatte, investiert, wäre er mit einer hohen Rendite belohnt worden: Wer Ende 2002 eine Apple Aktie gekauft hat, hat eine durchschnittliche Jahresrendite von 39 Prozent (ohne Dividende) erzielt. Zum Vergleich: Mit einer Investition in den S&P 500 hätte er jahresdurchschnittlich 7,5 Prozent eingefahren.

Das Beispiel deutet es an: Die Liquidität einer Aktie, ob hoch oder niedrig, ist kein verlässlicher Indikator, mit dem der Investor den künftigen Erfolg des Unternehmens und der Rendite, die es ihm bescheren wird, abschätzen kann. Eine Aktie, die heute wenig liquide ist, weil das Unternehmen noch klein ist und sich in einer frühen Phase seines Lebenszyklus befindet, kann zum »Star« werden. Möglich ist aber auch, dass die wenig liquide Aktie zum »Flop« mutiert, wenn es dem Unternehmen nicht gelingt, sich am Markt durchzusetzen.

In wettbewerblichen Märkten muss jedes Unternehmen seinen Erfolg tagtäglich neu verdienen. Die Herausforderungen sind vielfältig: Neue Konkurrenten treten in den Markt ein. Technologische Neuerungen können etablierte Geschäftsmodelle obsolet machen. Selbst die Marktposition der erfolgreichsten Unternehmen ist nicht in Stein gemeißelt. Die Liquidität einer Aktie mag etwas über den *vergangenen* und den *erwarteten* Erfolg der Firma aussagen, aber nicht notwendigerweise etwas über ihren *tatsächlichen* Zukunftserfolg.

Es gibt sogar einen Grund, warum der umsichtige Investor die hohe Liquidität einer Aktie skeptisch sehen sollte: Und zwar dann, wenn eine Aktie häufig ge- und verkauft wird. Eine hohe Liquidität besagt nämlich, dass die Eigentümer des Unternehmens ständig wechseln. Das wirft die Frage auf, ob die Eigner ihrer wichtigen Aufgabe nachkommen, das Unternehmensmanagement wirksam zu kontrollieren. Schließlich gibt es Zielkonflikte zwischen den Interessen des Managements und denen der Aktionäre.

Das Management hat beispielsweise ein Interesse an großen Dienstwagen, prächtigen Bürogebäuden und hohen Boni. Das verursacht Kosten, die dem Ziel des Aktionärs zuwiderlaufen, der an einer hohen Rendite auf sein eingesetztes Kapital interessiert ist. Eine verantwortungsvolle Aktionärsbasis, die am Langfristerfolg der Firma interessiert ist, muss die Anreize für das Management in einer Weise setzen, die den Zielen *aller* Stakeholder der Firma dient. Wie soll und kann das funktionieren, wenn die Eigentümer sich dauernd ändern?

Der umsichtige Investor sollte daher stets genau prüfen, ob bei einer liquiden Aktie – also bei ständig wechselnder Eigentümerstruktur – eine effektive Kontrolle des Unternehmensmanagements gegeben ist. Ohne solch eine wirksame Überwachung besteht die Gefahr, dass die Aktionärsinteressen zu kurz kommen und die Rendite, die der Aktionär auf sein eingesetztes Kapital erzielt, hinter ihren Möglichkeiten zurückbleibt. Eine hohe Liquidität kann also auch nachteilig für den Aktionär sein!

Für den Investitionserfolg ist es letztlich entscheidend, dass das Unternehmen, in das man investiert, über ein »großartiges Geschäftsmodell« verfügt: dass es das Potenzial hat, für lange Zeit eine hohe Rendite (Überrendite) auf das Eigenkapital zu erzielen. Wer in solche Unternehmen investiert, hat gute Gründe, langfristig investiert zu bleiben, durch das Auf und Ab des Börsengeschehens hindurch. Für ihn hat die Liquidität der Aktie im Grunde keine Relevanz.

Wer so denkt und investieren kann, dem eröffnen sich Möglichkeiten, die viele Investoren sich entgehen lassen – viele auch aufgrund regulatorischer Zwänge: Der Trend, in Indexfonds zu investieren (in Form von sogenannten Exchange-Traded-Funds und -Produkten, ETFs und ETPs), ist auf dem Vormarsch. Was hier vor allem zählt, ist Liquidität – denn viele Index-Investoren verfolgen eine kurzfristige Rein-Raus-Strategie. Weniger liquide Titel bleiben tendenziell außen vor.

Was die Käufe und Verkäufe der Indexfonds auslösen, sind vornehmlich die Erwartungen, die die Index-Investoren mit Blick auf den Gesamtmarkt oder die Branchen insgesamt haben. Eine Analyse einzelner Unternehmen und ihrer Erfolgspotenziale erfolgt dabei meist nicht. Man denkt vor allem über den »Gesamtmarkt«

nach, nicht über »Einzelunternehmen«. Dass es in einem von Indexfonds getriebenen Markt immer wieder zu Fehlbewertungen kommt und sich attraktive Gelegenheiten auftun, bei der großartige Unternehmen zu günstigen Preisen gekauft werden können, liegt auf der Hand.

Großartige Unternehmen zu einem günstigen Preis zu kaufen und mit unternehmerischer Gesinnung langfristig investiert zu bleiben, ist der Weg, der zu hohen Investitionsrenditen führt. Mit Blick auf den sirenenartigen Lockgesang, der die aktivistische Finanzmarkbranche wie im Sturm vereinnahmt hat, drängt sich beim Wort »Liquidität« ein Gedanke auf, der da lautet: Weniger ist manchmal mehr. Übrigens: Die lockrufenden Sirenen scheiterten an der List des Odysseus, stürzten sich daraufhin ins Meer und starben. Der Sirenengesang verstummte – und vielen Seeleuten blieb ein bitteres Los erspart.

12. KAPITEL

Die Börse ist kein Schönheitswettbewerb

»It is not a case of choosing those [faces] that, to the best of one's judgment, are really the prettiest, nor even those that average opinion genuinely thinks the prettiest. We have reached the third degree where we devote our intelligences to anticipating what average opinion expects the average opinion to be.«

John Maynard Keynes

In seinem Buch *The General Theory of Employment, Interest and Money* (1936; dt.: *Allgemeine Theorie der Beschäftigung, des Zinses und des Geldes*) gibt John Maynard Keynes (1883–1946), der wohl bekannteste und einflussreichste Ökonom des 20. Jahrhunderts, dem Leser etwas Unterhaltsames mit auf den Weg. Und zwar wie man vorgehen muss, wenn man die Siegerin eines Schönheitswettbewerbs vorhersagen will.

Wer dabei erfolgreich sein möchte, der darf sich nicht von seinem eigenen Schönheitsideal leiten lassen, so Keynes, sondern er muss erahnen, wen die Mehrheit der Juroren als die Schönste erachtet – und dabei muss er beachten, dass jeder von ihnen sich ebenfalls zu erahnen bemüht, welche Kandidatin die Mehrheit der Urteilenden denn als die Schönste ansieht.

Das Gleichnis des Schönheitswettbewerbs wird häufig auf die Preisbildung der Aktienmärkte übertragen. Danach macht sich der Börsenkurs der Aktie nicht am fundamentalen Wert fest – das heißt dem Barwert aller abdiskontierten Zahlungen, die das Unternehmen künftig erzielen wird –, sondern daran, was der

Investor meint, was andere Investoren meinen, was die Aktie wert sei.

Der Hinweis auf dieses Gedankenmodell sorgt in launiger Runde, gerade auch im Kreise von »Finanzmarktprofis«, immer wieder für Erheiterung und wird meist mit Zustimmung quittiert. Doch aus mindestens drei Gründen sollte der kluge Anleger skeptisch sein, wenn er hört, auf dem Aktienmarkt ginge es zu wie beim Vorhersehen der Gewinnerin eines Schönheitswettbewerbs, und dass er diese Einsicht bei der Geldanlage berücksichtigen müsse.

Erstens: Wenn Sie glauben, der Aktienmarkt funktioniere tatsächlich so, dann haben Sie wenig Grund zu hoffen, dass Sie dauerhaft erfolgreich sein werden. Denn auf welcher Grundlage können und sollen Sie einschätzen, was die anderen mehrheitlich denken? Mir zumindest sind keine Orientierungsgrößen – wie zum Beispiel Umfragen oder ähnliches – bekannt, die einen systematischen Bezug zu den künftigen Meinungen und damit den künftigen Kauf- und Verkaufsentscheidungen der Marktmehrheit hätten.

Zweitens: Das Gleichnis des Schönheitswettbewerbs ist indeterminiert. Das heißt, es hat sozusagen keinen Anfang und kein Ende, es stellt einen Zirkelschluss dar, nach dem Motto: A bestimmt B, aber B bestimmt gleichzeitig A. Dieser *circulus vitiosus* hilft Ihnen als Anleger nicht weiter. Sie können nichts und niemanden als treibende Kraft für die Kursentwicklung der Aktien dingfest machen.

Drittens: Wenn Sie sich bei Ihren Anlageentscheidungen vom Schönheitswettbewerb-Gleichnis leiten lassen, müssen Sie zum »Markt-Timer« mutieren. Sie müssen das kaufen und verkaufen, was Sie meinen, was alle kaufen und verkaufen werden, und zwar am besten etwas früher als die anderen. Sie werden zum Getriebenen, ständig gehetzt von der Sorge, nichts zu übersehen, was die anderen glauben und tun.

Wenn Sie dennoch im Gleichnis des Schönheitswettbewerbs eine Erklärungskraft vermuten, dann sollten Sie vor allem eine Frage stellen: Was ist die Begründung dafür, dass der Aktienmarkt in eben dieser Weise ablaufen sollte? Gibt es belastbare Hinweise, die dafür sprechen, dass an dem Gleichnis etwas dran ist? Nur weil die dargebotene Erklärung plausibel klingt, kann sie noch nicht überzeugen.

Mir zumindest sind noch keine Indizien oder Indikatoren begegnet, die die Preisbildung auf dem Aktienmarkt durch Keynes' Schönheitswettbewerb-Gleichnis überzeugend erklären könnten. Ungleich gewichtiger dürfte an dieser Stelle jedoch die Erkenntnis sein, wie langfristig erfolgreiche Investoren vorgehen. Und hier zeigt sich, dass Keynes' Gleichnis für sie kein Leitfaden ist.

Erfolgreiche Investoren richten sich nicht nach der Mehrheitsmeinung aus. Sie verschwenden keine Energie darauf herauszufinden, was die Mehrheitsmeinung heute oder morgen sein könnte. Sie interessieren sich häufig auch nicht für die Aktien, die gerade in aller Munde sind (»Börsenlieblinge«), weil sie wissen, dass solche Aktien in der Regel schon zu teuer sind. Kaufen und verkaufen, was andere vermutlich kaufen und verkaufen werden, gehört nicht zu ihrem Handlungsrepertoire.

Erfolgreiche Investoren halten Ausschau nach attraktiven Unternehmen. Nach solchen also, die dauerhaft eine hohe Rendite auf das eingesetzte Kapital erwirtschaften und den Gewinn pro Aktie für lange Zeit steigern können. Das sind oftmals Unternehmen, die eben nicht die Titelseiten der Glanzseiten-Finanzmagazine zieren und die in der Investorengunst häufig auch nicht hoch stehen, die aber gerade deshalb attraktive Investments darstellen.

Vor allem achten erfolgreiche Investoren sehr darauf, dass sie für eine Aktie nicht zu viel bezahlen. Wer zu teuer kauft, macht kein gutes Investment – das Unternehmen kann noch so gut sein, wenn es zu teuer gekauft wird, ist es keine gute Investition. Um zum Ziel zu kommen, bringen erfolgreiche Investoren zudem die nötige Geduld auf, halten mitunter lange Zeit »die Füße still«. Gleichzeitig verfügen sie jedoch über die Aufmerksamkeit und den Mut, gute Gelegenheiten zu erkennen und dann beherzt zu agieren, wenn andere nicht mehr kaufen wollen oder können.

Mit anderen Worten: Das erfolgreiche Investieren verläuft genau entgegengesetzt zu Keynes' Gleichnis. Man läuft nicht mit der Herde, sondern nutzt die Chancen, die das Verhalten der Mehrheit immer wieder einmal eröffnet. Und man setzt vor allem seinen ganzen Eifer daran, um in Erfahrung zu bringen, was eine Aktie tatsächlich wert ist. Denn nur dann kann man sinnvoll entscheiden, ob sich ein Kauf lohnt oder nicht.

Übrigens hat Keynes selbst nicht so investiert, wie es sein Gleichnis des Schönheitswettbewerbs nahelegen würde. Für die Stiftung des King's College, Cambridge, für die er von 1921 bis 1946 verantwortlich war, investierte er konzentriert, also in relativ wenige Titel, ausgewählt auf Basis ihrer günstigen Bewertungen. Zudem investierte er langfristig, und er war bereit, auch große Abweichungen seines Portfolios gegenüber dem Gesamtmarkt (»Tracking Error«) zuzulassen. Der Leser mag daraus seine eigenen Schlussfolgerungen ziehen.

Wer wie alle investiert, kann nicht besser abschneiden als alle anderen. Wenn man also beim Investieren erfolgreich sein will, muss man es anders und besser machen als die anderen. Dazu gehört, sich fernzuhalten von falschen Theorien und den von ihnen abgeleiteten Anlageempfehlungen – wie sie beispielsweise im Gewand des Schönheitswettbewerb-Gleichnisses daherkommen. Erfolgreiches Investieren ist kein Schönheitswettbewerb.

13. KAPITEL

Vorsicht vor Prognosen

»Forecasts may tell you a great deal about the forecaster; they tell you nothing about the future.«

WARREN E. BUFFETT

Viele Geldanleger, private wie institutionelle, zeigen großes Interesse an Prognosen, vor allem an Prognosen, die zu Jahresbeginn veröffentlicht werden. Investoren wollen wissen, wie sich die Aktienkurse, Zinsen, Wechselkurse und Rohstoffpreise in den kommenden 12 Monaten entwickeln werden. Für viele von ihnen sind Prognosen eine wichtige Grundlage, um Anlageentscheidungen zu treffen.

Das aber ist alles andere als unproblematisch. Denn Konjunktur- und Finanzmarktprognosen sind nicht in einer Weise verlässlich, wie man es von den Prognosen aus der Naturwissenschaft gewohnt ist, und sie können es auch gar nicht sein – mögen die prognostizierenden Analysten und Volkswirte auch noch so beredsam und überzeugend daherkommen.

In den Naturwissenschaften gewinnt man Erkenntnisse üblicherweise durch Laborversuche. Unter gleichen Bedingungen wird zum Beispiel getestet, wie sich Substanz *X* verhält, wenn sie mit Substanz *Y* gemischt wird. Auf diesem Wege kommt man Naturgesetzen auf die Spur. Etwa in dem Sinne, dass man sagen kann: Wenn Substanz *X* mit Substanz *Y* in Verbindung gebracht wird, dann stellt sich stets die Reaktion *Z* ein.

Solch ein Vorgehen ist im Bereich des Wirtschaftens – allgemein gesprochen: im Bereich des menschlichen Handelns – nicht möglich. Warum nicht? In den Naturwissenschaften können in

Versuchsanordnungen die für die Untersuchung erforderlichen Bedingungen festgelegt und die Versuche im Grunde beliebig oft wiederholt werden. Für das menschliche Handeln ist das nicht möglich. Menschliches Handeln vollzieht sich stets unter ganz bestimmten, nicht wiederholbaren Bedingungen und ist einmalig.

Denn der Mensch ist *lernfähig*. Das ist eine (handlungs-)logische Erkenntnis, die sich nicht widerspruchsfrei verneinen lässt. *Lernfähigkeit* bedeutet, dass der Wissensstand, der Ziele, Vorlieben und Wertungen der Handelnden (mit-)bestimmt, nicht unveränderlich ist. Er verändert sich vielmehr im Zeitablauf fortwährend. Daher sind *gleichartige Beobachtungen*, wie man sie in der Naturwissenschaft zum Erkenntnisgewinn nutzen kann, im Bereich des menschlichen Handelns gar nicht verfügbar.

Das ist auch der Grund, warum man nicht davon ausgehen kann, dass Menschen auf einen bestimmten Faktor immer und überall in der gleichen Weise reagieren. Erhöht beispielsweise die Zentralbank die Geldmenge, so kann es sein, dass die Marktakteure – weil sie optimistisch gestimmt sind – mit dem neu erhaltenen Geld Aktien kaufen. Die Folge wären steigende Preise der Dividendenpapiere (im Vergleich zu einer Situation, in der die Geldmenge nicht erhöht und keine Aktien nachgefragt worden wären). Das neu erhaltene Geld kann aber auch gehortet werden – weil die Marktakteure pessimistisch gestimmt sind. In diesem Falle blieben die Güterpreise, einschließlich der Aktienkurse, unverändert, obwohl die Geldmenge gestiegen ist. Im Bereich des menschlichen Handels gibt es keine im Zeitablauf konstanten (zeitinvarianten) Verhaltensparameter.

Selbst wenn man schon heute wüsste, was die Zentralbank künftig macht, ließe sich daraus noch nicht verlässlich ableiten, wie die Marktakteure darauf reagieren werden, wie Aktienkurse, Zinsen und Edelmetallpreise sich verändern. Denn um die Folgen der Zentralbankpolitik zu prognostizieren, muss man auch die künftigen »besonderen Umstände« kennen. Hebt die Zentralbank in sechs Monaten die Zinsen an, spricht das zwar für künftig fallende Aktien- und Häuserpreise. Wenn aber zum Zeitpunkt der Zinserhöhung die Wirtschaft brummt, könnte sich der Zinsanstieg als zu gering erweisen, und die Aktien- und Häuserpreise steigen trotz höherer Zinsen.

Im Bereich des menschlichen Handelns lassen sich keine konstanten Ursache-Wirkungs-Beziehungen, durch die naturwissenschaftliche Gesetzmäßigkeiten charakterisiert sind, ausfindig machen. Es gibt sie schlichtweg nicht. Und doch bedienen sich viele Prognostiker aus Geschäfts- und Zentralbanken und Forschungsinstitutionen einer im Kern naturwissenschaftlichen Vorgehensweise. Das mag auch erklären, warum die Prognosegüte für das Finanzmarkt- und Wirtschaftsgeschehen vielfach enttäuschend ist. Für den Investor bieten die handelsüblichen Prognosen der Ökonomen zumindest keine solide Grundlage, um gute Investitionsentscheidungen treffen zu können.

Wohlgemerkt: Kritisiert wird hier die Prognosetätigkeit, die sich auf eine naturwissenschaftliche Vorgehensweise beruft (hierzu zählt auch zum Beispiel der Einsatz von »künstlicher Intelligenz« in Form von »neuronalen Netzen« in der Finanzmarktprognose). Ihren Ergebnissen sollte der Investor aus den genannten Gründen misstrauen. Das heißt aber nicht, dass es niemanden geben könnte, der sich durch treffsichere Prognosen im Finanz- und Wirtschaftsbereich auszeichnen würde.

Wenn es ihn gibt, wird sich sein Erfolg jedoch nicht damit erklären lassen, dass er sich bei der Erstellung seiner Prognosen einer naturwissenschaftlichen Vorgehensweise bedient. Seine Treffsicherheit muss eine andere Ursache haben. Beispielsweise die ihm ganz eigene Fähigkeit – die ihm vielleicht von der Natur geschenkt wurde, oder die er sich hart durch das Verstehen des Weltgeschehens erarbeitet hat –, den künftigen Gang der Dinge richtig abschätzen zu können. Eine Letzterklärung für seine beneidenswerte, vermutlich rar gesäte Begabung müsste man jedoch wohl schuldig bleiben.

Was kann der Anleger aus all dem lernen? Er sollte gegenüber Wirtschafts- und Finanzmarktprognosen skeptisch sein, sie am besten unter Generalverdacht stellen, sie in jedem Fall nicht kritiklos als Basis für Investitionsentscheidungen verwenden. Verlässliche Prognostiker zu finden, mag zwar nicht gänzlich unmöglich sein (vielleicht gibt es sogar eine ganze Reihe dieser Exemplare), aber für die meisten Anleger ist es nicht allzu wahrscheinlich, dass sie sie aufspüren und mit ihnen zusammenarbeiten können.

Ein vernünftiger Schluss aus Sicht des Investors lautet: »Mikro statt Makro«. Das heißt: Richte deine Aufmerksamkeit und Energie auf das Analysieren von Unternehmen, mache deine Investitionsentscheidungen nicht abhängig von luftigen gesamtwirtschaftlichen Einschätzungen, von Makro-Prognosen.

Aber ist nicht der künftige Erfolg von Unternehmen ebenso schwer vorhersehbar? Die Antwort lautet Nein – wenn man sich auf den Kreis der Unternehmen beschränkt, deren Geschäfte man versteht, wenn man also die Unternehmen meidet, deren Geschäftsmodelle nicht im eigenen Kompetenzradius liegen. So begibt der Investor sich in eine aussichtsreiche Position, die (Markt-)Veränderungen, die relevant für den Erfolg des Unternehmens sind, frühzeitig zu erkennen, richtig einzuschätzen und kluge Entscheidungen treffen zu können.

Wenn man sich mit einem Unternehmen auskennt, wird man vor allem auch in der Lage sein, seinen Wert – verstanden als Summe aller künftigen Unternehmensgewinne, abgezinst auf die Gegenwart – mit hinreichender Gewissheit zu ermitteln. Zwar nicht auf die Nachkommastelle genau, aber immerhin doch in einer gewissen Bandbreite.

Und wenn man das kann, dann lassen sich gut begründete Investitionsentscheidungen treffen: Der Anleger investiert, wenn der Wert des Unternehmens deutlich über dem Preis – also über seinem Börsenwert – liegt. Wenn der Wert zu nahe am oder gar unter dem Preis liegt, investiert er nicht. Er übt sich in Geduld, wartet, bis der Preis stimmt, und hält zwischenzeitlich weiter Ausschau nach attraktiven Gelegenheiten.

Ein solches Vorgehen ist bei Investitionsentscheidungen, die sich auf Makro-Prognosen stützen, im Regelfall nicht möglich. Zum Beispiel lässt sich der Wert des gesamten Aktienmarktes oder der Wechselkurse nur sehr schwer oder gar nicht ermitteln. Wenn man aber nicht mit hinreichender Gewissheit sagen kann, wo der Wert liegt, wie will man dann eine sinnvolle Investitionsentscheidung treffen? Die Antwort, die auf diese Frage passt, unterstreicht die Ratio »Mikro statt Makro«.

Und was ist mit Zukunftseinschätzungen zu den Veränderungen im »Big Picture«? Hierzu zählen zum Beispiel Umbrüche in der weltweiten Geld- und Kreditarchitektur. Zweifelsohne haben sie das Potenzial, die Kaufkraft der Währungen nachhaltig zu beschädigen, die weltweite Produktions- und Beschäftigungsstruktur aus den Angeln zu heben und den Wert vieler Unternehmen nachhaltig zu beeinträchtigen. So bedeutsam derartige Veränderungen aber auch sein mögen: Man hat keine Gewähr, dass sich ihr Eintreten leichter prognostizieren lässt als das Auf und Ab der Börsen und Konjunkturen.

Weil sie nun aber wahre »Game Changer« sein können, zahlt es sich vermutlich für den Investor durchaus aus, die Möglichkeit großer Veränderungen im »Big Picture« und ihre Folgen im Blick zu behalten. Anders gesprochen: Mit Makro-Überlegungen soll – im übertragenen Sinn – nicht das Wetter in den kommenden Tagen oder Wochen prognostiziert werden, sondern es soll ausgelotet werden, ob und wie sich das Klima verändert.

Der Investor, der grundsätzlich der Ratio »Mikro statt Makro« folgt, kann dem Unwissenheitsproblem am besten die Stirn bieten, indem er langfristig in großartige Unternehmen investiert – und an ihnen festhält, durch Hausse und Baisse, durch Boom und Bust hindurch. Großartige Unternehmen sind in der Lage, für lange Zeit hohe Eigenkapitalrenditen zu erwirtschaften, den Gewinn pro Aktie zu steigern und wirtschaftlich und monetär schwierige Phasen durchzustehen. Und stimmt das Geschäftsmodell, wird sich das langfristig im Aktienkurs des Unternehmens niederschlagen, ungeachtet kurzfristiger Kursrückschläge und -einbrüche.

Das jedenfalls zeigen die Ergebnisse der erfolgreichsten Investoren unmissverständlich. Und solange es keine überzeugendere, keine bessere Strategie gibt: Macht es da nicht Sinn, dem Vorgehen der wirklich Erfolgreichen zu folgen?

Über den Zusammenhang zwischen Aktienkurs und Eigenkapital

Eine Aktie verbrieft einen Anteil an einem Unternehmen und seinem Erfolg. Der Börsenkurs der Aktie sollte – zumindest über einen langen Zeitraum – mit der Entwicklung des Eigenkapitals des Unternehmens in Einklang stehen; langfristig sollten die Aktienkurssteigerungen mit der Eigenkapitalrendite, die das Unternehmen erzielt, abzüglich der Gewinnausschüttung, korrespondieren. Dieser theoretische Zusammenhang mag in den kurzfristigen Daten nicht immer klar in

Erscheinung treten. Schließlich bilden sich die Aktienkurse an der Börse auf Basis von *Erwartungen*. In Phasen großer Euphorie können die Aktienkurssteigerungen die künftige tatsächliche Eigenkapitalrendite überflügeln, während in Phasen großer Depression das Umgekehrte geschieht. Grundsätzlich kann der Investor jedoch davon ausgehen, dass die zu erwartende Aktienkursentwicklung von der Eigenkapitalrendite abhängt, die das Unternehmen realisiert, abzüglich der Gewinnausschüttung. Dabei ist zusätzlich zu berücksichtigen, zu welchem Preis der Investor die Aktie kauft. Kauft er die Aktie zu einem Preis, der über (unter) dem Wert der Aktie liegt, so wird seine Rendite geringer (höher) ausfallen als die Summe aus künftigem Eigenkapitalzuwachs des Unternehmens plus Dividende.

Abb. 14: Berkshire Hathaway, Aktienkurs (US$) und Eigenkapital (US$ Mrd.)

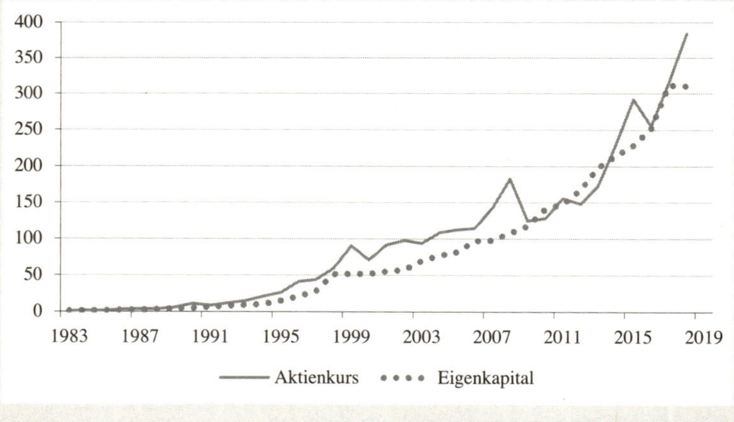

Quelle: Thomson Financial; eigene Berechnungen. Serien sind indexiert (1983 = 1). Aktienkurs bis Anfang 2018, letzter Datenpunkt für das Eigenkapital Q1 2018.

14. KAPITEL

Über die Natur des Zinses

»Zins oder Urzins, das ist der Preisabschlag, den künftige Güter gegenüber gegenwärtigen Gütern erleiden.«

LUDWIG VON MISES

Es gibt in der Volkswirtschaftslehre vermutlich kein Phänomen, das die Gemüter so sehr in Wallung bringt und das mitunter schwerlich miteinander vereinbarende (erklärende) Theorien hervorgebracht hat wie der Zins. Für die einen ist der Zins ein ökonomisches und soziales Übel, das man am besten bekämpft, das man zum Wohle der Menschen so schnell wie möglich abschafft. Für die anderen ist der Zins ein unverzichtbarer Kompass, der in der Volkswirtschaft dafür sorgt, dass knappe Ressourcen in die bestmögliche Verwendung gelenkt werden.

In der Ökonomik existiert also eine ganze Reihe von zuweilen widerstreitenden Theorien, um den Zins zu erklären. Hierzu zählen die Abstinenztheorie, Fruktifikationstheorie, Kapitalzinstheorie, Zeitpräferenztheorie, Liquiditätspräferenztheorie, Grenzproduktivitätstheorie, um nur einige zu nennen. Im Folgenden soll unsere ganze Aufmerksamkeit der *Zeitpräferenztheorie des Zinses* gelten. Denn sie ist von besonderer Qualität, bietet sie uns doch eine *logisch-widerspruchsfreie Erklärung* des Zinses. Der – leider nicht selbsterklärende – Begriff *Zeitpräferenz* stammt vom US-amerikanischen Ökonomen Frank A. Fetter (1863–1949), der erstmalig von *time preference* sprach.

Mit Zeitpräferenz ist gemeint, dass der handelnde Mensch eine frühere Erfüllung seiner Bedürfnisse einer späteren Erfüllung vorzieht. Warum ist das so? Weil der Mensch stets unter Knappheit handelt. Damit er seine Ziele erreichen kann, muss der Handelnde Mittel einsetzen. Mittel sind stets knapp. Wären sie es nicht, wären es keine Mittel, die zu bewirtschaften sind. Und sei es nur die Zeit: Etwas zu tun, erfordert das Mittel Zeit. Handeln ohne Zeit aufzuwenden, ist nicht möglich: Wenn man das eine tut, kann man das andere nicht tun; wenn man Handlung *A* wählt, verzichtet man notwendigerweise auf Handlung *B*.

Aufgrund der allgegenwärtigen Zeitpräferenz bevorzugt der Handelnde die Erfüllung gegenwärtiger Bedürfnisse gegenüber der Erfüllung künftiger Bedürfnisse (gleicher Art). Ein Apfel heute (*Gegenwartsgut*) ist ihm mehr wert als ein Apfel in zehn Jahren (*Zukunftsgut*). Anders gesagt: Ein Apfel, den man erst in zehn Jahren erhält, erleidet notwendigerweise einen Wertabschlag gegenüber einem Apfel, den man heute zur Verfügung hat. Der Wertabschlag, den ein Zukunftsgut gegenüber einem Gegenwartsgut erleidet, ist der Zins. Er ist Ausdruck einer *Wertdifferenz* (zwischen Gegenwarts- und Zukunftsgut).

Dazu ein einfaches Beispiel: Kostet ein Euro, den man erst in einem Jahr bekommt, 0,9090... Euro, so bedeutet das, dass der Zins 10 Prozent beträgt. Die Formel lautet:

$$\frac{\text{Wert des Gegenwartsgutes}}{\text{Wert des Zukunftsgutes}} = 1 + r$$

mit r = Zins, oder

$$\frac{1}{0{,}9090\ldots} = 1 + r$$

sodass r = 0,1. Der Zins beläuft sich in diesem Beispiel auf 10 Prozent.

Würde das Zukunftsgut, das man in einem Jahr erhält, einen Marktwert von nur 0,8333... haben, so wäre der Zins bei 20 Prozent:

$$\frac{1}{0{,}8333\ldots} = 1 + 0{,}2$$

Ludwig von Mises sprach in diesem Zusammenhang vom *Urzins* (in der modernen Fachsprache spricht man auch vom *natürlichen Zins*). Jeder einzelne handelnde Mensch trägt gewissermaßen einen individuellen Urzins in sich. Person *A* liebt den sofortigen

Genuss, gibt ihr ganzes Einkommen für Konsum aus, sie spart nicht. Sie hat eine hohe Zeitpräferenz, hat einen hohen Urzins: Zukunftsgüter sind für Person *A* deutlich weniger wert als Gegenwartsgüter.

Person *B* verhält sich anders. Sie spart einen Großteil ihres Einkommens und konsumiert wenig. Für sie sind Zukunftsgüter im Vergleich zu Person *A* mehr wert als Gegenwartsgüter. Folglich hat Person *B* eine vergleichsweise geringere Zeitpräferenz als Person *A*, und folglich ist auch der Urzins von Person *B* geringer als der Urzins von Person *A*.

Der *Urzins der Volkswirtschaft* bildet sich durch das Angebot von und die Nachfrage nach Ersparnissen im Kapitalmarkt (auf dem Person *A* und *B*, aber auch viele andere Personen auftreten). Der Urzins, der sich auf dem Markt bildet, ist ein *reales Phänomen*: Zukunftsgüter werden verglichen mit Gegenwartsgütern (zum Beispiel werden 100 Euro, die man in einem Jahr erhält, mit 100 Euro, über die man sofort verfügen kann, verglichen). In der wirklichen Welt (in der es Unsicherheit, Geldentwertung, Pleiten etc. gibt) bildet sich der *nominale Marktzins* als Summe von Urzins zuzüglich verschiedener Prämien wie Inflations-, Risiko- und Liquiditätsprämie.

Die Zeitpräferenz und damit auch der Urzins sind stets und überall *positiv*. Sie können nicht verschwinden, können nicht auf null fallen, geschweige denn negativ werden. (Auf die *handlungslogische* Begründung soll an dieser Stelle verzichtet werden.) Man denke an dieser Stelle nur einmal darüber nach, was es bedeuten sollte, wenn der Urzins null wäre. In diesem Fall gäbe es *keinen Wertabschlag* des Zukunftsgutes gegenüber dem Gegenwartsgut. Ein Apfel heute hätte für den handelnden Menschen so viel Wert wie ein Apfel in 500 oder 1.000 Jahren.

Oder: Bei einem Urzins von null würde der Handelnde zwei Äpfel in 1.000 Jahren einem Apfel heute vorziehen. Ein irrsinniger Gedanke! Wie irrsinnig das ist, wird deutlich, wenn man ihn konsequent zu Ende denkt: Bei einem Urzins von null Prozent würde der Handelnde *niemals* konsumieren: Selbst wenn der Handelnde 10 Jahre ohne Konsum überleben würde, würde er bei einem Urzins von null Prozent auch nach 10 Jahren immer noch nicht konsumieren. Der Gedanke, der Urzins des handelnden Menschen oder der Urzins einer gesamten Volkswirtschaft könnte auf null Prozent fallen, er könnte sogar negativ werden, klingt für uns merkwürdig, erscheint uns absurd. Zu Recht: Er ist unlogisch und damit falsch.

Es ist durchaus möglich, dass der *Nominalzins* am freien Markt in den Negativbereich fällt. Nehmen wir an, der Urzins der Volkswirtschaft beträgt 2 Prozent pro Jahr und die Inflationserwartung 3 Prozent. Der nominale Marktzins wäre damit 5 Prozent (2 Prozent Urzins plus 3 Prozent Inflationserwartung). Nun stellt sich auf den Märkten die Erwartung ein, die künftigen Preise werden fallen – und zwar um 4 Prozent. Der Marktzins würde dann auf minus 2 Prozent fallen (2 Prozent Urzins minus 4 Prozent Inflationserwartung). Wenn sich durch das freie Angebot und die freie Nachfrage ein negativer Marktzins herausbildet, ist das ökonomisch nicht weiter problematisch.

Ganz anders stehen die Dinge in dem Fall, in dem die Politik einen negativen Marktzins herbeiführt. Eine Zentralbank, die die Macht über die Geldproduktion innehat, kann den Marktzins so weit herunterdrücken, dass er in realer Rechnung (also nach Abzug der Inflation) negativ wird. Was aber passiert dann? Nehmen wir an, die Zentralbank schafft es, alle Marktzinsen in den Negativbereich zu drücken. Weil der Urzins der Handelnden niemals null oder negativ werden kann, wäre bei einem negativen realen Marktzins niemand mehr bereit, zu sparen. Niemand würde auf den Genuss von Gegenwartsgütern zugunsten von Zukunftsgütern verzichten, denn man wird für das Sparen (Konsumverzicht) nicht mehr entlohnt. Alle Einkommen würden vielmehr vollständig konsumiert. Das Kapital würde sprichwörtlich aufgezehrt, Ersatz- und Neuinvestitionen würden nicht mehr stattfinden. Die arbeitsteilige Marktwirtschaft – die auf Sparen und Investieren aufbaut – würde zusammenbrechen. Das ist eine wichtige Erkenntnis. Um mit den Worten des Königsberger Philosophen Immanuel Kant (1724–1804) zu sprechen: *Der Zins, der positive Urzins, ist eine notwendige Bedingung für die Möglichkeit einer arbeitsteiligen, produktiven Volkswirtschaft.*

Der (Ur-)Zins findet sich übrigens nicht nur im Kreditmarkt, sondern in allen Märkten, in denen ein Tausch zwischen Gegenwarts- und Zukunftsgütern stattfindet. Dazu gehört zum Beispiel auch der Aktienmarkt: Wer eine Aktie erwirbt, wird Miteigentümer und hat bei erfolgreicher Unternehmenstätigkeit einen Anspruch auf künftige Gewinne. Der Aktienkurs, der an der Börse gehandelt wird, bildet sich auf Basis der *abgezinsten* künftig erwarteten Unternehmensgewinne. Abgezinst deshalb, weil – und das ist die Folge der allgegenwärtigen Zeitpräferenz – ein US-Dollar, den man erst in einem Jahr erhält, für den Handelnden weniger wert ist als ein gegenwärtig verfügbarer US-Dollar. Der (Ur-)Zins ist eben, wie Ludwig von Mises es erklärte, Ausdruck der Wertverschiedenheit: Das Gut, über das man heute bereits verfügen kann, ist mehr wert, als wenn das Gut erst zu einem späteren Zeitpunkt vorrätig ist.

15. KAPITEL

Die Macht des Zinseszinses

»Take advantage of compound interest and don't be captivated by the siren song of the market.«

WARREN E. BUFFETT

Vor langer Zeit wurde in Indien das Schachspiel erfunden. Kaiser Sheram wollte den Erfinder des Spieles, Zeta, belohnen. Zeta forderte, für das erste Feld des Schachbrettes 1 Reiskorn ausgehändigt zu bekommen, 2 Körner für das zweite Feld, 4 für das dritte und für jedes weitere Feld doppelt so viele Körner wie für das vorhergehende. Nach 64 Feldern waren es 18.446.744.039.484.029.952 Reiskörner (die Zahl heißt: 18 Trillionen, 446 Billiarden, 744 Billionen, 39 Milliarden, 484 Millionen, 29 Tausend und 952).

Eine hübsche Geschichte, die die Macht des Zins- und Zinseszinseffektes illustriert (und im Umgang mit großen Zahlen schult). Ihre Botschaft ist für den Investor wichtig, die Bedeutung des Zins- und Zinseszinseffektes kann gar nicht stark genug betont werden. Dennoch kommt dieser Gedanke nur allzu häufig in der Hektik des Tagesgeschäfts zu kurz – das erfahre ich immer wieder in Gesprächen und Sitzungen mit professionellen Anlegern, die, wie sich häufig zeigt, letztlich doch nicht langfristig (also mit einem Zeithorizont von fünf und mehr Jahren), sondern eher kurzfristig (mit Blick auf das laufende Jahr) denken und handeln.

Wie gewaltig der Zins- und Zinseszinseffekt ist, verdeutlicht Abb. 15. Wenn Sie beispielsweise 10.000 Euro zu 5 Prozent pro Jahr anlegen, haben Sie nach 10 Jahren 16.289 Euro, nach 20 Jahren 26.533 Euro. Gelingt es Ihnen, eine Rendite von 15 Prozent pro Jahr zu erzielen, haben Sie bereits nach 5 Jahren aus

10.000 Euro 20.114 Euro gemacht. Nach 20 Jahren können Sie sich über 163.665 Euro erfreuen. Diese Beispielrechnung zeigt, wie bedeutsam es gerade für den langfristigen Investitionserfolg ist, eine hohe Rendite zu erzielen.

Abb. 15: Entwicklung des Vermögens in Abhängigkeit der Rendite
Sie investieren 10.000 Euro zu einer Rendite von X Prozent pro Jahr und erhalten ...

Jahr	X = 5%	X = 10%	X = 15%	X = 20%	X = 25%
5	12.763	16.105	20.114	24.883	30.518
10	16.289	25.937	40.456	61.917	93.132
15	20.789	41.772	81.371	154.070	284.217
20	26.533	67.275	163.665	383.376	867.362
25	33.864	108.347	329.190	953.962	2.646.978

Quelle: Eigene Berechnungen.

Nehmen wir an, Sie haben sich entschieden, Ihre Ersparnisse in Aktien zu investieren – weil Sie erkannt haben, dass langfristig gesehen Aktien zur erfolgreichsten Anlageklasse zählen, dass sie besser abschneiden als Anleihen. Die Rendite, die Aktien einspielen, setzt sich bekanntlich aus Dividenden und Kursgewinnen zusammen. Wie sollen Sie da vorgehen, wenn Sie den Zins- und Zinseszinseffekt für Ihre Zwecke einsetzen wollen? Schauen wir uns dazu drei unterschiedliche Herangehensweisen an.

Da ist zunächst Investor *A*. Er kauft unterbewertete Aktien. Handelt die Aktie bei 50 Euro und glaubt Investor *A*, die Aktie sei 60 Euro wert, so investiert er. Steigt daraufhin der Aktienkurs auf 60 Euro, verkauft er. Seine Kapitalrendite beträgt 20 Prozent [(60/50 – 1)*100]. Nun muss er wieder Ausschau halten nach neuen Gelegenheiten. Das ist aufwendig, kostet Zeit, Nerven und Geld. Wenn er findig ist, wird es ihm jedoch gelingen, eine andere unterbewertete Aktie zu finden, und das Spiel beginnt von Neuem. Investor *A* wird mit seiner Strategie prinzipiell in der Lage sein, einen Zins- und Zinseszinseffekt zu erzielen.

Betrachten wir nun Investor *B*. Seine Idee ist es, in Aktien von solchen Unternehmen zu investieren, die über lange Zeit eine hohe Kapitalrendite erzielen. Er kauft zum Beispiel eine Aktie eines Unternehmens, das jedes Jahr eine Rendite auf das Eigenkapital von

15 Prozent erzielt und den Gewinn nicht als Dividende auszahlt, sondern in das eigene Geschäft mit einer Rendite von 15 Prozent reinvestiert. Nach nur fünf Jahren hat sich der Wert des Unternehmens – gemessen anhand seines Eigenkapitals – verdoppelt, nach 33 Jahren verhundertfacht.

Wenn es Investor *B* gelingt, die Aktie eines Unternehmens, das eine Rendite von 20 Prozent pro Jahr erzielt, zu kaufen, wird der Unternehmenswert sich nach knapp vier Jahren verdoppelt, nach knapp 13 Jahren verzehnfacht haben. Nach etwas mehr als 25 Jahren wird er sich verhundertfacht haben. Damit wird einsichtig: Das Investieren in Unternehmen, die in der Lage sind, über lange Zeit hohe Renditen zu erzielen, ist der Schlüssel zum großen Erfolg. Doch halt: Fehlt nicht noch etwas bei dieser Betrachtung? Ja, richtig: Die Frage nach dem Kaufpreis der Aktie.

Daher bringen wir Investor *C* ins Spiel. Er hat von Investor *A* und Investor *B* gelernt. Investor *C* investiert – wie Investor *B* – in Aktien, die dauerhaft eine hohe Kapitalverzinsung erzielen. Er investiert aber nur dann, wenn er – wie Investor *A* – glaubt, dass die Aktie billig ist, das heißt ihr Wert über dem Börsenkurs liegt. Der Börsenkurs ist jederzeit leicht von der Kurstafel abzulesen. Nicht ganz so leicht ist es, den Wert der Aktie herauszufinden. Theoretisch entspricht er der Summe aller abgezinsten Unternehmensgewinne auf die Gegenwart.

Für Investor *C* stellen sich mindestens zwei Herausforderungen. Erstens: Er kennt die künftigen Unternehmensgewinne nicht mit Gewissheit. Er muss sie abschätzen. Setzt er die künftigen Unternehmensgewinne zu hoch an, ist die Enttäuschung vorprogrammiert: Die Aktie wird womöglich zu teuer gekauft, und der erhoffte Investmenterfolg stellt sich nicht ein. Zweitens: Was ist der richtige Diskontierungszins, welche Höhe hat er? Wenn Investor *C* einen zu geringen Zinssatz wählt, gelangt er zu einer möglicherweise sehr verlustreichen Investmententscheidung.

Spätestens jetzt werden Sie vermutlich innehalten und bemerken, dass Sie als Investor eine Grundsatzentscheidung zu treffen haben. Wenn Sie der Meinung sind, dass weder Investor *A* noch Investor *B* noch Investor *C* dauerhaft erfolgreich sein können, weil niemand von ihnen dauerhaft besser abschneiden kann als der Gesamtmarkt, dann sollten Sie in einen Aktienmarktindex-ETF investieren. Mit ihm werden Sie im Zeitablauf eine Rendite erzielen, die (abzüglich der Gebühren und Transaktionskosten) der Rendite des Gesamtmarktes entspricht.

Wenn Sie aber meinen, dass es möglich ist, langfristig besser als der Gesamtmarkt abzuschneiden, dann sollten Sie sich am Vorgehen von Investor *C* orientieren. Er kombiniert das Vorgehen von Investor *A* – unterbewertete Aktien kaufen – und das Vorgehen von Investor *B* – Aktien von Unternehmen kaufen, die dauerhaft hohe Kapitalrenditen erzielen können. Die Frage, die Sie dann noch beantworten müssen, lautet: Selber machen oder jemanden suchen, der das kann beziehungsweise besser kann?

Wenn Sie zum Schluss kommen, das Vorgehen von Investor *C* ist das richtige, Sie sich aber nicht zutrauen, es in Eigenregie umzusetzen, sollten Sie eine Zusammenarbeit mit guten Value-Investoren suchen. Gute Value-Investoren sind darauf spezialisiert, Unternehmen aufzuspüren, die für lange Zeit hohe Renditen erzielen und den Gewinn pro Aktie im Zeitablauf kräftig erhöhen können. Vor allem aber beschäftigen sich gute Value-Investoren intensiv mit der Bewertung von Unternehmen.

Gute Value-Investoren, die exzellente Unternehmen zu günstigen Preisen kaufen, haben daher die besten Voraussetzungen, langfristig hohe Renditen erzielen zu können. Das, was gute Value-Investoren machen, ist letztlich das, was einer der einflussreichsten Investoren, Philip A. Fisher (1907–2004), empfahl: großartige Unternehmen aufspüren und ihnen die Treue halten, und zwar durch das Auf und Ab der Märkte hindurch. Denn das ist weitaus profitabler als zu versuchen, ständig billig zu kaufen und teuer zu verkaufen. Und Philip A. Fisher wusste dabei um die Macht von Zins und Zinseszins.

16. KAPITEL

Dividendenjagd bringt nicht den erhofften Erfolg

»The opinion is sometimes expressed that a high dividend return is a factor of safety. ... Nothing could be farther from the truth.«

PHILIP A. FISHER

In Zeiten niedriger oder gar negativer Kapitalmarktzinsen lautet der Slogan vieler Anlageberater: »Die Dividenden sind die neuen Zinsen.« Damit ist gemeint, dass man in Aktien von Unternehmen investieren soll, weil sie eine (hohe) Dividende zahlen. Auf diese Weise, so die Idee, gelangt der Anleger in den Genuss der heiß ersehnten positiven Rendite. Doch ist die Jagd nach hoher Dividenden(rendite) wirklich eine sinnvolle Strategie?

Betrachten wir dazu ein einfaches Beispiel. Eine Aktie handelt bei 100 Euro. Nun kündigt das Unternehmen eine Dividende in Höhe von 4 Euro an. Der Aktienkurs steigt daraufhin auf 104 Euro. Der Anleger kauft zu 104 Euro. Nachdem die Dividende einen Tag nach dem Dividenden-Stichtag gezahlt wird, fällt der Aktienkurs von 104 wieder auf 100 Euro. Der Aktienkäufer hat – lässt man verpasste Gelegenheiten außen vor – nichts verdient.

Um die Bedeutung der Dividende zu erkennen, muss man sich zunächst Folgendes verdeutlichen: Macht ein Unternehmen Gewinn, muss es über dessen Verwendung entscheiden. Der Gewinn kann einbehalten oder er kann als Dividende ausgezahlt werden. Er kann aber auch zum Rückkauf eigener Aktien des Unternehmens verwendet werden. Welches der beste Weg ist für den Aktionär, hängt von den »besonderen Umständen« ab.

Was das Unternehmen mit seinem Gewinn macht, ist für den Aktionär höchst bedeutsam. Die Rendite, die der Aktionär erwarten kann, setzt sich aus zwei Komponenten zusammen: Dividende und Kurssteigerung. Wann ist eine Dividende sinnvoll? Zum Beispiel dann, wenn ein Unternehmen in reifen Märkten operiert, in denen die Kapitalrendite sinkt und keine Ersatz- oder Erweiterungsinvestitionen mehr finanziert werden müssen, um das verbliebene Gewinnpotenzial auszuschöpfen. In diesem Fall ist es am besten, die Gewinne an die Aktionäre auszuschütten, damit diese sie in andere, attraktivere Unternehmen investieren können.

Häufig ist zu hören, eine Dividende sei gut, weil ohne sie das Unternehmensmanagement aufgrund seiner Risikoscheu zu hohe Kassenbestände aufbaut, und das schmälert die Kapitalrendite des Unternehmens. Macht das Argument Sinn? Nein. Denn in einem solchen Fall sollten die Aktionäre vielmehr überlegen, ob das Management das passende ist, oder ob es nicht durch ein besseres Management auszutauschen ist.

Wer langfristig in Aktien von guten Unternehmen investiert – also in solche, die für lange Zeit hohe Kapitalrenditen erzielen und den Gewinn pro Aktie stark steigern können –, für den sind Dividenden mitunter unvorteilhaft. Ja, der Aktionär solcher Unternehmen wird gar kein Interesse daran haben, dass sein Unternehmen eine Dividende zahlt. Ein Paradebeispiel ist das US-Unternehmen Amazon, mit einer Kurssteigerung seit 2001 bis heute von fast 8.000 Prozent, aber null Dividende.

Man stelle sich ein Unternehmen vor, das eine Eigenkapitalrendite von 20 Prozent erzielt. Stehen dem Aktionär selbst keine vergleichbaren Anlagemöglichkeit offen, ist es für ihn vorteilhaft, wenn das Unternehmen keine Dividende zahlt, sondern den Gewinn einbehält und in das eigene Geschäft, das eine Rendite von 20 Prozent bringt, *reinvestiert*. Auf diese Weise kommt der Aktionär in den Genuss eines Zins- und Zinseszinseffektes.

Der Kapitalwert des Unternehmens steigt im Zeitablauf exponentiell an, entsprechend wird auch der Aktienkurs an der Börse steigen. Denn mittel- bis langfristig folgt der Aktienkurs der Eigenkapitalentwicklung des Unternehmens. Die Kapitalverzinsung, die der Aktionär erzielt, speist sich in diesem Fall ausschließlich aus dem Kapitalzuwachs beziehungsweise dem Kursanstieg der Aktie an der Börse.

Was passiert, wenn das Unternehmen eine Dividende zahlt? Die Dividende wird aus dem bereits versteuerten Gewinn gezahlt – und diese Steuer geht zulasten der Aktionäre. Auf Aktionärsebene fällt dann noch die Abgeltungssteuer in Höhe von 25 Prozent an. Einschließlich Kirchensteuer und Solidaritätszuschlag ergibt sich eine Steuerbelastung beim Aktionär von insgesamt etwa 28 Prozent auf die erhaltene Dividende.

Hinzu kommt, dass die Dividende den Aktienkurs schmälert: Der Kassenbestand des Unternehmens nimmt in Höhe der Dividendenzahlung ab, in gleicher Höhe verringert sich das Eigenkapital. Der Aktienkurs fällt niedriger aus im Vergleich zu der Situation, in der das Unternehmen keine Dividende gezahlt, sondern den Betrag in das eigene Geschäft reinvestiert hätte.

Wenn der Aktionär mit seiner Dividende weitere Aktien seines Unternehmens an der Börse erwirbt, schneidet er schlechter ab, als wenn das Unternehmen den Gewinn gleich einbehalten und reinvestiert hätte: Der Zins- und Zinseszinseffekt, den er mit seiner Investition erzielen kann, fällt aufgrund der Belastung durch Steuern vergleichsweise geringer aus.

Was aber, wenn der Anleger darauf bedacht ist, einen jährlichen Zahlungseingang zu verbuchen? Macht es dann aus seiner Sicht nicht doch Sinn, auf Unternehmen zu setzen, die eine möglichst hohe Dividende zahlen? Hinter dieser Überlegung verbirgt sich die Überlegung: »Besser den Spatz in der Hand als die Taube auf dem Dach«. Dem Anleger ist die Dividende heute lieber als die Kurssteigerung morgen.

Dem ist entgegenzuhalten, dass ein Unternehmen, das heute eine Dividende zahlt, künftig entsprechend weniger Dividenden zahlen kann (als es könnte, wenn es gegenwärtig auf die Ausschüttung einer Dividende verzichtet). Hinzu kommt, dass der Börsenkurs der Aktie bei Zahlung der Dividende fällt. Kurzum: Für den Aktionär ist es besser, wenn das Unternehmen den Gewinn einbehält, der Aktienkurs dadurch stärker steigt und er bei Liquiditätsbedarf Aktien verkauft.

Ein Unternehmen kann auch, um den Gewinn an die Aktionäre direkt weiterzureichen, eigene Aktien zurückkaufen. Dadurch nimmt die Anzahl der ausstehenden Aktien ab, der Gewinn pro ausstehende Aktie steigt. Für sich genommen wird dies den Aktienkurs erhöhen. Ob es sich für die Aktionäre rechnet, wenn das Unternehmen eigene Aktien zurückkauft, hängt vom Börsenkurs der Aktien ab.

Werden die Aktien zu einem Kurs gekauft, der über ihrem intrinsischen Wert (das ist die Summe aller abdiskontierten künftigen Unternehmensgewinne) liegt, so ist das eine schlechte Investition – eine, die eine geringe oder womöglich gar negative Rendite einspielt. Werden die Aktien hingegen zu einem Kurs gekauft, der unter ihrem intrinsischen Wert liegt, macht das Unternehmen ein gutes Geschäft, steigert seine Kapitalrendite.

Insgesamt lässt sich sagen: Erstens ist es entscheidend für den Investmenterfolg, in »großartige Unternehmen« zu investieren. Sie aufzuspüren – und möglichst in einer frühen Phase ihres Lebenszyklus in sie zu investieren – muss das Bestreben des Anlegers sein. Und selbst die großartigsten Unternehmen sollten auch nur dann gekauft werden, wenn sie nicht zu teuer sind.

Zweitens ist die Dividende, ob hoch oder niedrig, nicht die zentrale Größe für den Investmenterfolg. Im Gegenteil. Mit der Jagd nach Dividenden(rendite) begibt sich der Anleger auf eine falsche Fährte: Sie führt ihn nicht (oder nur zufällig) zu den Aktien, die ihm eine dauerhaft hohe Rendite bringen. Provokant – aber hoffentlich einprägsam – gesprochen: Die Jagd nach Dividende bringt nicht den erhofften Erfolg.

17. KAPITEL

Falsches Risiko, richtiges Risiko

»Uncertainty must be taken in a sense radically distinct from the familiar notion of Risk.«

FRANK H. KNIGHT

Die meisten Kapitalmarktanleger setzen heutzutage Risiko mit Preisschwankungen, mit »Volatilität«, gleich. Beispielsweise bauen Banken und Versicherungen ihre Risikosteuerung auf den historischen Kursbewegungen von Aktien, Anleihen und Wechselkursen auf. Auch viele private Anleger verwenden die Volatilität, um Anlageentscheidungen zu treffen, bei denen die Rendite in einem akzeptablen Verhältnis zum Risiko stehen soll.

Der Grund, dass das Risiko anhand des Auf und Ab der Börsenkurse bemessen wird, ist die Akzeptanz einer ganz bestimmten Theorie. Und zwar der »Theorie der effizienten Märkte«. Ihre Wurzeln reichen weit zurück bis zu den (Vor-)Arbeiten des französischen Mathematikers Louis Bachelier (1870–1946). Nachfolgend wurde die Theorie popularisiert durch den amerikanischen Ökonomen Paul A. Samuelson (1915–2009) und insbesondere seinen Schüler Eugene F. Fama (*1939).

Die Theorie der effizienten Märkte besagt, dass die Börsenkurse jederzeit alle relevanten Informationen enthalten. Schützenhilfe erhält sie von der »Theorie der rationalen Erwartungen«, die der amerikanische Ökonom John F. Muth (1930–2005) formuliert hat. Ihr zufolge begehen die Marktakteure keine systematischen Erwartungsfehler: Die Aktienkurse sind systematisch »richtig«, das heißt, sie spiegeln den fundamentalen Wert der gehandelten Aktien korrekt wider.

Doch an diesen Theorien sind ernste Zweifel anzumelden. Beispielsweise lässt sich der Wahrheitsgehalt der Theorie der effizienten Märkte nicht durch Erfahrung abschließend beurteilen. Die Theorie ist zudem unlogisch: Die Börsenkurse können nicht effizient sein in dem Sinne, dass sie stets den richtigen Wert der gehandelten Aktien widerspiegeln. Denn wenn das so wäre, würde es gar keine Käufe und Verkäufe von Aktien geben, weil niemand einen Grund hätte zu kaufen oder zu verkaufen.

Die Aktienmärkte sorgen zwar in der Regel dafür, dass sich kursrelevante Informationen – wie zum Beispiel die Ankündigung von Dividendenzahlungen und Übernahmen – schnell und treffsicher in den Kursen niederschlagen. Aber es gibt auch immer wieder Phasen, in denen Nachrichten fehlgedeutet werden oder in denen Kursbewegungen stattfinden, obwohl keine Veränderung im Wert der Aktien stattfindet: Phasen, in denen Investoren ihre Aktien verkaufen, weil andere es auch tun – ohne zu wissen, warum die Verkäufe eigentlich stattfinden.

Wenn aber die Aktienkurse nicht immer den richtigen Wert der Unternehmen widerspiegeln (können), sondern man davon ausgehen *muss*, dass die Börsenkurse zumindest zeitweise von ihrem Wert abweichen, ist es nicht sinnvoll, Risiko per se mit Preisschwankungen – also mit der Volatilität – gleichzusetzen. Ein Anleger, der das tut, trifft vielmehr falsche Entscheidungen! Ein Beispiel mag das verdeutlichen. Nehmen wir an, Ihre Analyse zeigt, dass eine Aktie 100 Euro wert ist. Im Markt wird sie aber nur zu 50 Euro gehandelt.

Sie kaufen die Aktie für 50 Euro – und sichern sich so eine Rendite von 100 Prozent. Danach fällt die Aktie auf 30 Euro – wegen Panik auf dem Börsenparkett, nicht weil ihr Wert fällt. Die Volatilität der Aktie – das konventionelle Risikomaß – steigt an. Sie fragen sich zu Recht: Wieso sollte mein Risiko gestiegen sein? Meine Rendite ist doch weiterhin 100 Prozent! Wenn ich weitere Aktien kaufe zu 30 Euro, beträgt die Rendite der neuen Aktien sogar 233 Prozent! Der Kursrutsch hat also, wenn überhaupt, mein Risiko verringert, nicht erhöht!

Stellen Sie sich weiterhin vor, Sie haben zu 50 Euro gekauft und der Kurs fällt auf 20 Euro. Die Volatilität steigt an. Sie entscheiden sich daraufhin, die Aktie zu verkaufen, wodurch Sie einen Verlust in Höhe von 30 Euro machen. Wird es Ihnen aber nachfolgend gelingen, rechtzeitig wieder einzusteigen, also bevor der Kurs wieder zu steigen beginnt? Wenn Sie erst bei, sagen wir, 40 Euro kaufen, ist Ihr Investitionskapital geschrumpft, selbst wenn der Kurs wieder auf 100 Euro steigt. Der Verlust wäre zu vermeiden gewesen, hätten Sie sich nicht von der Volatilität beeinflussen lassen (siehe hierzu nachstehenden Kasten).

Risiko richtig verstehen

Wäre der Markt informationseffizient, würde es Sinn machen, Börsenkursschwankungen als Risiko aufzufassen – wie es die moderne Finanzmarkttheorie (MFT) auch vorschlägt. Was aber, wenn der Markt *nicht* informationseffizient ist? In diesem Fall weichen die Aktienkurse zumindest zeitweise ab von ihrem fundamentalen Wert. Dann aber sind die Schwankungen der Börsenkurse *kein* sinnvolles Risikomaß für den Investor. Ein Anleger, der Risiko mit den Schwankungen der Börsenkurse gleichsetzt, trifft sogar falsche Entscheidungen!

Betrachten wir ein Beispiel, das zeigt, wie Entscheidungen, die Sie aufgrund der Volatilität treffen, nach hinten losgehen. Ihr Anlagebetrag ist 100.000 Euro. Dafür kaufen Sie 1.000 Aktien zum Kurs von 100 Euro. Nun fällt der Kurs auf 50 Euro, – die Volatilität steigt. Ihr Buchverlust beträgt 50.000 Euro. Sie verkaufen nicht, harren aus. Die Aktie fällt weiter auf 30 Euro. Sie verkaufen, weil die Volatilität nun noch weiter gestiegen ist. Ihr realisierter Verlust beträgt 70.000 Euro. Dann dreht die Börse, und die Volatilität nimmt wieder ab. Sie brauchen etwas Zeit, um Mut zu fassen und die Entscheidung zu treffen, wieder in den Aktienmarkt einzusteigen.

Beim Kurs von 40 Euro investieren Sie Ihre verbliebenen 30.000 Euro. Selbst wenn nun der Kurs wieder auf 100 Euro steigt (also den Wert erreicht, den Sie anfänglich ermittelt haben), beträgt Ihr Verlust 25.000 Euro. Kauf- und Verkaufsentscheidungen von der Volatilität abhängig zu machen, kann verlustreich werden!

Abb. 16: Volatilität ist keine gute Entscheidungsgrundlage für Investoren
Wer seine Investmententscheidungen von der Volatilität abhängig macht, erleidet Verluste

Aktion	**Kurs**	**Anzahl Aktien**	**Anlage-betrag**	**Gewinn / Verlust***
Kauf	100	1.000	100.000	...
Halten	50	1.000	50.000	-50.000
Verkauf	30	1.000	30.000	-70.000
Kauf	40	750	30.000	...
Halten	100	750	75.000	-25.000

Quelle: Eigene Berechnungen.
* Gegenüber der Ausgangssituation

Was können Sie aus dem Gesagten lernen? Zwei Dinge. Erstens: Die Volatilität ist für langfristig orientierte Investoren kein Risiko beziehungsweise ein »falsches Risiko«. Als langfristiger Investor sollten Sie sich nicht mit dem Auf und Ab an der Börse beschäftigen (und beispielsweise die tagtägliche Berichterstattung im Börsenfernsehen meiden). Zweitens: Das »richtige« Risiko für den langfristig orientierten Anleger ist die Gefahr eines dauerhaften Kapitalverlustes, der entstehen, wenn man eine Aktie über ihrem Wert gekauft hat – und den künftigen Unternehmenserfolg zu positiv eingeschätzt hat.

Lenken Sie also Ihre Bemühungen darauf, den Wert der Aktie, in die Sie investieren wollen, zu erkennen. Der Wert einer Aktie entspricht der Summe aller abdiskontierten Gewinne, die das Unternehmen erzielt. Ihn zu errechnen, ist zwar keine leichte Aufgabe, und man muss dazu zuweilen mit umsichtigen und erfahrenen Investoren zusammenarbeiten. Wer jedoch den Wert der Aktie zumindest näherungsweise kennt, und nur dann investiert, wenn der Börsenkurs der Aktie deutlich unter ihrem Wert liegt, der hat sehr gute Chancen, langfristig erfolgreich mit seiner Kapitalanlage zu sein, und gleichzeitig begrenzt er sein Investitionsrisiko.

18. KAPITEL

Vorsicht vor risikobereinigter Rendite

»Any investment policy followed by all naturally defeats itself. Thus the first step for the individual really trying to secure or preserve capital is to detach himself from the crowd.«

GERALD M. LOEB

Sind Sie ein langfristig orientierter Investor? Wenn Sie diese Frage bejahen, dann sollten bei Ihnen die Alarmglocken klingeln, wenn Ihnen Aktien empfohlen werden, die ein »attraktives Rendite-Risiko«-Profil haben. Was man Ihnen damit sagen will: Sie sollten nicht allein auf die Rendite schauen. Ebenso wichtig sei es, dass das Risiko, das Sie eingehen, nicht zu hoch beziehungsweise »angemessen« ausfällt. Das klingt auf den ersten Blick vernünftig.

Doch auf den zweiten Blick entpuppt sich diese Empfehlung als äußerst problematisch. Der Grund: Die moderne Finanzmarkttheorie und die auf ihr aufbauende Finanzindustrie versteht unter Risiko das Schwanken der Aktienkurse: Wenn das Auf und Ab der Kurse von Aktie *A* geringer ist als das von Aktie *B*, dann wird Aktie *A* als risikoärmer eingestuft als Aktie *B*. Warum aber sollte man Kursschwankungen mit Risiko gleichsetzen?

Die moderne Finanzmarkttheorie behauptet, dass die Kurse an der Börse stets den »wahren Wert« der Aktien widerspiegeln. Doch diese Idee ist – aufgrund rein logischer Überlegungen – nicht haltbar. Wir wollen es an dieser Stelle nicht unnötig kompliziert machen und daher nur nachdrücklich hervorheben: Kursschwankungen an der Börse sind *nicht* notwendigerweise gleichzusetzen mit dem Risiko, das der langfristige Investor eingeht.

Wenn Sie Geld für fünf, zehn oder mehr Jahre anlegen, besteht Ihr Risiko nicht darin, dass der Kurs Ihrer Aktie in den kommenden Monaten und Quartalen zwischenzeitlich mal steigt und mal fällt. Das Risiko drückt sich vielmehr darin aus, dass Sie einen dauerhaften Kapitalverlust erleiden könnten; dass also die Gewinn- und Renditeentwicklung des Unternehmens, dessen Aktien Sie gekauft haben, hinter den Erwartungen zurückbleiben.

Genauer: Ihr »wahres« Risiko besteht darin, dass der Wert der Aktie – also die Summe aller abdiskontierten Zahlungen, die ein Unternehmen künftig erzielt – geringer ausfällt, als Sie es zum Investitionszeitpunkt erwartet haben. Die Konsequenz daraus lautet: Investieren Sie nur in die Aktien, deren künftige Gewinn- und Renditepotenziale Sie hinreichend genau abschätzen können. Mit diesem Grundprinzip verringern Sie Ihr Investitionsrisiko!

Der »Streit« um das wahre Risiko ist keine verbale Spitzfindigkeit, ist keine akademische Fingerübung. Er hat vielmehr unmittelbare Praxisrelevanz: Wer langfristig anlegt, der sollte sich klarmachen, dass Anlageentscheidungen, die sich an den Kursschwankungen der Aktien – dem populären Risikomaß der Finanzindustrie – orientieren, sehr nachteilig verlaufen können. Ein einfaches Beispiel soll das verdeutlichen.

Schauen wir uns Abbildung 17 an. Aktie *A* hat eine moderate positive Rendite und ihre Kurse weisen ebenso moderate Schwankungen auf. Im Vergleich dazu hat Aktie *B* eine deutlich höhere Rendite, ihr Kurs schwankt allerdings auch deutlich stärker als der von Aktie *A*. Frage: In welche Aktie würden Sie als Langfristinvestor lieber investieren? Vermutlich doch wohl in Aktie *B*! (Das zumindest ist meine Wahl.)

Die Finanzindustrie konfrontiert Sie jedoch mit dem Risikomaß »Volatilität«, eine statistische Größe, die auch als Standardabweichung bekannt ist. Nehmen wir an, Aktie *A* erzielt eine Rendite von 5 Prozent pro Jahr. Die Standardabweichung der Rendite beträgt ebenfalls 5 Prozent. Das bedeutet, dass man damit rechnen muss, dass die Kurse von Aktie *A* (mit einer bestimmten Wahrscheinlichkeit) zwischen 10 Prozent und null Prozent schwanken.

Abb. 17: Langfristinvestoren sollten nicht auf Kursschwankungen schauen

Aktien mit unterschiedlichen Renditen und Kursschwankungen

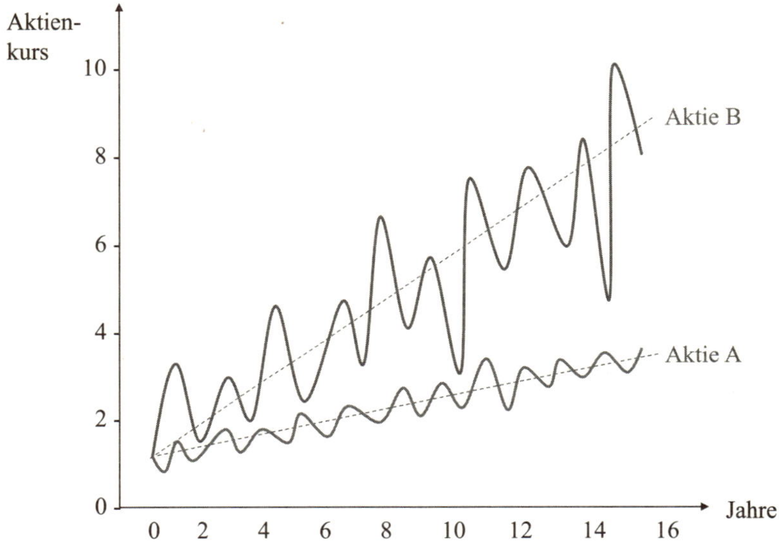

Quelle: Eigene Darstellung.

Die Anhänger der modernen Finanzmarkttheorie werden Ihnen nun empfehlen, in solche Aktien zu investieren, deren Verhältnis zwischen Rendite und Risiko möglichst günstig ausfällt. Dazu muss man die Rendite der Aktie *A* durch ihre Standardabweichung dividieren, wodurch man das »Sharpe-Maß« erhält. Es beträgt für unser Beispiel 1 (5 dividiert durch 5). Nehmen wir an, Rendite und Standardabweichung von Aktie *B* betragen jeweils 15 Prozent.

Das Sharpe-Maß der Aktie *B* beträgt dann ebenfalls 1. Auf Basis des Sharpe-Maßes sind beide Aktien gleich attraktiv. Stiege jedoch die Standardabweichung von Aktie *B* auf 20 Prozent, fiele ihr Sharpe-Maß auf 0,75 (15 geteilt durch 20). In diesem Fall würde die Empfehlung lauten, in Aktie *A* zu investieren, nicht aber in Aktie *B* – schließlich ist bei ihr das Verhältnis zwischen Rendite und Risiko vorteilhafter als bei Aktie *B*.

Für den Langfristanleger ist das jedoch eine schlechte Empfehlung. Derjenige, der 10.000 Euro in Aktie *A* investiert, hat nach 15 Jahren 20.789,28 Euro, nach 30 Jahren 43.219,43 Euro.

Hingegen hat derjenige, der in Aktie *B* investiert, nach 15 Jahren 81.370,62 Euro, nach 30 Jahren 662.117,72 Euro. Die Zahlen zeigen unmissverständlich, wie teuer es werden kann, wenn man als Investor ein falsches Risikoverständnis hat!

Das Auf und Ab an der Börse ist kein Risiko, sondern vielmehr eine Chance für den Langfristinvestor: Er kann es für sich nutzen, um eine Aktie dann zu kaufen, wenn ihr Börsenkurs unter ihrem wahren Wert der Aktie liegt. Solche Situationen treten immer mal wieder auf. Wer den wahren Wert der Aktie kennt und Geduld mitbringt, auf die richtigen Gelegenheiten zu warten, hat gute Chancen, langfristig hohe Renditen zu erzielen.

19. KAPITEL

Wie man mit Wechselkursschwankungen umgeht

»Ich habe mich in Voraussagen über Währungsrelationen noch nie geirrt. Einfach deshalb, weil ich keine abgegeben habe.«

HERMANN JOSEF ABS

Welcher Anleger kennt das Problem nicht: Als Anleger aus dem Euroraum lässt man natürlich auch den suchenden Blick in andere Währungsräume schweifen. Und hin und wieder spürt man dort auch exzellente Unternehmen auf. Doch deren Aktienkurs notiert nicht in Euro, sondern in einer Fremdwährung – US-Dollar, japanischer Yen, Britisches Pfund oder Schweizer Franken. Also hat man, wenn man in Fremdwährung notierte Aktien kauft, ein potenzielles Wechselkursrisiko, so die Schlussfolgerung. Wie soll man als Anleger damit umgehen?

Um diese Frage zu beantworten, muss man sich zunächst Klarheit darüber verschaffen, ob man Wechselkursbewegungen überhaupt vorhersehen kann. Zwar mag das dem einen oder anderen Anleger gelingen. Aber die meisten werden wohl scheitern. Es ist in der Tat eine sehr schwierige Aufgabe. Schließlich existiert keine über alle Zweifel erhabene Theorie zur Erklärung der Wechselkurse. Vielmehr gibt es viele Theorien: die Kaufkraftparitäten-Theorie, die Zinsarbitrage-Theorie, die Wechselkurs-Spekulations-Theorie, die »Overshooting«-Theorie und andere mehr.

Wenn man keine klare Vorstellung hat, welche Faktoren den Wechselkurs systematisch erklären, wie will man dann bestimmen, wo der »richtige Wert« des Wechselkurses liegt? Wie will man dann prognostizieren, wo der richtige Wechselkurs künftig liegen wird? Horcht man in sich hinein, drängt sich die Antwort auf: Für diese Fragen gibt es keine überzeugenden Erklärungen. Und man kann leider auch nicht hoffen, die ökonomische Theorie, der Rückgriff auf eine wissenschaftliche Herangehensweise könne sie vielleicht geben.

Die nächste Frage, die der umsichtige Investor sich stellen sollte, lautet: Ist es denn überhaupt sinnvoll, sich mit Wechselkursen und ihren Bewegungen zu beschäftigen? Gibt es vielleicht Gründe, die Wechselkurse beim Investieren auszublenden? Um einer Antwort näher zu kommen, lassen Sie uns einen Blick auf die historische Datenlage werfen. Hätte man Anfang 1973 bis Anfang 2018 dauerhaft in US-amerikanische Aktien investiert, so konnte man eine jahresdurchschnittliche Rendite (Kursgewinne zuzüglich Reinvestition der Dividenden) von 10,6 Prozent erzielen.

Abb. 18: US-Aktienmarktrendite in US-Dollar, Euro, Pfund und japanischen Yen

Rendite des US-Aktienmarktes in Prozent(*)

	in US-Dollar	**in Euro**	**in Brit. Pfund**	**in jap. Yen**
Feb. 1973 – Jan. 2018(**)	10,6	11,4	12,9	13,8
Jan. 1990 – Jan. 2018	10,3	10,6	11,0	11,2
Jan. 2000 – Jan. 2018	5,5	4,5	6,5	4,9

Quelle: Thomson Financial; eigene Berechnungen. Die Aktienmarktindizes berücksichtigen Kursgewinne und die Wiederanlage der Dividenden.

(*) Annualisierte stetige Verzinsung.

(**) Für Britisches Pfund: Beginn Februar 1975.

Umgerechnet in Euro wäre die Rendite etwas höher gewesen: 11,4 Prozent. In Britischen Pfund hätte die Rendite 12,9 Prozent betragen, in japanischen Yen 13,8 Prozent. Diese Zahlen stehen zwar nicht für eine *eherne Gesetzmäßigkeit*, aber sie deuten womöglich doch etwas Wichtiges an: Langfristig betrachtet machen sich Wechselkursschwankungen zwar bemerkbar, sie sind aber nur von untergeordneter Bedeutung für die Gesamtrendite. Für diese Vermutung gibt es eine Reihe von ökonomischen Gründen.

Viele der börsengelisteten Unternehmen sind international tätig. Sie erzielen ihre Umsätze und Gewinne nicht nur in der heimischen, sondern auch in vielen Auslandswährungen. Folglich schlagen Wechselkursbewegungen nicht notwendigerweise auf die Gewinnlage der Unternehmen und ihre Aktienkursentwicklung durch. Beispielsweise kann die Währung, in der die Aktie notiert, stark abwerten. Das aber erhöht den Wert der Auslandsgewinne des Unternehmens und stützt dadurch den Aktienkurs. Die Wechselkursbewegung hätte in solch einem Fall tendenziell keinen Einfluss auf die Renditeentwicklung der Aktie.

Zudem betreiben Firmen zuweilen ein aktives Währungsmanagement: Sie sichern sich gegen Währungsschwankungen ab, spekulieren zuweilen auch auf bestimmte Devisenentwicklungen. Verfügt man als Investor über keine genauen Informationen darüber, was das Unternehmen in seiner Finanzabteilung macht, lässt sich von außen nicht verlässlich beurteilen, ob und wie die Wechselkurse den Unternehmenserfolg beeinflussen. Versuche, das eigene Portfolio gegen Wechselkursänderungen absichern zu wollen, sind dann nicht sinnvoll.

Selbst in dem Fall, in dem eine Währung, in der eine Aktie notiert, stark inflationiert und abwertet, muss das mittel- bis langfristig nicht auch bedeuten, dass man als Investor das Nachsehen hat. Vielmehr kann die Inflation die Aktienkurse in die Höhe treiben und so die Wechselkursabwertung kompensieren. Die folgende Info-Box zeigt das am Beispiel Südafrikas.

Langfristinvestoren brauchen Wechselkursen nicht allzu große Aufmerksamkeit schenken

Bekanntlich kann man mit dem Blick auf historische Daten und Geschehnisse nichts beweisen. Das Vergangene gibt lediglich Auskunft darüber, was sich zugetragen hat, kann aber niemals beanspruchen, dass das, was geschehen ist, so geschehen musste, wie es geschehen ist. Kurzum: Mit dem Verweis auf das Geschehene lässt sich nichts bewahrheiten. Aber etwas illustrieren. In diesem Sinne sind die folgenden Ausführungen zu verstehen.

Der Südafrikanische Rand hat von 1994 bis Ende 2017 um knapp 73 Prozent gegenüber dem US-Dollar abgewertet; Inflation, politische Risiken und schlechte Wirtschaftspolitik waren vermutlich wichtige Ursachen dafür. Der Wertverlust des Rand gegenüber dem US-Dollar war damit knapp 6 Prozent pro Jahr. Wer im Betrachtungszeitraum in südafrikanische Aktien, die in Rand notieren, investiert hat, konnte eine (stetige, annualisierte) Rendite in Höhe von 15 Prozent pro Jahr erzielen. Für den Investor, der in US-Dollar rechnet, betrug die Rendite aufgrund der Rand-Abwertung nur 8,5 Prozent. Damit lag sie allerdings immer noch relativ nahe an der Rendite, die man in der gleichen Zeit für US-amerikanische Aktien, in US-Dollar gerechnet, erzielt hat: Sie betrug 9,9 Prozent; die verbliebene Renditedifferenz erklärt sich vermutlich durch die unterschiedliche wirtschaftliche Leistungsfähigkeit der Firmen in den beiden Währungsräumen.

Dieser Befund lässt sich – mit der gebotenen Vorsicht – wie folgt interpretieren: Der Wechselkurs hat einen relativ geringen Einfluss auf den *langfristigen* Investitionserfolg. Der Grund: Die Preisbewegungen der Aktien *überkompensieren* langfristig das Auf und Ab der Wechselkurse, gerade wenn Unternehmen international tätig sind. Für die Aktienkurse ist der *weltweite Renditeverbund* bedeutsam(er): Wenn Kapital international mobil ist, gleichen sich die Renditen, die in verschiedenen Währungsräumen erzielbar sind, tendenziell einander an. Als *Daumenregel* gilt: Für den langfristig orientierten Investor ist die Qualität des Unternehmens bedeutsamer als der Wechselkurs der Währung, in der seine Aktie notiert beziehungsweise in der er rechnet.

Diese Überlegungen führen uns zu folgendem Gedanken: Wenn man nicht weiß, wo die richtigen Wechselkurse liegen, und man daher auch nicht verlässlich abschätzen kann, welche Richtung sie künftig nehmen werden, kann es für den langfristig orientierte Investor durchaus vernünftig sein, sie bei seinen Investitionsentscheidungen völlig zu ignorieren. Mindestens zwei gute Gründe sprechen dafür – die nicht aus der Erfahrung abgeleitet sind, sondern die sich aus der (reinen) ökonomischen Theorie erklären.

Erstens: In kürzeren Zeitperioden können Wechselkursbewegungen die Bilanz des Investors zwar verhageln, aber langfristig gesehen (in fünf und mehr Jahren) spricht einiges dafür, dass die Rendite, die man beim Investieren in großartige Unternehmen erzielt, von den Wechselkursschwankungen nicht nennenswert beeinflusst wird. Der umsichtige Investor kann zuversichtlich sein, dass gerade großartige Unternehmen, die ausgeprägte Wettbewerbsvorteile haben, mit Wechselkursschwankungen zurechtkommen werden.

Zweitens: Der Versuch, Wechselkursbewegungen einzuschätzen und sich gegen sie abzusichern, verursacht Kosten. Optionen und Termingeschäfte sind nicht zum Nulltarif zu haben, sie schmälern die Gesamtrendite. Und schwierig ist das Absicherungsgeschäft auch noch: Der Investor muss nicht nur entscheiden, was und wie er absichert, er muss auch entscheiden, wann er wieder entsichert, was zu tun ist, wenn die Absicherungsgeschäfte auslaufen. Derart komplexe, fehleranfällige Entscheidungen sollte er so gut es eben geht meiden.

Vor allem aber lenkt die Beschäftigung mit Wechselkursen von der wichtigsten Aufgabe ab, die man als Investor zu bewältigen hat: die richtigen Unternehmen aufzuspüren und sie zu bewerten. Denn das ist es, was letztlich die »Tachonadel« bewegt: In der Auswahl der richtigen Unternehmen und ihrer Bewertung liegt der Schlüssel zum langfristigen Investitionserfolg. Daher macht es für den umsichtigen Investor Sinn, seine Energie und Aufmerksamkeit auf das Aufspüren und Bewerten von großartigen Unternehmen zu konzentrieren.

Wer langfristig orientiert investiert und sich die Freiheit nimmt, das Auf und Ab auf den Devisenmärkten bei seinen Entscheidungen auszublenden, begibt sich in eine vorteilhafte Position: Er ist in seiner Anlageauswahl nicht regional (auf den Heimatmarkt) beschränkt, sondern hat vielmehr die Möglichkeit, weltweit in die besten Unternehmen zu investieren. Das ist eine vorzügliche Ausgangslage, um das Kapital langfristig nicht nur erhalten, sondern auch mehren zu können.

20. KAPITEL

Kritik der Diversifikation

»Put all your eggs in one basket,
and then watch that basket.«
ANDREW CARNEGIE

Diese Börsenweisheit kennen Sie: Nicht alle Eier in einen Korb legen. Besser auf mehrere Körbe verteilen. Das ist die Idee der *Diversifikation*. Mit ihr lässt sich das Investitionsrisiko senken, so die landläufige Auffassung. Die Diversifikation ist der zentrale Eckpfeiler im modernen Geldanlagemanagement geworden. Sie wurde populär mit der Portfoliotheorie, wie sie Harry M. Markowitz (*1927) maßgeblich entwickelt hat.

Markowitz führte ein Risikomaß ein, die »Volatilität« (vulgo: die »Standardabweichung«). Sie misst, vereinfacht gesagt, das Auf und Ab der Börsenkurse in einem bestimmten Zeitraum. Markowitz entdeckte Folgendes: Wenn die Renditen, die sich mit Aktien erzielen lassen, nicht perfekt miteinander korreliert sind, lässt sich das Portfoliorisiko verringern, wenn man diversifiziert.

Wenn die Renditen von Aktie *X* und Aktie *Y* vollständig positiv korreliert sind, führt eine Mischung aus ihnen zu einem Rendite-Risiko-Profil, das der schwarzen Linie in Abbildung 19 entspricht. Sind die Renditen unkorreliert, lässt sich bis zu einem bestimmten Punkt (hier *A* auf der hellen Linie) das Risiko bei steigender Rendite vermindern. Sind die Renditen hingegen vollständig negativ korreliert, kann man eine positive Rendite bei einem Risiko von null erreichen (Punkt *B* auf der dunklen Linie).

Abb. 19: Höhere Rendite nur bei höherem Risiko – was alle denken
Zusammenhang zwischen Rendite und Risiko gemäß der modernen Portfoliotheorie

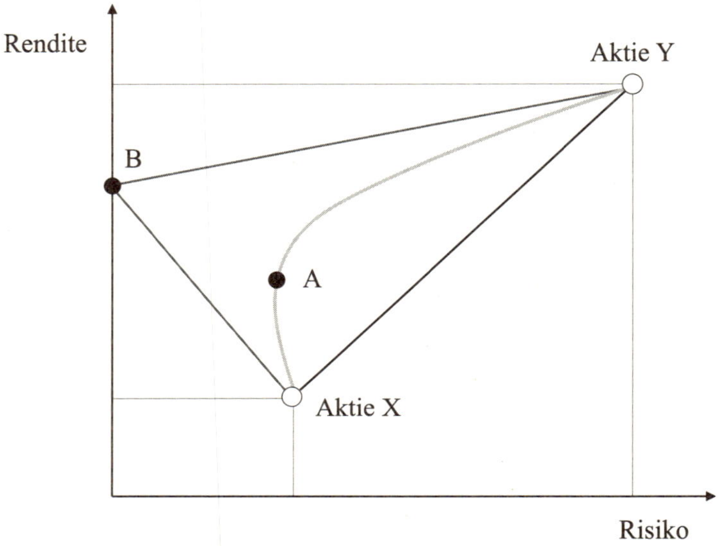

Quelle: Eigene Darstellung.

Markowitz hat die Finanzindustrie im Sturm erobert. Seine Portfoliotheorie wird mittlerweile als Standardkonzept für die aufgeklärte Geldanlage angesehen und wie folgt praktiziert: Diversifiziere dein Portfolio, investiere in verschiedene Vermögensklassen. Wenn du kannst, teile dein Vermögen auf in Aktien, Anleihen, Häuser und Grundstücke, Kunst und anderes mehr. Diversifiziere aber auch innerhalb der einzelnen Vermögensklassen.

Diversifiziere beispielsweise den Teil des Portfolios, der in Aktien angelegt wird: Investiere in viele, in 60, 80 oder noch mehr Aktien. Diversifiziere aber nicht nur in Bezug auf die Anzahl der Aktien, diversifiziere auch nach Branchen: Investiere in Maschinenbauaktien, Banken- und Versicherungsaktien und Pharmaaktien. Und diversifiziere die Regionen: Aktien aus dem Euroraum, den USA, Japan und China.

Wohlgemerkt: All diese Empfehlungen speisen sich aus Markowitz' Risikomaß Volatilität. Die wichtige Frage, die sich daher stellt, lautet: Ist es überhaupt sinnvoll, Risiko mit dem Auf und Ab der Börsenkurse gleichzusetzen? Markowitz' Anhänger haben zunächst einmal das folgende Problem: Die Volatilität wird aus vergangenen Börsenkursen errechnet. Aus ihnen lässt sich jedoch aus logischen Gründen nicht auf künftige Kursschwankungen schließen.

Ein Investor, der sich auf die historische Volatilität verlässt, verhält sich wie ein Autofahrer, der bei der Fahrt nach vorn in den Rückspiegel schaut. Die Alternative wäre, künftige Kursschwankungen abzuschätzen. Doch wie will man das machen? Mir ist kein Verfahren bekannt, mit dem sich das künftige Auf und Ab der Kurse verlässlich prognostizieren ließe. Ergebnis: Markowitz' Risikomaß lässt sich in der Praxis nicht überzeugend umsetzen.

Weitaus gewichtiger ist allerdings die folgende Einsicht: Die Volatilität ist ganz grundsätzlich ein fragwürdiges Risikomaß. Um das zu erkennen, betrachten wir ein Beispiel (Abb. 20): Sie investieren 1 Euro in Aktie *A*. Die Aktie steigt in Jahr 1 um 10 Prozent, fällt in Jahr 2 um 15 Prozent, steigt in Jahr 3 um 20 Prozent und steigt in Jahr 4 um 7 Prozent. Nach vier Jahren sind aus 1 Euro 1,20 Euro geworden.

Abb. 20: Ein kritischer Blick auf das Risikomaß »Volatilität«
Gleiche Volatilität, unterschiedliche Risiken

	Jahr				
Aktie A	1	2	3	4	Volatilität
Rendite	10	-15	20	7	12,78
Betrag	1,10	0,94	1,12	1,20	
Aktie B	1	2	3	4	
Rendite	-10	15	-20	-7	12,78
Betrag	0,90	1,04	0,83	0,77	

Quelle: Eigene Berechnungen.

Aktie *B* hat die gleichen Renditen wie Aktie *A* – nur mit negativen Vorzeichen. Wenn Sie 1 Euro in Aktie *B* investieren, werden daraus nach vier Jahren 0,77 Euro. Gleichwohl haben Aktie *A* und Aktie *B* das gleiche Risiko: In beiden Fällen beträgt die Volatilität 12,78 Prozent! Das aber ist Unsinn, nicht wahr? Aktie *A* ist ganz offensichtlich weniger risikoreich als Aktie *B*! Fragen wir also: Was denken erfolgreiche Investoren über Risiko?

Für erfolgreiche Investoren wie Benjamin Graham (1894–1976), Warren E. Buffett (*1930), Charlie Munger (*1924), Philip Fisher (1907–2004) ist es Unsinn, das Risiko einer Aktie anhand des Auf und Ab der Börsenkurse zu beurteilen. Das Risiko, das der langfristige Investor trägt, ist ein anderes: Es ist die Gefahr, einen dauerhaften Kapitalverlust zu erleiden beziehungsweise eine Rendite zu erzielen, die hinter den Erwartungen zurückfällt.

Dieses Risiko gilt es, in den Griff zu bekommen. Aber wie? Investmentlegende Benjamin Graham bringt dazu die »Sicherheitsmarge« ins Spiel: Kaufe eine Aktie nur dann, wenn der Preis, den du zahlst, deutlich geringer ist als der Wert des Unternehmens. Wenn die Sicherheitsmarge hinreichend groß ist (sagen wir, der Wert der Aktie liegt 20 Prozent über dem Börsenkurs), ist die Gefahr gering(er), dass der Investor einen Verlust erleidet, selbst wenn er den Wert der Aktie nicht ganz genau ermittelt hat.

Um das Risiko in den Griff zu bekommen, ist es für Graham daher von zentraler Bedeutung, den Wert des Unternehmens zu bestimmen. Dazu empfiehlt er eine Reihe von Bewertungskriterien (Umsatzstabilität, Finanzstruktur, Liquiditätslage etc.), auf die der Investor zurückgreifen kann. Dem »defensiven Investor« rät er, mindestens zehn, aber maximal 30 Aktien in sein Portfolio aufzunehmen – die alle eine hohe Sicherheitsmarge haben müssen.

Einige der gekauften Unternehmen mögen sich vielleicht als Flops herausstellen. Aber die Chancen stehen gut, dass die meisten von ihnen früher oder später zum Investmenterfolg werden – weil die Börse über kurz oder lang dafür sorgt, dass der Aktienkurs sich dem Aktienwert annähert. Und weil die Aktien günstig gekauft wurden, winkt dem langfristig orientierten, geduldigen Investor die Chance auf eine Überrendite.

Warren E. Buffett folgt der Idee der Graham'schen Sicherheitsmarge voll und ganz. Er sieht jedoch in der Konzentration den Weg, das Investitionsrisiko zu reduzieren: Je intensiver der Investor sich mit einigen wenigen Unternehmen vertraut macht, desto besser ist er in der Lage, ihren Wert zu bestimmen – um dann beherzt und konzentriert zu investieren, wenn der Börsenkurs deutlich unter dem Wert liegt.

Das war übrigens auch die Position, die der amerikanische Stahlmagnat Andrew Carnegie (1835–1919), der reichste Mann seiner Zeit, propagierte. Er empfahl nicht etwa zu diversifizieren, sondern vielmehr alle Eier in einen Korb zu legen – und den Korb dann gut zu bewachen. Konzentration, nicht eine breite Diversifikation, war für Carnegie der Weg, um eine hohe Rendite auf das Kapital zu erzielen und dabei das Risiko im Griff zu behalten.

Haben Sie etwas bemerkt? Für Graham und auch für die anderen genannten Superinvestoren spielen die Börsenkursbewegungen *keine* Rolle für die Risikobeurteilung der Aktie. Um Volatilität kümmern sie sich nicht. Für sie steht die Analyse des Unternehmenswertes an erster Stelle: Denn nur wenn man den Wert der Aktie hinreichend abschätzen kann, lässt sich überhaupt eine sinnvolle Investitionsentscheidung treffen, die Risiken verringert.

21. KAPITEL

Die Tugend der Konzentration

»Viele Menschen sehen die Tugend mehr im Bereuen der Fehler als im Vermeiden.«

GEORG CHRISTOPH LICHTENBERG

Eine grundsätzliche, überaus wichtige Frage, die sich jeder stellen sollte, der investieren will, lautet: *Kann ich besser abschneiden als der Gesamtmarkt?* Traue ich mir zu, bessere Entscheidungen zu treffen als der Durchschnitt aller Investoren? Wenn die Antwort *Nein* ist, dann sollte der Investor ein möglichst kostengünstiges Aktienmarkt-ETF oder -Zertifikat kaufen. Er investiert dann *passiv*. Ist hingegen die Antwort *Ja*, ich bin der Meinung, dass ich dauerhaft besser abschneiden kann als der Gesamtmarkt, dann sollte der Investor in ausgewählte Aktien investieren.

Der Investor, der sich entscheidet, *passiv* zu investieren und dabei konsequent bleibt, investiert am besten in einen *Weltmarktaktienindex,* also einen Index, in dem die regionalen Aktienmärkte der Welt entsprechend ihrem Anteil am Weltaktienmarkt abgebildet werden. Eine selbst erstellte Auswahl von Indizes – wie zum Beispiel den Deutschen Aktienmarktindex (DAX), S&P 500, Nikkei 225, FTSE 100, Hang Seng etc. – würde streng genommen einem reinen passiven Investitionsansatz widersprechen.

Denn mit einer selbst erstellten Index-Auswahl erhofft man sich ganz offensichtlich, mindestens so gut wie der Weltaktienweltmarkt, aber vermutlich sogar besser abschneiden zu können. Doch was spricht dafür, dass Sie die richtige Auswahl der Aktienmarktindizes treffen können, wenn Sie meinen, dauerhaft nicht besser als der Gesamtmarkt abschneiden zu können? Wenn Sie diese Frage nicht überzeugend begründen können, bleiben Sie besser Ihrer Grundeinschätzung treu, dass man nicht outperformen kann, und investieren in einen Weltmarktaktienindex.

In der Gruppe der *aktiven* Investoren finden sich in der Regel ganz unterschiedliche Vertreter und Gesinnte. Zum einen gibt es die, die eine aktive Aktienauswahl betreiben, und die dabei recht viele Aktien (zum Beispiel 30, 60 bis 100 Titel) in ihr Portfolio aufnehmen (Fall 1). Der jeweilige Anteil einer jeden Aktie am Portfolio ist folglich recht klein (zum Beispiel 3,3, 1,6 oder 1 Prozent). Dieses Vorgehen erscheint vielen Anlegern »risikobewusst« zu sein: Wenn alle Aktien nur eine geringe Gewichtung am Portfolio haben, ist auch die Verlustgefahr gering, sollte ein Unternehmen floppen. Kann das überzeugen?

Im Grunde bewegt sich jedoch der aktive Investor, der so vorgeht, recht nahe am Vorgehen des passiven Investors. Er hat ganz offensichtlich kein großes Vertrauen in seine Fähigkeiten, die richtigen, die erfolgsversprechenden Unternehmensaktien auszuwählen. Deshalb setzt er auf das »Prinzip kleine Gießkanne«: Die ausgewählten Unternehmen erscheinen ihm zwar vielversprechend zu sein, aber ganz so sicher ist er sich eben doch nicht, ob sie alle erfolgreich sein werden. Deshalb nimmt er lieber viele Aktien in sein Portfolio auf – denn die meisten davon, so die Überlegung, werden schon im Wert steigen.

Es ist zwar richtig, dass auf diese Weise der Verlust, den ein unerwartetes Scheitern eines Unternehmens dem Portfolio zufügt, begrenzt wird. Wenn aber dabei die erfolgreichen Aktien die gleiche Gewichtung erhalten wie die weniger erfolgreichen, dann bedeutet das: Die Verlustmöglichkeit des Portfolios wird verringert, indem sein Renditepotenzial begrenzt wird. Der aktive Investor, wie er in Fall 1 gezeigt wird, kann auf keine herausragende Rendite hoffen, er wird vermutlich ein Resultat einfahren, das relativ nahe bei der »Benchmark« liegt.

Die konsequenteste Gruppe der aktiven Investoren ist die, die konzentriert, das heißt in eine recht geringe Anzahl von ausgewählten Aktien investiert – wie beispielsweise in Fall 2 und Fall 3. In Fall 3 beträgt der Anteil der vier größten Aktienpositionen im

Abb. 21: Vier unterschiedlich strukturierte Portfolios
Breit diversifizierte, konzentrierte und sehr konzentrierte Portfolios

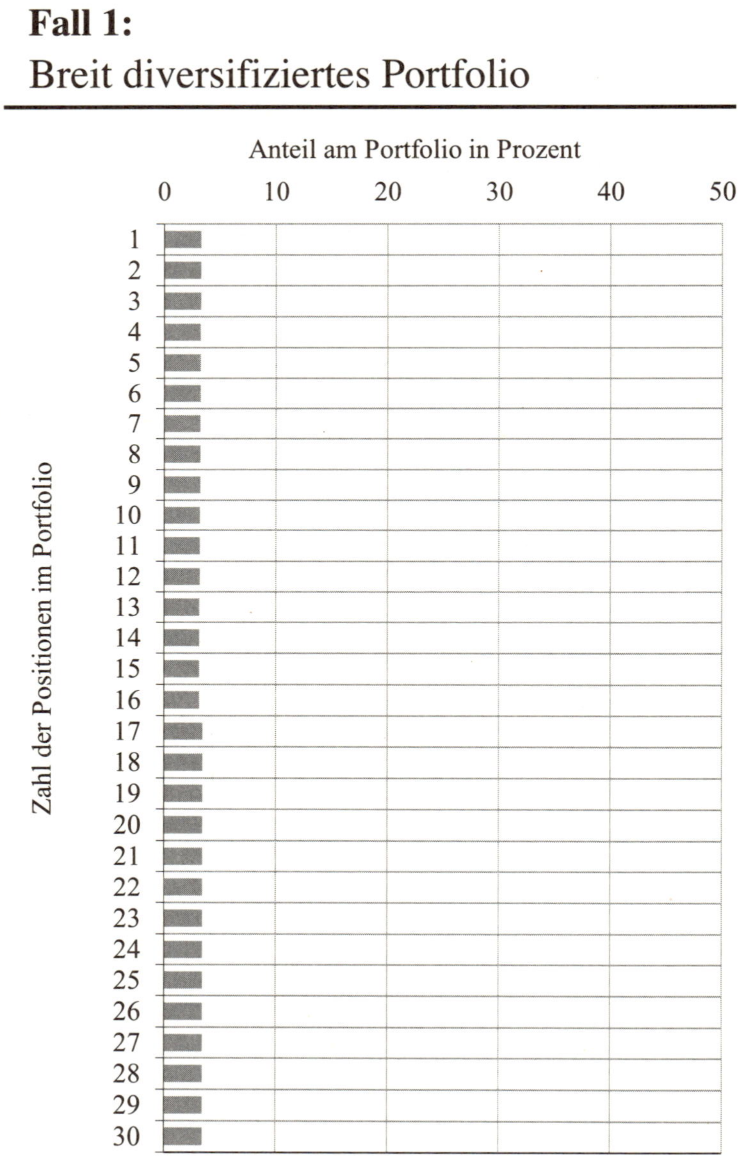

Quelle: Eigene Darstellung.

Fall 2:
Relativ konzentriertes Portfolio

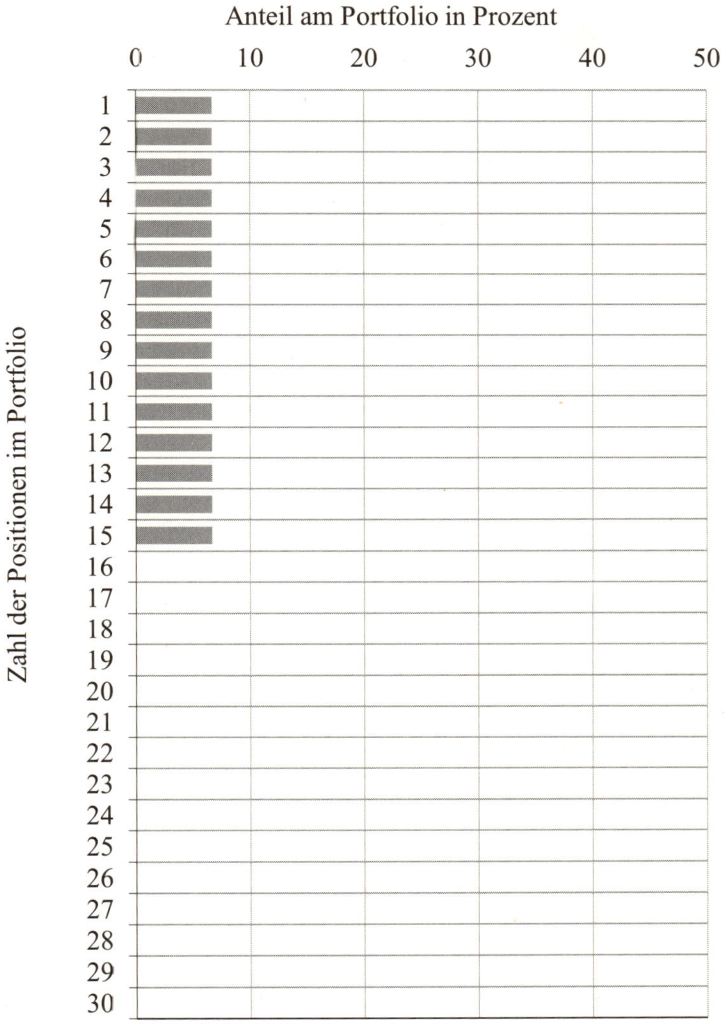

Quelle: Eigene Darstellung.

Fall 3:
Konzentriertes Portfolio

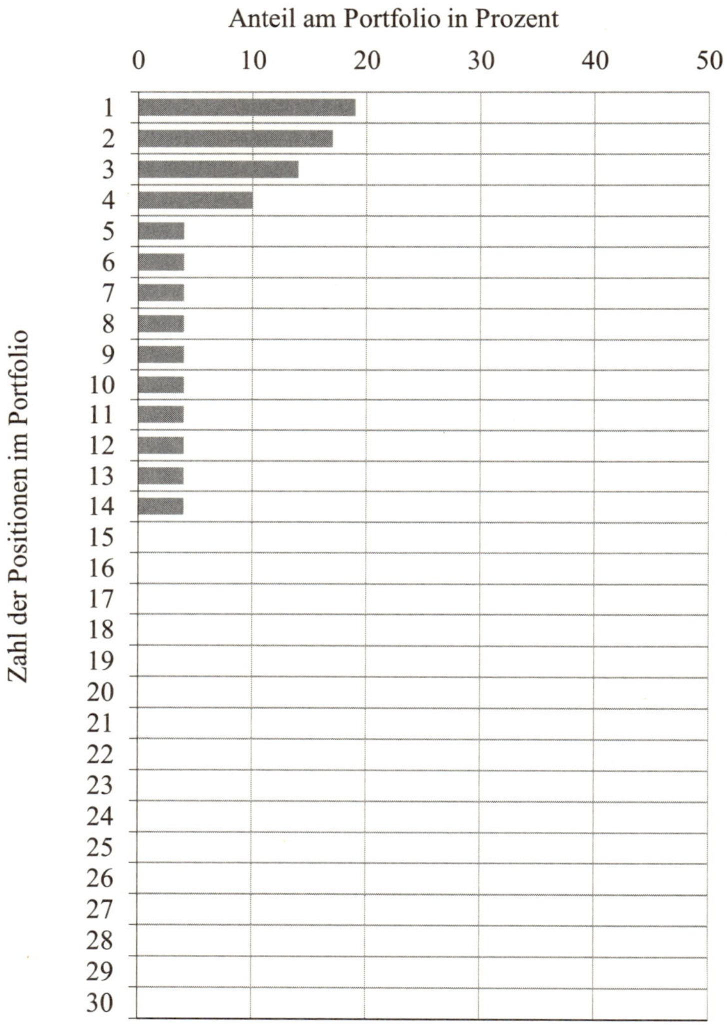

Quelle: Eigene Darstellung.

Fall 4:
Sehr konzentriertes Portfolio

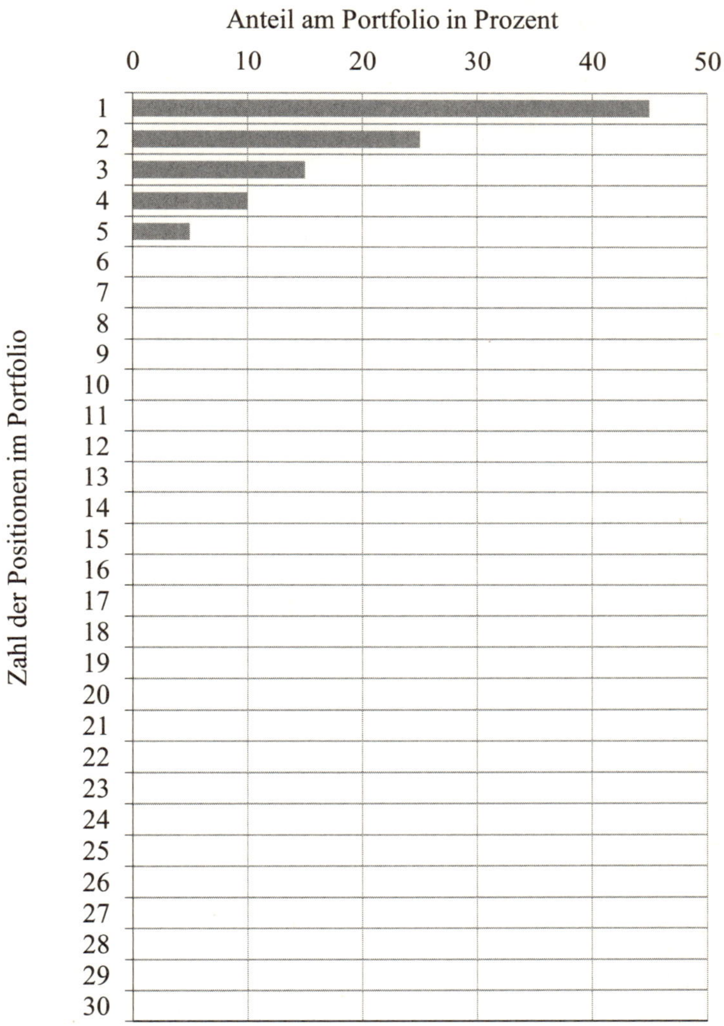

Quelle: Eigene Darstellung.

Portfolio zusammen 60 Prozent, die übrigen Aktien haben einen Anteil von jeweils 4 Prozent. Warum sollte ein Investor so vorgehen? Die Antwort auf diese Frage hat zwei miteinander verbundene Aspekte.

Erstens: Nicht alles, was an der Börse gehandelt wird, verspricht zufriedenstellende Renditen. Viele Unternehmen erfüllen die in sie gesetzten Hoffnungen nicht. Manche scheitern sogar. Das ist das Gesetz des Marktes: eine immerwährende Auslese, bei der die besseren sich gegen die weniger leistungsfähigen Geschäftsmodelle durchsetzen. Kurzum: Gute Geschäftsmodelle sind rar – und erst recht gute Investments.

Zweitens: Hat man ein erfolgversprechendes Unternehmen identifiziert, und hat man sein Geschäft hinreichend gut verstanden, dann wird man auch in der Lage sein, eine Bewertung des Unternehmens (zwar nicht auf die Nachkommastelle, aber doch innerhalb einer gewissen Bandbreite) zu erstellen. Den Unternehmenswert kann man mit dem Börsenkurs vergleichen und das »Preis-versus-Wert«-Prinzip anwenden: Liegt der Börsenkurs unter (über) dem Wert der Aktie, lohnt sich das Investieren (nicht).

Die Kenntnis, den Wert einer Aktie hinreichend genau bestimmen zu können, ist es, die dem aktiven Investor erlaubt, auf ein konzentriertes Portfolio zu setzen. Denn kennt man den Wert der Aktie, ist man auch in der Lage, eine sinnvolle Investitionsentscheidung zu treffen – und gezielt in die Aktien zu investieren, die die höchste Sicherheitsmarge aufweisen. So vorzugehen, ist *nicht risikoreich*, sondern das Gegenteil: Es ist *risikosenkend*, und gleichzeitig erhöht sich die Renditeaussicht. Der Investor gewichtet die Aktie, die die größte Sicherheitsmarge hat, am höchsten im Portfolio, gefolgt von der Aktie mit der nächstgrößten Sicherheitsmarge.

In Fall 4 besteht das Portfolio nur aus fünf Aktien – und solch ein Portfolio kann der Investor aufbauen, wenn er genaue Kenntnis über den Unternehmenswert hat, und wenn er die Aktie zu einem Zeitpunkt kauft, an dem sich der Kurs sehr weit unter ihrem Wert befindet. Die nachstehende Tabelle soll derartige Gelegenheiten illustrieren. Man vergleiche dazu zwei Investmentphasen. Die erste Phase dauerte von Oktober 2007 – also etwa am Börsenhochpunkt vor Ausbruch der internationalen Finanz- und Wirtschaftskrise –

Abb. 22: Investitionsrendite[1] in Abhängigkeit der Kaufkurse

Wie sich das Investieren in der Börsen-Baisse auszahlen kann

	US-Aktienmarktindex	Moody's Corporation[2]	Ford Motor Company	Siemens AG	Laboratory Corporation of America Inc.	Nestle SA	Procter & Gamble Company
I. Langfristige Rendite Jan. '90 – Mai '18							
Gesamtrendite in %	1472,15	1500,89	275,16	747,77	446,81	1698,95	1531,25
Stetige, annualisierte Rendite in %	10,18	14,94	4,76	7,81	6,16	10,70	10,32
II. Investitionsphasen							
a) Okt. '07 – Mai '18							
Gesamtrendite in %	115,4	262,9	80,4	55,9	118,5	108,0	41,1
Stetige, annualisierte Rendite in %	7,5	13,0	5,7	4,3	7,7	7,2	3,3
b) Dez. '08 – Mai '18							
Gesamtrendite in %	298,5	899,2	482,2	238,9	186,9	147,6	60,8
Stetige, annualisierte Rendite in %	15,8	27,7	20,6	13,8	11,8	10,1	5,2

Quelle: Thomson Financial; eigene Berechnungen.

(1) Indizes, berücksichtigen Reinvestition der Dividenden.

(2) Ab Juli 1998.

bis zum Mai 2018. Die zweite Phase beginnt etwa am Börsentiefpunkt der Krise und endet ebenfalls im Mai 2018.

Wer in der Baisse investiert hat, konnte Renditen erzielen, die teilweise deutlich über den Renditen einer »Buy-and-Hold«-Strategie beziehungsweise über den langfristigen Unternehmensrenditen lagen (gemessen anhand der Kursgewinne der Aktien und ihren Dividendenzahlungen). Die Zahlen illustrieren aber auch, dass in einer Baisse nicht alle Aktien gleichermaßen attraktiv waren. So hätte das Festhalten an der Moody's-Aktie durch die Krisenphase Oktober 2007 bis Mai 2018 hindurch dem Investor nicht nur eine deutlich höhere gebracht als bei den übrigen Aktien. Der Kauf der Moody's in der Krisenphase 2008/2009 hätte auch eine hohe Outperformance erbracht: In dieser Phase war der Preis der Moody's-Aktie ganz offensichtlich deutlich unter ihren Wert gefallen.

Die Portfoliostruktur wie in Fall 4 lässt sich also vor allem in Phasen aufbauen, in denen es an den Börsen turbulent hergeht, wenn es zum Ausverkauf auf breiter Front kommt, der die Preise der Aktien weit unter ihren Wert drückt. In solchen Phasen das Richtige zu tun, den kühlen Mut zu bewahren, ist das eine. Das andere ist, eine hinreichend genaue Vorstellung vom Wert der Aktien zu haben, die man als grundsätzlich »großartig« eingestuft hat – und auch Vertrauen zu haben in die eigene Fähigkeit, den Wert der Aktie richtig bestimmen zu können (etwas, das sich durch intensive Beschäftigung mit dem Unternehmen erarbeiten lässt). Unter diesen Umständen lässt sich mit vertretbarem Risiko in der Börsen-Baisse ein sehr konzentriertes Portfolio mit besonders erfolgsversprechenden Investments aufbauen.

22. KAPITEL

Mit Unsicherheit richtig umgehen

»Wide diversification is only required when investors do not understand what they are doing.«

Warren E. Buffett

Denken Sie bitte einmal über die folgenden drei Fragen nach: Wie hoch ist die Wahrscheinlichkeit, dass Sie beim Würfeln eine Sechs erzielen? Wie hoch ist die Wahrscheinlichkeit, dass es morgen regnet? Wie hoch ist die Wahrscheinlichkeit, dass Sie mit Aktie *X* dauerhaft eine hohe Rendite auf das eingesetzte Kapital erzielen werden? Sie merken es vermutlich sofort: Sie haben es hier mit ganz unterschiedlichen »Risiken« zu tun.

Unter Risiko versteht man üblicherweise die Wahrscheinlichkeit, dass ein bestimmtes (negatives beziehungsweise unerwünschtes) Ereignis eintritt. Nach dem klassischen Verständnis – das von den Mathematikern Christiaan Huygens (1629–1695) und Jacob I. Bernoulli (1654–1705) maßgeblich geprägt wurde – errechnet sich die Wahrscheinlichkeit als Zahl der günstigen Ergebnisse im Verhältnis zur Gesamtzahl der Ergebnisse.

Die Wahrscheinlichkeit, mit einem nicht verfälschten (fairen) Würfel eine Sechs zu würfeln, beträgt 1/6. Es handelt sich hierbei um eine mathematische oder auch A-priori-Wahrscheinlichkeit: Der Ergebnisraum ist vorgegeben, denn es gibt nur die Zahlen 1, 2, 3, 4, 5 und 6, und nur eine dieser Zahlen kann das Ergebnis eines Würfelwurfes sein. Wenn der Würfel fair ist, hat jede Zahl die gleiche Wahrscheinlichkeit (Häufigkeit), erspielt zu werden.

Von der A-priori-Wahrscheinlichkeit unterscheidet sich die Wahrscheinlichkeit, ob es morgen regnet. Sie bestimmt sich *erfahrungsabhängig*: Im einfachsten Fall beobachtet man die Regen- und Sonnentage im, sagen wir, Monat Mai in den letzten zehn Jahren. Die Anzahl der Regentage (sagen wir 25 Tage), dividiert durch die Gesamtzahl der betrachteten Tage (310 Tage), ergibt eine Regenwahrscheinlichkeit an einem Maitag in Höhe von 16 Prozent.

Die A-priori-Wahrscheinlichkeit unterscheidet sich ganz wesentlich von der erfahrungsabhängigen Wahrscheinlichkeit. Erstere verändert sich nicht, sie gilt immer und überall, heute, morgen und übermorgen. Bei der erfahrungsabhängigen Wahrscheinlichkeit weiß man hingegen nicht mit Gewissheit, ob sie auch morgen noch geeignet ist, die künftige Wahrscheinlichkeit für den Eintritt von Regentagen verlässlich abzuschätzen.

Denn die Natur kann Veränderungen bringen: Erderwärmung oder -abkühlung beeinflussen das Klima, Trocken- oder Nässeperioden wirken auf die regionale Niederschlagshäufigkeit ein. Mit anderen Worten: Die aus vergangenen Beobachtungen gewonnene Wahrscheinlichkeit sagt *nicht logisch notwendig* etwas über die künftige Wahrscheinlichkeit aus. Sie liefert bestenfalls so etwas wie eine »bewährte Bauernregel«.

Nun gibt es allerdings auch Situationen, in denen sich anhand objektiver Maßstäbe eine Wahrscheinlichkeit gar nicht sinnvoll beziffern lässt. Ich kann zum Beispiel nicht die Wahrscheinlichkeit ermitteln, dass Unternehmen *X* auch in ein oder zwei Jahren Marktführer bleibt. Eine Wahrscheinlichkeit dafür lässt sich weder mathematisch beziehungsweise a priori bestimmen, noch helfen hier Erfahrungswerte weiter.

Mit der Frage, ob Unternehmen *X* auch künftig erfolgreich sein wird, befinden wir uns nämlich im Bereich des menschlichen Handelns. Es zeichnet sich dadurch aus, dass handelnde Menschen ihre Ziele, Wünsche und Fähigkeiten im Zeitablauf nahezu fortwährend verändern. Menschen denken sich neue Dinge aus. Unternehmer bringen, wenn sie die Freiheitsräume dazu haben, fortwährend Produkt- und Prozessinnovationen auf den Weg.

Neue Märkte mit bisher unbekannten Produkten entstehen. Bisher etablierte Anbieter sehen sich neuen Konkurrenten gegenüber, werden von ihnen verdrängt. Aus heutiger Sicht lässt sich das künftige Ergebnis des Markt- und Wettbewerbsprozesses nicht vorab verlässlich abschätzen, denn ein Ergebnisraum (verglichen mit dem des Würfelspieles) lässt sich hier nicht angeben, und entsprechend lassen sich auch keine Eintrittswahrscheinlichkeiten für Ereignisse ermitteln.

Damit haben wir drei Arten von Risiko unterschieden: (1) das mathematische oder apriorische Risiko, (2) das erfahrungsabhängige Risiko und (3) das Risiko, bei dem sich die Eintrittswahrscheinlichkeit nicht sinnvoll beziffern lässt. (1) und (2) lassen sich als das klassische Risiko verstehen, hingegen lässt sich (3) treffender als *Unsicherheit* begreifen. Diese Unterscheidung ist von großer Bedeutung für jeden, der an den Kapitalmärkten investiert.

Sie als Investor haben es in der Regel mit Unsicherheit, nicht mit Risiko zu tun. Die wichtigsten Entscheidungen treffen Sie notgedrungen unter Unsicherheit. Das ist zunächst einmal eine gute Nachricht. Denn damit wissen wir schon einmal, was bei der Geldanlage nicht sinnvoll ist. Nicht sinnvoll ist beispielsweise, das Auf und Ab der Börsenkurse als Hinweis zu werten, ob eine Aktie gerade attraktiv ist oder nicht.

Kursschwankungen können Ihnen keinen verlässlichen Hinweis geben, ob eine Aktie ein langfristig attraktives Investment ist oder nicht. Ein Blick auf die Daten zeigt recht deutlich – und das sollte nicht überraschen –, dass ein Zusammenhang zwischen den Börsenkursschwankungen und den künftigen Kursrenditen der Aktien kaum beziehungsweise gar nicht erkennbar ist (Abb. 23).

Das führt zu der Frage: Wie geht man als Investor sinnvoll mit Unsicherheit um? Die Antwort, die die erfolgreichen Investoren geben, lautet: Investiere nur dann, wenn der Preis, den du für eine Aktie oder Anleihe – oder was immer es auch sei – bezahlst, deutlich unter ihrem Wert liegt. Der Wert einer Aktie – wir haben es schon mehrfach erwähnt – ist die Summe aller abgezinsten Gewinne, die ein Unternehmen künftig erzielt. Wer sich daran begibt, den Wert von Aktien auf diese Weise zu ermitteln, wird rasch erkennen, dass es Geschäftsmodelle gibt, bei denen es schwierig, vielleicht sogar unmöglich ist, die künftigen Gewinne abzuschätzen (wie zum Beispiel in der Biotechnologie oder Informationstechnologie).

Abb. 23: Künftige Renditen haben keinen Bezug zur Volatilität

Über den Zusammenhang zwischen Volatilität und künftigen Aktienrenditen

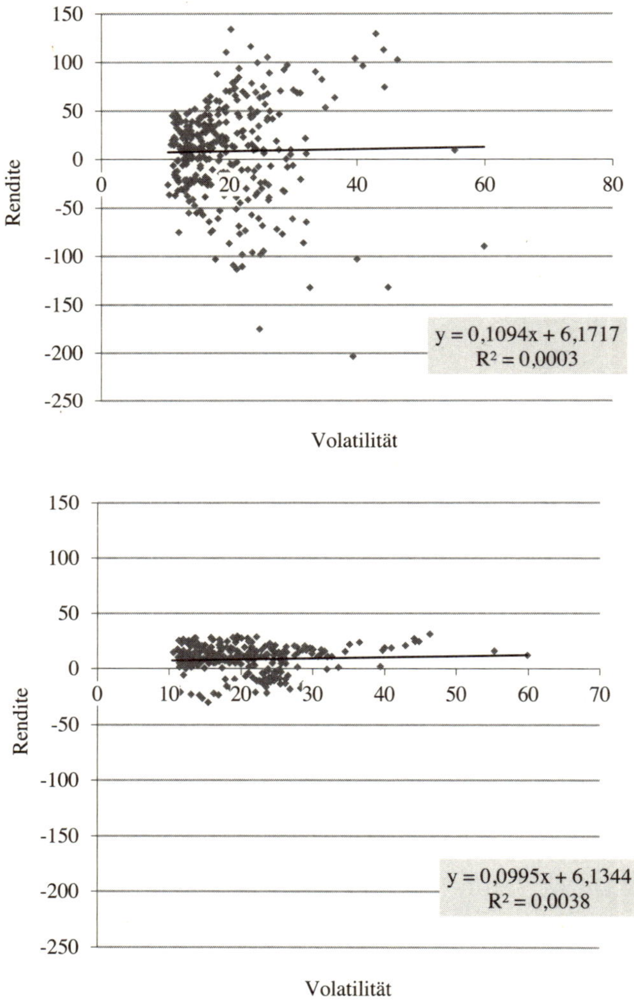

Quelle: Thomson Financial; eigene Berechnungen. Periode: Januar 1990 bis April 2018. Die Abbildungen zeigen die monatlichen Aktienmarktrenditen des S&P 500 in Abhängigkeit der Volatilität. Wie zu erkennen ist, besteht zwischen beiden Größen *kein* nennenswerter Zusammenhang.

Damit wird auch klar, wie sich Unsicherheit reduzieren lässt: indem man nur solche Aktien als Investition in Betracht zieht, deren Wert man auch abschätzen kann – und indem man solche

Aktien meidet, bei denen das nicht möglich ist. Man wird zwar kaum in der Lage sein, den Wert einer Aktie auf die Nachkommastelle bestimmen zu können. Jedoch ist schon viel gewonnen, wenn man eine Bandbreite benennen kann, in der der wahre Wert anzusiedeln ist.

Denn die Unsicherheit beim Investieren wird verringert, wenn beim Kauf der Abstand zwischen Wert und Börsenkurs – das ist die Sicherheitsmarge – groß genug gewählt wird. Wenn Sie nur dann investieren, wenn der Aktienkurs, sagen wir, 15 bis 20 Prozent unter seinem Wert liegt, steigt nicht nur Ihre Investitionsrendite. Es schützt Sie auch vor Verlust – der daraus entstehen kann, wenn die Ertragskraft des Unternehmens überschätzt wird.

Damit dürfte der zentrale Punkt deutlich geworden sein, um die Unsicherheit beim Investieren zu verringern. Er besteht in der Wertbestimmung der Aktie. Wer weiß, was der Wert von etwas ist, der erkennt auch, dass Börsenkursschwankungen große Chancen bieten, denn das Börsengeschehen sorgt immer mal wieder dafür, dass die Kurse unter ihren Wert fallen; und das ist dann der Zeitpunkt, um beherzt zu investieren.

Wer sich an das »Preis-versus-Wert«-Prinzip hält, betrachtet das Investieren weder als ein Würfelspiel, noch blickt er sozusagen beim Geradeausfahren in den Rückspiegel, weil er sich von vergangenen Börsenkursbewegungen leiten lässt. Das »Preis-versus-Wert«-Prinzip ist damit im Kern ein aufgeklärtes Risikomanagement. Es steht für den folgerichtigen Umgang mit der Unsicherheit, wie sie sich dem Investor tagtäglich stellt.

23. KAPITEL

Die Steuer – der Feind der Rendite

> *»Taxation is theft, purely and simply even though it is theft on a grand and colossal scale which no acknowledged criminals could hope to match.«*
>
> Murray N. Rothbard

Der US-amerikanische Ökonom, Philosoph, Historiker und Gesellschaftstheoretiker Murray N. Rothbard (1926–1995) brachte es auf den Punkt: Steuern sind Raub. Auch wenn man es nicht hören will, sich vielleicht schon mental gefügt hat: Dass der Staat – wie wir ihn heute kennen, nämlich als territorialer Zwangsmonopolist mit Letztentscheidungsmacht über alle Konflikte innerhalb seines Gebietes – den Bürgern einen Teil ihres Eigentums abzwingt, ist unvereinbar mit dem unveräußerlichen Recht jedes Einzelnen auf Selbstbestimmung, ist nach allen vernünftigen Maßstäben unethisch.

Doch die staatliche Besteuerung hat mittlerweile ihre Unterstützer: die Netto-Steuerkonsumenten, die sich auf Kosten der Netto-Steuerproduzenten besserstellen. Steuern sind aber nicht nur ungerecht, gesamtwirtschaftlich gesehen richten sie viel Schaden an. Beispielsweise reduziert eine Gewinnsteuer den Anreiz zu sparen und zu investieren. Der Aufbau des Kapitalstocks schwächt sich ab und die realen Einkommenszuwächse fallen – im Vergleich zu einer Situation, in der Gewinne nicht besteuert werden. Steuern erschweren den wirtschaftlichen Aufstieg aller.

Die Steuer trifft nicht nur Unternehmen, sondern auch jeden, der sein Geld sparen und investieren will. In Deutschland ist der Anleger verpflichtet, eine Abgeltungssteuer auf Zinsen, Dividenden und realisierte Kursgewinne zu zahlen: Das Finanzamt holt sich 25 Prozent plus 5,5 Prozent Solidaritätszuschlag auf die Abgeltungssteuer, und seit Januar 2015 kommt auch noch die Kirchensteuer in Höhe von 8 oder 9 Prozent auf die Abgeltungssteuer dazu. Nur ein klitzekleiner Freibetrag von 801 Euro kann in der Steuerberechnung geltend gemacht werden.

Um zu zeigen, wie problematisch die Besteuerung der Kapitalerträge für Anleger ist, die ihre Altersvorsorge aufbauen wollen, betrachten wir ein einfaches Beispiel. Nehmen wir an, Sie haben 10.000 Euro und investieren sie in die Unternehmensaktie *X*, weil Sie zur Auffassung gelangt sind, dass Aktie *X* Ihnen in den kommenden Jahrzehnten eine Rendite von 15 Prozent pro Jahr einbringen wird. Erweist sich Ihre Einschätzung als richtig, haben Sie nach 20 Jahren 163.665 Euro – vor Steuern wohlgemerkt (Linie A in Abb. 24).

Nehmen wir nun an, Sie würden am Ende des fünften Jahres leider feststellen, dass sich die Erfolgsaussichten für die Unternehmensaktie *X* verschlechtert haben; beispielsweise hat das Management schlechte Investitionsentscheidungen getroffen. Sie können fortan nur noch mit einer Rendite von jährlich 8 Prozent rechnen. Wenn Sie keine bessere Anlagealternative finden und investiert bleiben, beträgt Ihr Endwert nach 20 Jahren 63.804 Euro (Linie B) – deutlich weniger als die ursprünglich erhofften 163.665 Euro.

Nehmen wir nun aber an, Sie haben am Ende des fünften Jahres das Unternehmen *Y* ausfindig gemacht, dessen Rendite Sie mit 15 Prozent p.a. einschätzen. Sie entschließen sich daraufhin, Aktie *X* zu verkaufen und mit dem Verkaufserlös Aktie *Y* zu kaufen. Aktie *X* ist am Ende des fünften Jahres 20.113,60 Euro wert. Nach Steuern – unterstellt sei eine Gesamtbelastung von 26 Prozent auf die erzielten Kursgewinne – verbleiben Ihnen 17.484 Euro zur Wiederanlage. Selbst wenn die Aktie *Y* mit 15 Prozent p.a. steigt, beträgt Ihr Endwert im Jahr 20 nur 142.268 Euro (Linie C) – merklich weniger, als wenn Ihre ursprüngliche Investmentidee aufgegangen wäre.

Abb. 24: Wie die Steuer den Langfristerfolg schmälert

Wertentwicklung unter Berücksichtigung der Besteuerung von Kursgewinnen

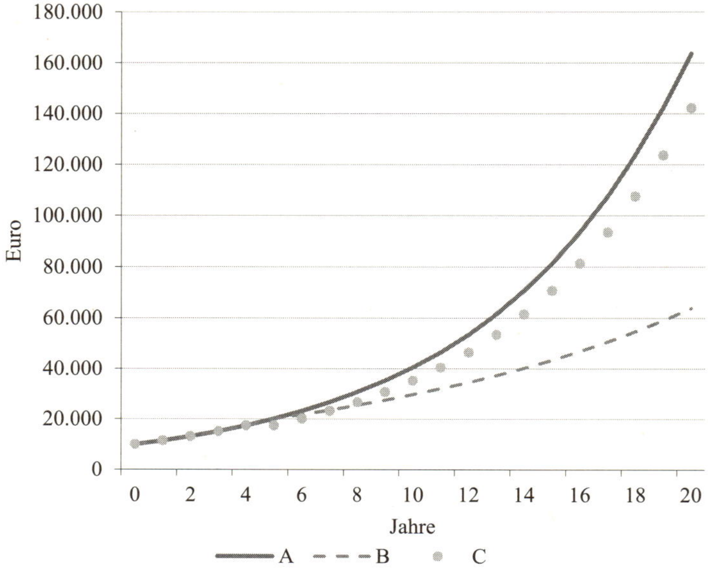

Quelle: Eigene Berechnungen.
Investitionsbetrag 10.000 Euro zu Beginn des 1. Jahres.
A: Rendite zu 15 Prozent p.a.
B: Bis Jahr 5 Rendite 15 Prozent p.a., danach 8 Prozent p.a.
C: Verkauf Ende 5. Jahr, Steuersatz 26 Prozent, Reinvestition in Aktie mit 15 Prozent p.a. ab Anfang 6. Jahr.

Gleiche Überlegungen lassen sich mit Blick auf Dividendenzahlungen anstellen. Erzielt ein Unternehmen einen Gewinn und beschließt, ihn an die Aktionäre auszuschütten, sind diese Dividenden vom Aktionär zu versteuern. Und nur das, was dann noch übrig ist, lässt sich wiederanlegen. Für den langfristig orientierten Investor sind daher Dividenden nicht vorteilhaft. Für ihn ist es besser, das Unternehmen behält seinen Gewinn ein und reinvestiert ihn zu hohen Renditen in das eigene Geschäftsmodell oder kauft eigene Aktien zurück.

Sie haben vermutlich bereits erkannt, worum es hier geht: Die Ertragsbesteuerung verringert Ihr Anlagekapital und schmälert die Wirkung des Zins- und Zinseszinseffektes, der aus gutem Grund für den langfristigen Investor arbeiten soll. Die Besteuerung der Kapitalerträge bestraft den Anleger auch für Fehler, die ihm bei der Einschätzung von künftigen Ertragspotenzialen unterlaufen. Und die Fehler müssen nicht einmal unbedingt eigenverschuldet sein. Man denke nur einmal an die Folgen staatlicher Eingriffe in das Marktgeschehen.

Beispiel »Energiewende«: Ein plötzlicher politischer Kurswechsel entwertet den Kapitalstock der Energieunternehmen. Investitionen müssen abgeschrieben werden, Ausstiegskosten belasten die Bilanz und verschlechtern die künftige Gewinnlage. Angesichts verminderter Renditeaussichten entscheiden sich Aktionäre zu verkaufen und in erfolgversprechendere Aktien zu investieren. Realisieren sie dabei Kursgewinne, müssen sie darauf Steuern zahlen. Die Investitionsrendite leidet.

Übrigens: Realisiert ein Fonds Kursgewinne, sind darauf keine Steuern zu entrichten. Erst wenn der Endanleger seinen Fonds verkauft und dabei Kapitalgewinne realisiert, muss er Steuern zahlen. Der Fondsbranche wird dadurch ein Vorteil eingeräumt gegenüber dem Anleger, der sein Kapital selbst verwaltet. Da aber der Staat unersättlich ist, besteuert er seit Anfang 2018 nun auch Dividendenzahlungen auf Fondsebene.

Deutsche Fonds mit ihren inländischen Dividenden, inländischen Mieten und Gewinnen aus dem Verkauf inländischer Immobilien sind steuerpflichtig mit einem Satz von 15 Prozent. Zwar gibt es zum Trost Teilfreistellungen von der Abgeltungssteuer. Aber dem Endanleger wird in jedem Falle auf Fondsebene im laufenden Spar- und Investmentprozess Kapital entzogen, und das geht zulasten seiner Investitionsrendite.

Die Fondsbranche behält allerdings ihre Steuerbevorteilung für Dividenden gegenüber der Besteuerung auf Anlegerebene. So werden ihr viele Anleger in die Hände gespielt. Das ist problematisch. Die Fondsbranche ist hochreguliert. Der Staat nimmt zum Beispiel starken Einfluss darauf, wie das Risiko zu bemessen ist und welche Risikohöhe erlaubt ist. Für den Anleger erwachsen daraus mitunter absurde Kauf- und Verkaufsentscheidungen innerhalb der Fonds, etwa wenn Fonds aufgrund hoher Kursschwankungen Aktienpositionen abbauen müssen. Das ist mit Kosten verbunden und schmälert unnötig die Rendite des Fonds.

Was kann und sollte der umsichtige Investor tun? Er sollte mit langfristigem Horizont investieren. Dazu ist vor allem erforderlich, sich eingehend und intensiv mit den Unternehmen beziehungsweise mit den zur Wahl stehenden Fonds zu beschäftigen, *bevor* man investiert. Das reduziert die Gefahr, auf das falsche Pferd zu setzen, seine Entscheidung unterwegs korrigieren zu müssen und dafür mit der Kapitalertragssteuer bestraft zu werden, die die Rendite verringert.

Der langfristig ausgerichtete Investor sollte sich zudem von der vielgepriesenen Idee, in »dividendenstarke Titel« zu investieren, verabschieden – allein schon aus steuerlichen Gründen. Für ihn ist es vorteilhafter, wenn er auf profitable Unternehmen setzt, die ihren Gewinn einbehalten und in ihre eigenen Geschäftsaktivitäten zu hohen Renditen reinvestieren können. Das spart Steuern, befördert den Aktienkurs und beflügelt die Investitionsrendite.

Vor allem sollte der Anleger gegenüber »Market-Timing-Strategien« skeptisch sein. Man muss schon recht kräftige Renditen mit kurzfristigen Kauf- und Verkaufsstrategien erzielen können, um die entstehende Steuerbelastung zu kompensieren. So mancher Fonds kann zwar das Portfolio häufig drehen, weil er keine Steuern auf Kursgewinne zu zahlen hat. Für den Endanleger jedoch, der in Eigenregie operiert, ist das steuerlich meist nicht ratsam.

Der umsichtige Investor sollte daher beispielsweise die üblichen Jahresanfangsprognosen und die daraus abgeleiteten Empfehlungen der Finanzbranche kritisch betrachten. Es ist nicht einsichtig, warum sich pünktlich am Jahresanfang die Attraktivität der Investments plötzlich verändern sollte und Umschichtungen nötig sind. Nicht selten wird Anlegern ein aktivistisches Kaufen oder Verkaufen geraten, das zwar der Finanzbranche profitable Umsätze einträgt, jedoch auf Kosten der Anleger erfolgt – denn die Gebühren und Steuern gehen zu ihren Lasten.

Kurzum: Von Anfang an Sorge dafür zu tragen, dass man in die richtigen Aktien investiert und langfristig investiert bleibt, ist ein entscheidender Erfolgsfaktor. Vor allem auch wegen der Steuern gilt zu Recht die Börsenweisheit: »Hin und Her macht Taschen leer!« Eine wichtige Einsicht. Ist man nicht auf der Hut, hat man das Nachsehen, denn der Staat ist mit seiner Besteuerung drauf und dran, die eigenverantwortliche Altersvorsorge zusehends zu verunmöglichen.

24. KAPITEL

»Behavioral Finance« – viel Wind um wenig Wissen

»In der Ökonomie gibt es keine konstanten Verhältnisse zwischen verschiedenen Größen. … Die Wahrheit ist, dass es nur Variablen gibt und keine Konstanten.«

LUDWIG VON MISES

Die Verwissenschaftlichung der Geldanlage wird in der Finanzindustrie großgeschrieben. Denn es stärkt die Überzeugungskraft erheblich, wenn sich Anlageempfehlungen und -produkte durch Theorien legitimieren (oder zumindest scheinlegitimieren) lassen. Das mag auch den bislang ungebrochenen Siegeszug der modernen Finanzmarkttheorie (auch: »Modern Portfolio Theory«) in den letzten Jahrzehnten erklären. Wie keine andere Theorie prägt sie das Anlageverhalten der Mehrzahl der Investoren, formt ihre Vorstellung hinsichtlich Risiko, Diversifikation, Portfoliozusammensetzung und Erfolgsmessung.

Doch die moderne Finanzmarkttheorie leidet unter logischen Inkonsistenzen (die an dieser Stelle nicht thematisiert werden sollen; siehe hierzu den Anhang »Kritik der modernen Finanzmarkttheorie« in diesem Buch) und verleitet zu fragwürdigen Investitionsentscheidungen. Beispielsweise geht sie davon aus, dass die Aktienkurse zu jedem Zeitpunkt alle relevanten Informationen enthalten und dass aus diesem Grund der Investor nicht besser abschneiden kann als der Gesamtmarkt. Er soll daher nicht ausgewählte Einzelaktien kaufen, sondern von Banken aufgelegte Aktienindex-Zertifikate oder -ETFs. Das Risiko wird in der modernen

Finanzmarkttheorie als Schwankung der Börsenkurse definiert. Für beide Aussagen gibt es jedoch überzeugende Gegenargumente.

In den letzten Jahren hat sich eine theoretische Neuerung nach vorn gearbeitet: die Verhaltensökonomik (»Behavioral Economics«) beziehungsweise ihre Teildisziplin, die verhaltensorientiere Finanzmarkttheorie (»Behavioral Finance«). Der US-amerikanische Ökonom Richard H. Thaler (*1945) erhielt 2017 den Wirtschaftsnobelpreis für seine Verdienste, verhaltenspsychologische Erkenntnisse in die Wirtschaftswissenschaft integriert zu haben. Vor ihm wurden bereits Ökonomen dieser Richtung ausgezeichnet: Robert Fogel (1993), George Akerlof (2001), Daniel Kahneman (2002), Elinor Ostrom (2009) und Robert Shiller (2013). Doch selbst prestigeträchtige Ehrungen sollten den umsichtigen Anleger nicht von kritischen Überlegungen abhalten.

Auf den ersten Blick scheint die Botschaft der verhaltenspsychologischen Finanzmarkttheoretiker überzeugend zu sein: Marktakteure handeln nicht immer rational (vernünftig), sondern sie treffen viel häufiger als gedacht irrationale Entscheidungen. Die Verhaltensökonomen führen dafür Erklärungsfaktoren ins Feld wie zum Beispiel begrenzte Vernunft (»Limited Rationality«), soziale Präferenzen (»Social Preferences«) und mangelnde Selbstkontrolle (»Lack of Self-Control«). Wer wollte bestreiten, dass solche (und weitere Einflüsse) das Handeln der Marktakteure prägen? Eine Kritik am Behavorismus macht sich aber auch nicht daran, sondern an etwas weitaus Grundlegenderem fest.

Es geht um die wichtige (Streit-)Frage: Was ist die richtige wissenschaftliche Methode? Eine wissenschaftliche Methode bezeichnet, vereinfacht gesprochen, das Vorgehen, um Wissen (Erkenntnis) über ein Erkenntnisobjekt zu gewinnen. In den Naturwissenschaften geht man üblicherweise so vor: Man formuliert eine Hypothese, zum Beispiel: »Wenn A, dann B«, oder: »Wenn A sich um x ändert, ändert sich B um y«. Dann wird die Hypothese anhand von Experimenten (Laborversuchen) getestet. Bestätigt sich die Hypothese, ist sie bis auf Weiteres nicht widerlegt. Bestätigt sie sich nicht, gilt sie als verworfen (falsifiziert).

Was aber kann man mit derartigen Testergebnissen anfangen? Weniger als Sie vielleicht denken. Wenn die Hypothese bestätigt wird, heißt das nicht, dass man sich auf den untersuchten Zusammenhang verlassen kann. Er könnte nämlich in der Zukunft anders sein als in der Untersuchung. Und wenn sich die Hypothese nicht bestätigt, heißt das nicht, dass der Zusammenhang künftig nicht doch Gültigkeit haben wird. Mit anderen Worten: Auf Basis von Experimenten lassen sich (aus logischen Gründen) keine abschließenden Gewissheiten ableiten. In den Naturwissenschaften ist das allerdings relativ unproblematisch, weil es hier Gesetzmäßigkeiten gibt.

Ein naturwissenschaftliches Gesetz ist ein allgemeiner Zusammenhang, der unter bestimmten Bedingungen ausnahmslos gilt. Beispiel: Bleibt die Temperatur konstant, gilt für metallische Leiter das Ohm'sche Gesetz. Es zeigt den physikalischen Zusammenhang zwischen Strom, Spannung und Widerstand in einem Stromkreis. In der Naturwissenschaft lassen sich daher auch konstante, quantifizierbare Reaktions- beziehungsweise Verhaltensparameter identifizieren gemäß der Formel: Wenn Faktor X um 10 Prozent steigt, fällt Faktor B um 20 Prozent. Hat man solch einen stabilen Zusammenhang ermittelt, dann weiß man, wie man vorgehen muss, um ein bestimmtes Ergebnis zu erreichen; die Zukunft wird beherrschbar(er).

Der Behaviorismus überträgt die wissenschaftliche Methode der Naturwissenschaft eins zu eins auf den Bereich des menschlichen Handelns. Das aber ist erkenntnistheoretisch nicht zu rechtfertigen. Das menschliche Handeln lässt sich nämlich nicht mit der wissenschaftlichen Methode der Naturwissenschaft erfassen. Der Grund: Der Mensch ist ein handelndes Wesen, ist ein *homo agens*. Er hat Präferenzen, trifft Werturteile, wählt Mittel aus, um seine Ziele zu erreichen. Das unterscheidet ihn kategorisch von den Erkenntnisobjekten in der Naturwissenschaft – wie Atome, Steine oder Regenwürmer. Letztere haben keine Vorlieben, wählen nicht zwischen alternativen Handlungsmöglichkeiten, um Ziele zu erreichen.

Anders als in der Naturwissenschaft gibt es zudem eine wissenschaftlich nicht zu schließende Kluft zwischen menschlichen Handlungen und den sie bestimmenden äußeren Faktoren (ob nun materieller oder immaterieller Art); Philosophen sprechen hier vom »Leib-Seele-Problem«. Bisher ist es nicht gelungen, das menschliche Handeln systematisch durch äußere Bestimmungsgrößen zu erklären. Menschen reagieren auf den gleichen Faktor zu unterschiedlichen Zeitpunkten unterschiedlich. Es gibt im Bereich des menschlichen Handelns keine Verhaltenskonstanten. Das ist eine Einsicht, die nicht aus Beobachtungen rührt (und damit anfechtbar wäre), sondern sie erklärt sich (handlungs-)logisch.

Wäre man in der Lage, aus heutigen Zuständen das künftige Verhalten zu prognostizieren, so würde das bedeuten, dass die Handelnden nicht lernen können. Man wüsste dann heute schon alles, was man jemals künftig wissen wird.

Das klingt nicht nur absurd, das ist es auch. Man kann aus logischen Gründen nicht verneinen, dass der Mensch lernfähig ist.[3] Wer argumentiert, der Mensch sei nicht lernfähig, der verstrickt sich in einen logischen Widerspruch: Zum einen muss er die Einsicht, dass der Mensch nicht lernen kann, irgendwann einmal gelernt haben (also attestiert er Lernfähigkeit); und zum anderen geht der, der erklärt, der Mensch sei nicht lernfähig, davon aus, dass andere diese seine Aussage noch nicht kennen, dass sie also lernfähig sind (sonst würde er die Aussage ja nicht machen).

Zusätzlich zu dieser erkenntnistheoretischen Kritik gibt es begründete Vorbehalte, die Verhaltensökonomik als Teil der Wirtschaftswissenschaft einzustufen. Die Verhaltensökonomik ist im Kern Psychologie, hat mit dem Aufspüren von gesetzmäßigen Zusammenhängen im Bereich des menschlichen Handelns – wie das

[3] Als etwas ausführlichere Erklärung mögen die folgenden Zeilen dienen, die ihre Basis in der Diskursethik finden, wie sie die Philosophen Jürgen Habermas (*1929) und Karl-Otto Apel (1922–2017) vertreten. (1) Man kann nicht argumentieren, dass man nicht argumentieren kann. Wer sagt: »Ich argumentiere nicht«, der argumentiert und widerspricht damit seiner Aussage. Man spricht daher vom a priori des Argumentierens; a priori bedeutet selbst-evident, allgemein gültig. (2) Die Aussage »Der Mensch kann lernen« lässt sich argumentativ nicht widerspruchsfrei verneinen. (a) Wer sagt »Der Mensch kann nicht lernen«, der begeht einen logischen Widerspruch, weil er bereits voraussetzt (gegenüber sich selbst oder seinem Gesprächspartner), dass man das Konzept »Lernen« versteht – dass man also gelernt hat zu lernen. (b) Wer sagt: »Der Mensch kann lernen, dass er nicht lernen kann«, begeht einen offenen Widerspruch. (3) Kurzum: Der Satz »Der Mensch kann lernen« gilt a priori: Er lässt sich nicht bestreiten, ohne einen logischen Widerspruch zu begehen; er ist erfahrungsunabhängig wahr. Wenn das so ist, kann man logischerweise nicht schon heute die künftigen Wissensstände der Handelnden und ihr künftiges Handeln kennen. Siehe dazu: H.-H. Hoppe (1983), *Kritik der kausalwissenschaftlichen Sozialforschung. Untersuchungen zur Grundlegung von Soziologie und Ökonomie,* Westdeutscher Verlag, S. 11–15, S. 25–29 und S. 44–49.

Agieren der Investoren auf den Finanzmärkten – nichts zu tun. Was die Verhaltensökonomen anbieten, können keine wissenschaftlich belastbaren Zusammenhänge zwischen zum Beispiel dem menschlichen Verhalten (oder den sie bestimmenden Faktoren) und den Preisen von Aktien, Anleihen oder Rohstoffen und Zinsen und Wechselkursen sein; das ist aus logischen Gründen nicht möglich.

Es gibt noch eine weitere, gerade aus Sicht der Praktiker leicht einsehbare Kritik: Der Behaviorismus lenkt das Augenmerk meist auf die Erklärung von Marktpreisen, auf das Auf und Ab der Kurse. Der umsichtige Investor hat jedoch gute Gründe, seine Aufmerksamkeit nicht dem Marktpreisgeschehen zu widmen, sondern vielmehr alles daran zu setzen, den Wert seiner Investitionsobjekte zu ermitteln. Beispiel Aktie: Der Wert der Aktie ist die Summe der abdiskontierten künftigen Gewinne des Unternehmens. Für den umsichtigen Investor ist es sinnvoll zu investieren, wenn der Preis der Aktie unter ihrem Wert liegt. Kennt er den Wert mit hinreichender Genauigkeit, übt er sich in Geduld, bis der Preis stimmt und kauft dann.

Benjamin Graham (1884–1976) bezeichnete daher auch den Aktienmarkt in der kurzen Frist als »Voting Machine«, in der langen Frist als »Weighing Machine«: Kurzfristig können sich in den Aktienkursen alle möglichen Stimmungseinflüsse widerspiegeln, langfristig setzen sich die fundamentalen Faktoren durch. In der kurzen Frist – das zeigen Studien – gleichen die Kursbewegungen auf den Aktienmärkten einem »Random Walk«, einem Zufallspfad. Ihn prognostizieren zu wollen, ist vergebliche Mühe.

Selbst wenn wir um die verhaltenspsychologischen Eigenheiten der Menschen wissen: Lässt sich daraus eine verlässliche Formel ableiten, die hilft, die kurzfristigen Aktienkursbewegungen richtig einzuschätzen und dieses Wissen gewinnbringend auszunutzen? Aus handlungslogischer Sicht ist diese Frage mit einem klaren Nein zu beantworten. Warum sollte man sich als Anleger mit Behavioral Finance dann überhaupt befassen? Man kann konzedieren, dass Behavioral Finance zur Selbstreflexion anleitet: dass wir als Menschen anfällig sind für Herdenverhalten; dass wir Informationen, die unsere Meinung stützen, stärker beachten als Informationen, die sie infrage stellen; und dass uns ein Verlust in Höhe von *X* härter trifft als ein Gewinn in Höhe von *X*. Kurzum: dass wir zuweilen unsere Urteilskraft überschätzen, »emotionalen« und »irrationalen« Entscheidungen anheimfallen. Doch – und das ist die zentrale Frage – wie muss ich denn nun vorgehen, um erfolgreich zu investieren? Muss ich dem Herdentrieb entsagen? Muss ich affirmative Informationen meiden?

Spätestens hier zeigt sich, dass die Anhänger der Behavioral Finance entweder keine Theorie für erfolgreiches Investieren vorzuweisen haben, mit der sie aufzeigen können, wie man gute Investmententscheidungen trifft; oder dass sie sich als heimliche Anhänger der modernen Finanzmarkttheorie – mit all ihren schwerwiegenden Defiziten – zu erkennen geben. Was kann der umsichtige Investor daraus lernen? Antwort: Studiere eingehend, wie erfolgreiche Investoren vorgehen, welche Aufmerksamkeit sie der Wertfindung ihrer Investments zumessen, wie sie über das Auf und Ab der Börsenkurse denken. Man wird erkennen: Erfolgreiche Investoren messen der Beschäftigung mit der Börsenpsychologie – einschließlich des Behavioral Finance – nur wenig oder gar keine Bedeutung zu.

25. KAPITEL

Vorsicht: Die Robo-Investoren kommen

»People calculate too much and think too little.«

CHARLES T. MUNGER

Die einen bejubeln es als zukunftsweisende Innovation. Die anderen sind unschlüssig, was sie davon halten sollen. Und wieder andere meinen, die Finanzbranche jage schon wieder eine neue Sau durchs Dorf. Wir sprechen vom »Robo-Advisor« beziehungsweise »Robo-Investor«. Der Robo-Advisor bietet seinen Kunden eine internetbasierte, vollautomatisierte Form der Geldanlage an. Auf seiner Website kann der Kunde Risikoneigung, Anlagehorizont, Diversifikationsgrad, Zielrendite und alles andere, was als wichtig erachtet wird, eingeben, und der Robo-Advisor spukt ihm eine konkrete Anlageempfehlung aus: beispielsweise eine Zusammenstellung von Aktien und Anleihen, häufig in Form von Exchange Traded Funds (ETFs) und Indexzertifikaten, gestreut auf verschiedene Märkte.

Der Robo-Advisor, in der Regel ein Ausleger einer Bank oder einer professionellen Vermögensverwaltung, bietet neben dem Vertragsabschluss auch die Depoteröffnung an und stellt eine digitale Berichterstattung über die Anlageentwicklung bereit. Das Anlageportfolio des Kunden wird auf Wunsch automatisch-dynamisch verwaltet – der Robo-Advisor wird dadurch zum Robo-Investor. Steigt zum Beispiel aufgrund von Kursbewegungen der Aktienanteil am Portfolio zu stark an, wird die gewünschte Relation durch automatische Verkäufe wiederhergestellt. Der anspruchsvolle Robo-

Advisor bietet seinen anspruchsvollen Kunden auf Wunsch zudem aktive Portfolioeingriffe durch hauseigene Experten (aus Fleisch und Blut) an. Zudem gibt es Zugang zu besonderen Anlageformen (wie zum Beispiel Private Equity).

Das klingt alles recht vorteilhaft für den Anleger. Zumal die vollautomatisierte Geldanlage, auf individuelle Wünsche zugeschnitten, auch noch kostengünstig angeboten wird. Nicht nur die laufenden Verwaltungsgebühren sind im Vergleich zu anderen Finanzanbietern attraktiv. Auch die für den Anleger nicht zu unterschätzenden Such- und Arbeitskosten, die bei einem nicht automatisierten Portfoliomanagement anfallen, lassen sich so senken. Doch Robo-Advisor hin oder her: Der Anleger sollte genau hinsehen. Wer zum Beispiel seinen Robo-Advisor beauftragt, in Fonds zu investieren, der muss beachten, dass er Fondsgebühren bezahlen muss. Und wenn die Zielfonds, in die investiert wird, eine hohe Umschlaghäufigkeit aufweisen, kann es teurer als gedacht werden, und das Anlageergebnis leidet.

Von zentraler Wichtigkeit für den Anleger ist es jedoch zu verstehen, nach welchen Kriterien der Robo-Advisor das maßgeschneiderte Portfolio zusammenstellt. Und hier zeigt sich meist: Die Anlagephilosophie des Robo-Advisors fußt auf der modernen Finanzmarkttheorie, der modernen Portfoliotheorie. Letztere stammt aus den 1950er- und 1960er-Jahren und gilt in Wissenschaft und Praxis nach wie vor als das Nonplusultra. Wir erinnern uns: Bei kritischem Nachdenken zeigt sich, dass die moderne Finanzmarkttheorie und die aus ihr abgeleiteten Anlageempfehlungen eine Reihe von Schwachstellen aufweisen. Beispielsweise bei der wichtigen Frage der Risikodefinition. Anhänger der Portfoliotheorie setzen das Risiko mit Börsenkursschwankung (Volatilität) gleich: Eine hohe (niedrige) Volatilität wird mit einem hohen (geringen) Risiko der Anlage gleichgesetzt. Und das wiederum hat unmittelbare Folgen für die Portfoliozusammensetzung, die der Robo-Advisor empfiehlt.

Doch für den Langfristanleger ist das Auf und Ab der Börsenkurse kein Risiko. Sein Risiko besteht darin, einen dauerhaften Kapitalverlust zu erleiden – und dieses Risiko hat nicht notwendigerweise etwas mit Volatilität zu tun. Um sein echtes Risiko zu senken, muss der Anleger vielmehr darauf achten, dass der Sicherheitsabstand zwischen dem Preis, den er für zum Beispiel eine Aktie an der Börse zahlt, und dem Wert der Aktie (also dem Barwert der künftigen Gewinne, die ein Unternehmen erzielt) ausreichend groß ist. So aber gehen die moderne Finanzmarkttheorie und der Robo-Advisor nicht vor. Für den Anleger bedeutet das nicht nur, dass sein tatsächliches Risiko mitunter höher ausfällt, als ihm lieb sein kann, sondern auch, dass er attraktive Einstiegskurse verpassen kann – und das geht zulasten seiner Gesamtperformance.

Die fragwürdige Idee, Volatilität würde das Risiko des Investors richtig abbilden, hat eine weitere Folge. Der Robo-Advisor empfiehlt seinem Kunden in der Regel stark zu diversifizieren, also den Anlagebetrag auf viele verschiedene Vermögensarten (Aktien, Anleihen, Derivate, Rohstoffe, Immobilien, Private Equity etc.) zu streuen, und das auch weltweit (in den USA, in Europa, in Asien etc.). Heraus kommt dabei schnell eine *Überdiversifikation*. Das Portfolio wird rasch sehr komplex, und auch die Transaktionskosten nehmen zu. Ein komplexes Portfolio hat für den Anleger vor allem den Nachteil, dass es teurer ist als nötig und dass es schwierig(er) wird, Anlagefehler zu erkennen und aus ihnen zu lernen, um künftige Anlageentscheidungen zu verbessern.

Ein fundamentales Problem, das die Vision von der vollautomatisierten Geldanlage mit sich bringt, sollte abschließend nicht ausgespart werden: Für den unbedarften Anleger könnte allzu leicht der Eindruck entstehen, mit mathematischen Algorithmen ließe sich die Geldanlage im wahrsten Sinne des Wortes automatisch zum Erfolg führen. Nach dem Motto: Maschine ist besser als Mensch. Dieser Gedanke ist alles andere als neu. Bereits zu Beginn des 20. Jahrhunderts wurden (damals) aufwendige Mehrgleichungsmodelle (»Operations Research«) entworfen, um sie beispielsweise auch zum Vorhersagen von Finanzmarktpreisen einzusetzen. Aus den 1940er-Jahren stammen die »Neuronalen Netze« als eine Form der »Künstlichen Intelligenz«, die seit den 1980er-Jahren verstärkt auch von Finanzmarkt-Investoren Beachtung finden.

Doch alle Versuche, aus dem menschlichen Verhalten auf den Finanzmärkten mittels mathematisierter Handlungsvorschriften Nutzen zu schlagen, haben bislang noch keinen wirklich großen Durchbruch gebracht. Verwunderlich ist das nicht. Dazu müsste nämlich etwas gelingen, was aus erkenntnistheoretischen Gründen gar nicht möglich ist: die Mathematisierbarkeit des menschlichen Verhaltens, um künftiges Handeln zu prognostizieren. Warum ist das nicht möglich? Menschliches Handeln hängt nicht nur von den Zielen und Wünschen ab, die der Handelnde hat, sondern auch vom jeweils vorhandenen Wissenstand. Wir wissen aus Erfahrung, dass wir nicht wissen, wie sich das künftige Wissen der Handelnden gegenüber dem heutigen Wissen verändern wird; und deshalb lässt sich aus der Gegenwart das künftige Handeln auch nicht systematisch vorhersagen.

Entscheidend ist in diesem Zusammenhang jedoch eine logische Einsicht, auf die wir bereits hingewiesen haben. Sie baut auf einem unbestreitbar wahren Satz auf: »Der Mensch kann lernen.« Lernfähigkeit ist keine beliebige Annahme, sondern eine logisch nicht widerlegbare Erkenntnis. Wenn man nun aber Lernfähigkeit nicht in Abrede stellen kann, folgt daraus, dass man künftige Wissenszustände nicht kennen und (auf wissenschaftlicher Basis) künftiges Handeln nicht vorhersagen kann – auch wenn das Modell noch so ausgefeilt ist und die Rechenkapazität der Computer auch noch so groß ausfällt. Wenn der Mensch lernen kann (und das lässt sich nicht widerspruchsfrei verneinen), dann kann es keine Verhaltenskonstanten geben nach dem Motto: eine Kursbewegung der Aktie gestern hat einen systematisch-quantifizierbaren Effekt auf den Kurs morgen. Man darf also durchaus ernste Zweifel an der Idee anmelden, die Zukunft, das künftige Finanzmarktgeschehen, ließe sich irgendwann einmal mathematisch-computerisiert verlässlich erschließen. Nicht Fortschrittskeptizismus, sondern die logische, denknotwendige Einsicht steht dem entgegen.

Keine Frage: technischer Fortschritt, Innovationen sind zu begrüßen. Sie machen unser aller Leben produktiver. Auch und gerade bei der Geldanlage. Jede Neuerung erfordert jedoch immer auch ein kritisches Nachdenken darüber, ob ihr Einsatz im konkreten Anwendungsfall geeignet ist, dem angestrebten Ziel näherzukommen. Robo-Advisor und Robo-Investor bieten denjenigen, die den Vorgaben der modernen Finanzmarkttheorie bereitwillig folgen (wollen), die Möglichkeit, ihre Pläne bequem, schnell und kostengünstig in die Tat umzusetzen. Wem jedoch die moderne Finanzmarkttheorie Bauchschmerzen bereitet, wem ihre Handlungsempfehlungen und die daraus abgeleiteten Algorithmen nicht sinnvoll erscheinen, für den sind Robo-Advisor und Robo-Investor sicherlich nicht geeignet.

Wenn künftig ein immer größeres Kapitalvolumen nach den Vorgaben der modernen Finanzmarkttheorie angelegt wird – und darauf deutet das fulminante Wachstum der automatisierten Geldanlage in den letzten Jahren hin –, dürfte das Folgen für die Preisbildung an den Finanzmärkten haben. Beispielsweise wäre zu erwarten, dass immer mehr Anleger gleichzeitig auf der Kauf- oder Verkaufsseite des Marktes auftreten. Die Kursausschläge nehmen dadurch zu. Dadurch wiederum steigen die Gelegenheiten, in denen sich der Börsenkurs der Aktie von ihrem Wert (also der Summe der abgezinsten künftigen Gewinne des Unternehmens) entfernt und sich attraktive Investitionsgelegenheiten eröffnen.

So gesehen ist es ratsam, im Zuge der Verbreitung der automatisierten Geldanlage verstärkt Ausschau nach alternativen Anlagestrategien zu halten, die solch ein Marktumfeld gewinnträchtig ausnutzen können. Dazu zählt das Value-Investing. Value-Investoren sind darauf spezialisiert, gezielt und langfristig in solche Unternehmen zu investieren, die eine Überrendite auf das eingesetzte Kapital erzielen können, und in deren Aktien sie nur dann investieren, wenn der Börsenkurs deutlich unter dem Wert der Aktie liegt. Die dadurch erzielte Sicherheitsmarge (der Abstand zwischen Wert und Preis) verringert nicht nur das Anlagerisiko, sie trägt auch dazu bei, die Investitionsrendite zu erhöhen.

Kapitalmärkte, in denen die Preisbildung zusehends von Robo-Advisor und Robo-Investoren mitbestimmt wird – soweit sie die Vorgaben der modernen Finanzmarkttheorie umsetzen –, spielen den Value-Investoren in die Hände, verbessert deren Chancen, Überrenditen erzielen zu können. So gesehen wäre das Vordringen von Robo-Advisor und Robo-Investor ein Gewinn für alle: für die, die sich der automatischen Geldanlage bedienen, wie auch für die, die alternative Wege beschreiten wollen.

26. KAPITEL

Staatsanleihen – ein unmoralisches Angebot

»Dort, wo die öffentliche Schuld einmal eine bestimmte Höhe überschritten hat, ist es meines Wissens kaum gelungen, sie auf gerechte Weise und vollständig zurückzuzahlen.«

ADAM SMITH

Viele Investoren denken darüber nach, wie man ethisch investiert: in was man investiert, damit die daraus erwachsenden Erträge nicht zum Schaden von Menschen und Umwelt sind (»vermeidende ethische Anlagen«) und eine politisch-sozial akzeptierte Wirtschaftsweise fördern (»fördernde ethische Anlagen«). Professionelle Investoren erarbeiten nicht selten umfangreiche Anforderungslisten, die Investments erfüllen müssen, damit sie als ethisch vertretbar eingestuft werden können.

Als ethisch nicht vertretbar gelten häufig Investitionen in Unternehmen, die zum Beispiel mit Gen- und Waffentechnik Geld verdienen oder die ihre Gewinne mit Alkohol, Zigaretten und Computerspielen erwirtschaften. Was jedoch erstaunlicherweise regelmäßig in den Listen der ethischen Investments auftaucht, sind Staatsanleihen. Wer jedoch genauer nachdenkt, der wird erkennen, dass Staatsanleihen keine ethnisch-moralischen Investments sind. Dazu nachfolgend die (streitbare) Erklärung.

Die Ethik, ein Teilbereich der Philosophie, beschäftigt sich mit den Voraussetzungen und der Bewertung des menschlichen Handelns. Ethisches Handeln ist, kurz gesprochen, gutes Handeln, ist richtiges Handeln, ist moralisch. Der Philosoph Immanuel Kant

(1724–1804) hat das grundlegende Prinzip des ethischen Handelns formuliert: den *Kategorischen Imperativ*.[4] Der Volksmund kennt ihn als Ausspruch: »Was du nicht willst, das man dir tu, das füg auch keinem anderen zu.«

Ethisches Handeln zeichnet sich dadurch aus, dass die handlungsleitenden Regeln für alle überall und jederzeit gelten (und dass das Befolgen der Regeln auch das Überleben der Handelnden sichert). Kann ich beispielsweise wollen, dass das Stehlen erlaubt ist? Stehlen macht jedes Eigentum, das auch der Stehlende anstrebt, unmöglich. Wer stiehlt, nimmt für sich etwas in Anspruch, das er anderen verwehrt. Stehlen kann folglich nicht ethisch sein.

Doch was qualifiziert sich als ethische Handlungsnorm? Eine Antwort lautet: Ethisch ist das Handeln, das das Eigentum respektiert – Eigentum verstanden als das Selbsteigentum eines jeden an seinem Körper und an den Dingen, die er rechtmäßig, ohne Aggression gegen andere, erwirbt. (Das ist übrigens ein logisch nicht hintergehbares Prinzip: Man kann ihm nicht widersprechen, ohne sich dadurch in einen Selbstwiderspruch zu verstricken.)

Hat man das erkannt, dann wird auch klar, wie geradezu wunderbar die Idee des freien Marktes aus ethischer Sicht ist. Unverrückbares Kernstück des freien Marktes – oder, um einen »Kampfbegriff« zu verwenden: des *Kapitalismus* – ist der unbedingte Respekt vor dem Eigentum: Ein jeder gehört sich selbst, ist Eigentümer seines Körpers und der Früchte der eigenen Hände Arbeit.

Die Grenzen des richtigen Handelns sind damit klar und eindeutig gesetzt: Ich darf mit meinem Handeln nicht deine körperliche Unversehrtheit und dein Eigentum schädigen. Gleiches gilt für dich. Unter dieser Handlungsnorm hat jeder die Freiheit, mit anderen zu handeln, zu kooperieren, und zwar stets auf Basis der wechselseitigen Freiwilligkeit. Das schließt natürlich auch das Recht ein, auf Wunsch in Ruhe gelassen zu werden.

Wer die Handlungsnorm »unbedingter Respekt vor dem Eigentum« als ethisch akzeptiert, der erkennt weiterhin, dass der Staat

---

4 Der *Kategorische Imperativ* lautet: »[H]andle nur nach derjenigen Maxime, durch die du zugleich wollen kannst, daß sie ein allgemeines Gesetz werde.« (Immanuel Kant, *Grundlegung zur Metaphysik der Sitten*, IV, 421.) Unter *Maximen* versteht Kant, vereinfachend gesprochen, subjektive Grundsätze des Handelns. Der Kategorische Imperativ verlangt die strikte Verallgemeinerbarkeit der Maximen.

(wie wir ihn heute kennen) ein großes Problem ist. Dazu führe man sich zunächst das Wesen des Staates vor Augen. Der US-amerikanische Ökonom Murray N. Rothbard (1926–1995) bietet die folgende (erklärende) Definition an: Der Staat ist der territoriale Zwangsmonopolist mit der Letztentscheidungsmacht über alle Konflikte, die zwischen seinen Bürgern und die zwischen ihm und seinen Bürgern auftreten. Und er hat die Macht zur Besteuerung.

Ein solcher Staat macht etwas, was allen anderen verwehrt ist: Er nimmt den Bürgern ohne ihr Einverständnis Geld weg, und die Geschröpften haben noch nicht einmal Anspruch auf eine individuelle Gegenleistung. Dass der Staat das erbeutete Geld – nachdem er davon sich und die von ihm Begünstigten bezahlt hat – Bürgern und Unternehmern (direkt oder indirekt) wieder zuschanzt, macht es nicht besser. Er verstößt gegen die ethische Handlungsnorm, das Eigentum zu respektieren.

Es ist absehbar, dass solch ein Staat eine immer größer werdende Zahl von »Fans« und Günstlingen um sich versammelt. Zusammen entwickeln sie ein Verlangen nach dem Geld derjenigen, die nicht zum Staat gehören. Die Steuern, die die produktiven Bürger und Unternehmer zähneknirschend bereit sind zu zahlen, reichen ihnen nicht aus. Daher weicht der Staat auf eine für ihn besonders attraktive Form der Geldbeschaffung aus: die Verschuldung.

Seine Schuldpapiere stoßen meist auf rege Nachfrage: Viele Anleger sehen in den Anleihen des Staates eine einfache und sichere Möglichkeit, eine angemessene Rendite zu verdienen. Sie geben daher – anders als bei der Steuereintreibung – dem Staat ihr Geld freiwillig. Sie machen gemeinsame Sache mit dem – wie ihn Martin Walser so treffend nennt – *Raubstaat*. Das besonders Tückische daran: Kaum jemand fühlt sich geprellt, und deshalb kommt der Staat per Kreditaufnahme auch so leicht an das Geld seiner Untertanen.

Wer in einem freien Markt eine Unternehmensanleihe erwirbt, der setzt darauf, dass das Unternehmen Gewinne erzielen wird. Denn nur dann wird es seinen Schuldendienst leisten können. Gewinne entstehen aber nur dann – und die Unternehmensanleihe wird nur dann für den Anleger zur erfolgreichen Investition –, wenn das Unternehmen Produkte erzeugt, die freiwillig von den Kunden gekauft werden.

Wie bezahlt der Staat die Zinsen und Tilgungen auf seine Schulden? In der Regel ist er ein *Dauerschuldner:* Er ersetzt fortlaufend fällige Kredite mit neuen Krediten. Das funktioniert so lange problemlos, wie es Anleger gibt, die erwarten, dass künftig, wenn die Staatsschulden fällig werden, andere Anleger bereit sein werden, die neuen Schuldpapiere zu kaufen. Und diese künftigen Anleger haben die gleiche Erwartungshaltung.

Sind Staatschulden also etwa ein Schneeballsystem, ein »Ponzi-Spiel«? Dieser beunruhigende Verdacht ließe sich vielleicht entkräften, wenn die kreditfinanzierten Staatsausgaben gesamtwirtschaftlich produktiv, wenn sie »netto-nützlich« wären. Doch das sind sie nicht. Wären sie es, gäbe es eine große Zahl von überzeugenden Studien, die konkret und auf die Nachkommastelle aufzeigen würden, dass kreditfinanzierte Staatsausgaben den Wohlstand erhöhen. Doch es gibt sie nicht.

Das ist nicht überraschend. Ökonomisches Nachdenken zeigt nämlich, dass Staatsschulden die Leistungsfähigkeit der Wirtschaft schmälern. Der Grund: Der Staat zieht per Kreditaufnahme knappe Ressourcen an sich, die anderen Verwendungen entzogen werden. Er verausgabt sie gemäß politisch-ideologischer, nicht rational-wirtschaftlicher Ziele. Geld wird hauptsächlich in Verwendungen gesteckt, die nur eine geringe oder gar keine produktive Wirkung entfalten.

Wer nicht ganz auf den Kopf gefallen ist, der kann leicht einsehen, dass die Staatsschulden von heute die (erdrückende) Steuerlast von morgen sind. Das, was der Staat heute auf Pump finanziert, muss schließlich irgendwann bezahlt werden. Die Aussicht auf künftige Besteuerung schmälert schon heute, in der Gegenwart, den Anreiz zu sparen und zu investieren. Die Folge: weniger Wohlstandszuwachs.

Man mag nun einwenden: Die Volkswirtschaften sind doch in den letzten Jahrzehnten gewachsen, die steigende Staatsverschuldung hat das nicht verhindert. Das wäre vorschnell geurteilt. Die Volkswirtschaften wären stärker gewachsen, wenn es keine Staatsverschuldung gegeben hätte. Es gab Wohlstandszuwachs trotz, nicht wegen steigender Staatsschulden.

Vielen Menschen ginge es heute besser, gäbe es keine Staatsverschuldung. Beispielsweise wären die Produktivität der Volkswirtschaft und das allgemeine Lohnniveau höher, als sie es heute sind. Die Altersvorsorge stünde auf solideren Füßen – bedenkt man, dass heutzutage viele Menschen ihre Pensionen in Staatsschulden angelegt haben, also in Anleihen, mit deren ehrlicher Rückzahlung nicht zu rechnen ist.

Die ernüchternde Einsicht lautet: Wer in Staatsanleihen investiert, tut nichts Gutes, er handelt unethisch, unmoralisch. Er spielt einer Institution in die Hände, die auf vielfältige Weise das Eigentum der Menschen unterwandert, aushebelt, es scheibchenweise aufhebt. Das ist – wie bereits aufgezeigt – unvereinbar mit einer ethischen Handlungsnorm.

Die Treue zu den Staatsanleihen, die viele Investoren gerade auch hierzulande immer noch zeigen, erklärt sich vermutlich auch durch die Renditen, die man in der Vergangenheit erzielen konnte. Wer beispielsweise seit Beginn der 1980er-Jahre bis Januar 2018 in deutsche Staatspapiere angelegt hat, konnte eine jahresdurchschnittliche Rendite von immerhin 6 Prozent (vor Steuern und Inflation) erzielen – während deutsche Aktien 9,4 Prozent und US-amerikanische 12,2 Prozent einbrachten.

Doch die Aussichten, mit Staatsanleihen auch künftig verdienen zu können, haben sich verdüstert. Die Staatsschulden sind vielerorts so groß geworden, dass die Zentralbanken die Zinsen auf extreme Niedrigstände geschleust haben. Das Ziel: Kredite sollen die Staaten nichts mehr kosten. Wer dem Staat Geld leiht, soll nichts mehr verdienen. Am besten soll er noch drauflegen, indem der Zins, den der Staat zahlt, abzüglich der Inflation negativ gemacht wird.

Der Staat hat begonnen, seine Kreditgeber zur Ader zu lassen. Die Strategie, dem Staat Geld zu leihen und dafür eine einträgliche Belohnung kassieren zu können, geht nicht mehr auf. Doch das ist – auch wenn es für den einen oder anderen Anleger schmerzlich ist – eine Wendung zum Besseren: Anleger werden quasi mit der Nase auf die Erkenntnis gestoßen, dass man sein Geld besser nicht dem Staat leiht.

Ein letzter Gedanke: Der Investor, der über die Ethik seiner Investments nachdenkt, sollte zwischen persönlichen Wertungen und ethischen Handlungsnormen genau unterscheiden. Es könnte beispielsweise sein, dass ich nicht in Unternehmen investieren möchte, die Computerspiele herstellen (weil ich der Meinung bin,

Computerspiele schaden den Kindern). Es steht mir natürlich frei, diese Meinung zu vertreten und entsprechend zu handeln. Aber das heißt noch nicht, dass mein Handeln damit ethisch ist.

Das, was in meiner Entscheidung als »bloße Form eines allgemeinen Gesetzes« (wie Immanuel Kant es sagen würde) enthalten ist, lautet: »Was mir nicht gefällt, das muss auch anderen nicht gefallen«. Das aber kann keine ethische Handlungsnorm sein. Denn es würde das, was ich anstrebe (»Was mir nicht gefällt, muss auch den anderen nicht gefallen«), verunmöglichen (denn das zugrundeliegende allgemeine Handlungsgesetz hieße: »Was den anderen gefällt, das muss auch mir gefallen«).

Will man als Investor ethische von unethischen Investments abgrenzen, sollte man folglich genau prüfen, welche Entscheidungskriterien man zugrundelegt – ob sie einer rein persönlichen Wertung entstammen oder ob sie einen verallgemeinerungsfähigen Leitsatz des eigenen Handelns darstellen. Ansonsten besteht die Gefahr, zu ethisch falschen Entscheidungen zu gelangen. Bei Staatsanleihen ist der Fall offenkundig: Sie sind keine ethischen Investments.

27. KAPITEL

Zentralbanken – die Krisenverursacher

»Die Konjunktur bricht ab, wenn die Vermehrung der Geldmenge und der Zustrom zusätzlicher Mittel auf den Geldmarkt ihr Ende erreichen.«

LUDWIG VON MISES

Der große Königsberger Philosoph Immanuel Kant (1724–1804) schrieb: »Herzhaftigkeit ist bloß eine Temperamentseigenschaft. Der Mut dagegen beruht auf Grundsätzen und ist eine Tugend.« Erhellende Worte, wie gemacht für jeden umsichtigen Investor. Denn studiert man das Vorgehen der nachweislich erfolgreichen Investoren, so zeigt sich, dass nicht etwa Gefühlswallungen ihre Entscheidungen bestimmen, sondern erprobte Handlungsprinzipien, die es ihnen erlauben, mit mentaler Stärke zur richtigen Zeit das Richtige zu tun. Dazu gehört vor allem der Grundsatz, die Dinge zu sehen, wie sie wirklich sind.

Für den umsichtigen Investor heißt das, stets die Dinge kritisch zu hinterfragen, offen zu sein auch für unangenehme Wahrheiten. Dann offenbaren sich beispielsweise die Probleme, die das heutige staatlich beherrschte Geldsystem, in dem die Zentralbanken das Monopol für die Geldproduktion innehaben, verursachen. Aus Sicht vieler Ökonomen gilt dieses Fiat-Geldsystem als richtig und gut. Doch einer kritischen Analyse halten diese Einschätzungen nicht stand. Das Fiat-Geldsystem der Zentralbanken ist vielmehr volkswirtschaftlich äußerst problematisch, es leidet unter schweren ökonomischen und ethischen Defekten.[5]

Um es ganz unverblümt zu sagen: Die Zentralbanken bekämpfen nicht etwa Inflation, sondern sie sind es, die sie verursachen. Die Zentralbanken sorgen maßgeblich für das Entstehen von spekulativen Blasen an den Finanzmärkten, die Produktion und Beschäftigung fehlleiten und die nachfolgend platzen. Die großen Wirtschaftskrisen der Neuzeit – zu nennen sind hier beispielsweise die »Große Depression« 1929–1933, die »Große Inflation« der frühen 1970er- und 1980er Jahre, der Zusammenbruch des »New Economy Hype« 2000/2001 und vor allem die internationale Finanz- und Wirtschaftskrise 2008/2009 – sind allesamt maßgeblich auf die Geldpolitiken der Zentralbanken zurückzuführen.

Die Zentralbanken weiten – in enger Zusammenarbeit mit den privaten Geschäftsbanken – die Geldmenge durch Kreditvergabe aus – durch Kredite, denen keine echte Ersparnis gegenübersteht. Das auf diese Weise erhöhte Kreditangebot senkt den Marktzins künstlich ab, senkt ihn unter das Niveau, das sich einstellen würde, wenn es keine künstliche Ausweitung des Kreditangebots gegeben hätte. Das Absenken des Zinses bleibt nicht folgenlos. Das Sparen nimmt ab, Konsum und Investitionen steigen. Die Volkswirtschaft beginnt sprichwörtlich über ihre Verhältnisse zu leben.

Unternehmen setzen Investitionen in Gang, die ohne den reduzierten Zins nicht angegangen worden wären (vielmehr wären knappe Ressourcen in andere Verwendungen gelenkt worden). Die abgesenkten Marktzinsen machen es für Unternehmen besonders attraktiv, ihre Investitionen verstärkt durch Kredite zu finanzieren, sodass die Unternehmensverschuldung steigt. Auch Konsumenten finanzieren ihre Ausgaben verstärkt auf Pump. Und nicht zuletzt ist es für Staaten politisch verlockend, die Verschuldung anstatt der Steuern zu erhöhen, um ihren Hunger nach Geld zu

---

5 Auf die ethischen Defekte kann hier nicht eingegangen werden. Siehe dazu Hülsmann, J. G. (2007) *Die Ethik der Geldproduktion*, Manuskriptum Verlagsbuchhandlung, Waltrop und Leibzig; auch Polleit, T. (2017), Zur Ethik des staatlichen Geldes. Eine kritische Bestandsaufnahme, in: Stüttgen, M. (Hg.), Ethik von Banken und Finanzen, Religion – Wirtschaft – Politik, Band 17, Theologischer Verlag, Zürich, Nomos Verlag, Baden-Baden, 2017, S. 537 – 555.

stillen. Kurzum: Der künstlich gesenkte Zins setzt einen künstlichen kreditgetriebenen Aufschwung (»Boom«) in Gang.

Der Boom hängt nun davon ab, dass die Marktzinsen niedrig bleiben oder noch weiter absinken. Steigen jedoch die Zinsen, bemerken die Unternehmen, dass sich ihre neuen Investitionen nicht rechnen – dass entweder die erhoffte Nachfrage nach den Produkten ausbleibt, oder die Produktionskosten höher ausfallen als ursprünglich kalkuliert. Investitionen werden liquidiert, und Arbeitsplätze, die im Boom geschaffen wurden, werden wieder abgebaut. Die Kreditausfälle nehmen zu. Viele Unternehmen – und auch Konsumenten – können ihren Schuldendienst nicht mehr bedienen. Die Banken werden vorsichtig und schränken ihr Darlehensangebot ein. Der Zustrom von neuem Kredit und neuem Geld versiegt. Der Boom kippt in einen Abschwung (»Bust«) um.

Zentralbanken verfolgen eine konjunkturorientierte Geldpolitik: Schwächelt die Wirtschaft, senken sie die Zinsen, und zieht die Wirtschaft an, erhöhen sie die Zinsen. Wenn die Zentralbanken beispielsweise bemerken, dass die Wirtschaft auf die von ihnen zuvor gesenkten Zinsen anzieht, meinen sie, sie könnten die Zinsen wieder heraufschleusen, sie auf ein »normales« Niveau zurückbringen. Genau das aber entzieht dem Boom den Boden. Es sorgt dafür, dass der geschürte Boom platzt und in einen Bust mündet. Kündigt sich ein Bust an, geht das Spiel von vorne los. Die Volkswirtschaften sind dadurch in einem Boom-und-Bust-Zyklus gefangen.

Besonders problematisch ist das Anwachsen der Verschuldung: Die Ertragskraft der neu aufgenommenen Kredite bleibt hinter den damit erzielbaren Einkommenszuwächsen zurück. Beispielsweise wuchs allein von Ende 2007 bis zum dritten Quartal 2017 die globale Verschuldung (ohne Banken- und Finanzsektor) um 35 Prozentpunkte der weltweiten Wirtschaftsleistung auf 245 Prozent. Der Bust, der ausgelöst wurde durch zu niedrige Zinsen und zu viel Kredit, wurde von den Zentralbanken und Staaten »bekämpft« durch noch mehr Kredit und noch niedrigere Zinsen. Das mag das ein oder andere Mal auch gelingen. Doch die unterliegenden Ungleichgewichte werden dadurch nicht gelöst.

Dass es den Zentralbanken beispielsweise in der Krise 2008/2009 gelungen ist, mit ihren Politikmaßnahmen – vor allem in Form von Zinssenkungen, Geldmengenvermehrung und Garantieerklärungen an Banken und Staaten – den Bust in einen neuerlichen Boom zu verwandeln, hat einen Grund: Es handelte sich hier um eine »Kreditkrise«. Anleger fürchteten nicht etwa um den Geldwert, sie hatten vielmehr Angst, dass Staaten, Banken, Konsumenten und Unternehmen ihren Schuldendienst nicht mehr leisten könnten. Einem solchen Szenario konnten die Zentralbanken den Schrecken nehmen – denn Kredit und Geld können sie unbegrenzt anbieten.

Doch eine Geldpolitik, die die Störungen, die sie selbst verursacht, und die sie nachfolgend mit immer niedrigeren Zinsen und immer mehr Geldmengenvermehrung aus der Welt zu schaffen sucht, stößt irgendwann an ihre Grenzen. Sie führt nämlich geradewegs in eine »Währungskrise«. Anleger geraten in Sorge, dass der Geldwert schwindet; dass sie das Geld, das sie verliehen haben, von den Schuldnern zwar wiederbekommen, dass es aber Geld sein wird, das seine Kaufkraft eingebüßt hat. Eine Währungskrise wäre für das ungedeckte Papiergeld eine sehr ernste Bedrohung, die die Dramatik einer Kreditkrise noch übertrifft.

Um eine Währungskrise in den Griff zu bekommen, müssen die Zinszügel angezogen, der Geldmengenzufluss verringert werden. Dass das dem Schuldgeldsystem zum Verhängnis werden kann, liegt auf der Hand: Die Produktions- und Beschäftigungsstruktur, die sich unter den künstlich gedrückten Zinsen herausgebildet hat, kann dann nicht mehr aufrechterhalten werden.

Dass Zentralbanken die vorangehend geschilderten Probleme verursachen, steht außer Frage; das kann die nationalökonomische Theorie mit Gewissheit aufzeigen. Gleichwohl sind die Schlussfolgerungen, die der umsichtige Investor aus diesen Erkenntnissen für seine Anlageentscheidungen ableiten kann, weitaus weniger eindeutig. Dafür gibt es eine Reihe von Gründen. Es lässt sich beispielsweise nicht mit Gewissheit sagen, wann der Boom in einen Bust umschlägt. Das hängt von den »besonderen Umständen«, die künftig vorherrschen, ab. Beispielsweise können neue Technologien und die mit ihnen verbundenen Produktivitätsschübe die wirtschaftliche Leistungsfähigkeit der Volkswirtschaft erhöhen und den Boom verlängern, den Bust bis auf Weiteres abwenden.

Der Investor kann allerdings ableiten, in welchen Sektoren der Boom besondere Verzerrungen hervorruft: Eine charakteristische Begleiterscheinung des Booms ist, dass er viel fulminanter die *Investitionsgüterindustrie* erfasst als die Konsumgüterindustrie. Also vor allem dort, wo zwischen Investition und Gewinnerzielung eine relativ lange Zeitspanne vergeht. Das liegt daran, dass die Barwerte der weit in der Zukunft liegenden Gewinne kräftig steigen, wenn die Zentralbanken den Zins herunterdrücken – und das macht es besonders attraktiv, in diesen Produktionswegen verstärkt zu investieren. Im Boom locken hier große Gewinne, im Bust allerdings drohen große Verluste (siehe hierzu auch die nachstehende Info-Box).

Die Investitionsrendite in Abhängigkeit des Marktzinses

Um zu zeigen, wie der Zins auf die Investitionstätigkeit einwirkt, betrachten wir hier ein einfaches Beispiel. Nehmen wir an, eine Investition erzielt 10 Euro Gewinn pro Jahr für die kommenden 20 Jahre. Liegt der Zins bei 5 Prozent, so ist der Barwert der Investition, der sich durch Abzinsen der Gewinne auf die Gegenwart errechnet, 124,62 Euro. Wenn der Zins hingegen bei 8 Prozent liegt, beträgt der Barwert 98,18 Euro, wenn er bei 2 Prozent liegt 163,51 Euro. Wenn der Marktzins 5 Prozent beträgt, und ein Investor die Aktie für 124,60 Euro erwirbt, beträgt seine Investitionsrendite 5 Prozent. Wenn er, ausgehend von einem Marktzins in Höhe von 5 Prozent, erwartet, dass der Marktzins auf 2 Prozent fällt, wird er bereit sein, die Aktie bis zu einem Preis von 163,51 Euro zu kaufen. Bei einem erwarteten Marktzins von 8 Prozent, würde er hingegen nicht mehr als 98,2 Prozent zahlen wollen.

Abb. 25: Langfristige Investitionen sind besonders zinsreagibel

Wie der Erfolg von Langfristinvestitionen vom Zins abhängt

Barwerte der Gesamtinvestition in Abhängigkeit unterschiedlicher Marktzinsen

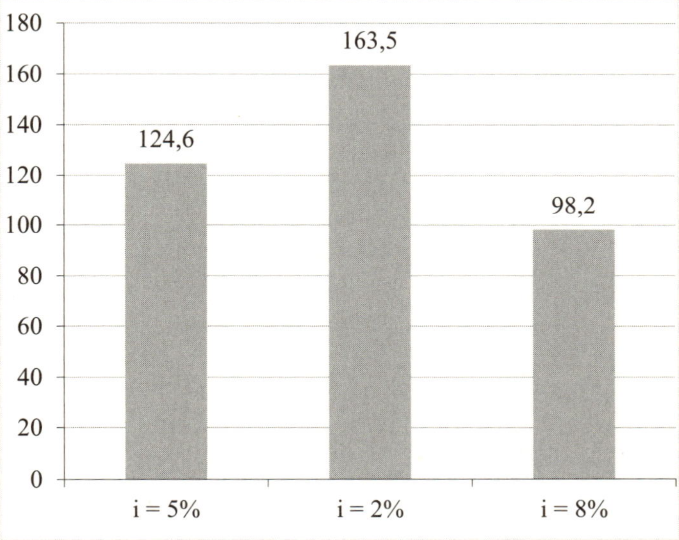

Barwerte der jährlichen Unternehmensgewinne

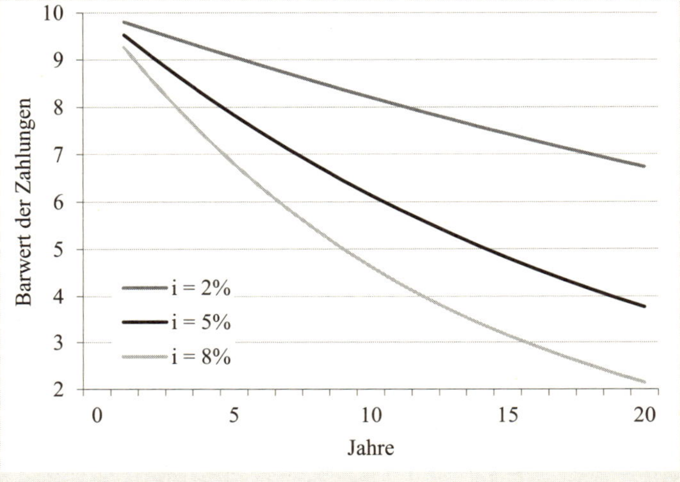

Quelle: Eigene Berechnungen.

Damit wird deutlich, wie bedeutsam die »richtige Erwartung« des Marktzinses für den Investitionserfolg ist. Wer zum Beispiel bei einem künstlich gesenkten Zins von 2 Prozent die Aktie kauft, weil er meint, der Zins wird bei 2 Prozent verharren, wird bereit sein, 163,51 Euro für die Aktie zu zahlen. Wenn der Zins dann aber auf 5 Prozent steigt, fällt der Wert der Aktie, und der Kursverlust beläuft sich auf 24 Prozent. Steigt der Zins auf 8 Prozent, beträgt der Kursverlust sogar 40 Prozent. Je weiter die Unternehmensgewinne in der Zukunft liegen, desto geringer ist ihr Barwert. Interessant ist dabei zu sehen, wie Änderungen des Marktzinses den Barwert der Gewinne beeinflussen. Ausgehend von einem Marktzins von 5 Prozent, erhöht ein Rückgang des Marktzinses auf 2 Prozent besonders den Barwert der weit in der Zukunft liegenden Unternehmensgewinne, und entsprechend vermindert eine Zinserhöhung auf zum Beispiel 8 Prozent den Barwert der weit in der Zukunft liegenden Unternehmensgewinne. Wer also zu künstlich gedrückten Marktzinsen investiert, geht ein Verlustrisiko ein: Es besteht darin, dass die Marktzinsen – anders als erwartet – wieder steigen (und entweder wieder auf ihr »normales Niveau« zurückfinden – in unserem Beispiel 5 Prozent – oder gar überschießen und zum Beispiel 8 Prozent erreichen). Die Aktien von Unternehmen, deren Gewinnpotenziale in entfernter Zukunft liegen (und das ist bei neuen Firmen häufig der Fall), bieten nicht nur besondere Renditechancen, sie sind auch besonders verlustanfällig.

Angesichts der Unwägbarkeiten, die das Fiat-Geldsystem verursacht, wird der umsichtige Investor bestrebt sein müssen, sich ein möglichst genaues Bild über die Fähigkeit des Unternehmensmanagements zu machen: ob es erfolgreiche Investitions- beziehungsweise Kapitalallokationsentscheidungen treffen kann. Wenn das Unternehmen eine lange Erfolgshistorie aufweisen kann, und über Boom-und-Bust-Zyklen hinweg seine Gewinne pro Aktie kräftig steigern konnte, ist das ein erster Hinweis dafür. Nicht weniger bedeutsam ist die Frage, welche Höhe der Diskontierungszins hat, den ein Unternehmen seinen eigenen Investitionsentscheidungen zugrundelegt, und mit welchen Argumenten das Unternehmensmanagement seine Wahl rechtfertigt.

Auch wichtig aus Investorensicht ist die Finanzierungsstruktur des Unternehmens. In einer Welt von Boom und Bust muss ein Unternehmen, das verschuldet ist, besondere Sorge dafür tragen, dass es auch unter widrigen Umständen seine Zins- und Tilgungszahlungen leisten kann, beziehungsweise es muss über einen verlässlichen Kreditzugang verfügen (beispielsweise indem es im Bedarfsfall genügend Sicherheiten stellen oder Nebenpflichten – »Covenants« – einhalten kann). Die Verschuldung kann zwar in guten Zeiten dazu beitragen, die Eigenkapitalrendite des Unternehmens zu erhöhen (durch den sogenannten *Hebeleffekt* -»Leverage Effekt«). Allerdings kann in schlechten Zeiten der Renditevorteil, den die Verschuldung ermöglicht, in einen Nachteil umschlagen, kann sogar die Unternehmensexistenz gefährden.[6]

All diese Überlegungen sind für den umsichtigen Aktieninvestor von großer Bedeutung – auch in einer Phase, in der die Zentralbanken alles daran setzen, den Boom in Gang zu halten, den Bust abzuwenden. Denn das kann ihnen durchaus das ein oder andere Mal gelingen, wenn sie noch genügend Spielraum haben, die Marktzinsen auf oder gar unter die Nulllinie absenken zu können. Den Zentralbanken gelingt es auch hin und wieder, neue Kaninchen aus dem Zylinder zu zaubern. Im Zuge der internationalen Finanz- und Wirtschaftskrise 2008/2009 haben die großen Zentralbanken der Welt zum Beispiel ein »Sicherheitsnetz« unter die Finanzmärkte gespannt: Sie haben den Akteuren auf den Finanzmärkten de facto signalisiert, dass sie bei einem erneuten Konjunkturabschwung rasch wieder in den »Rettungsmodus« zurückschalten, ihre Leitzinsen senken und die elektronische Notenpresse anwerfen werden, um Rezession und Zahlungsausfälle zu verhindern.

---

6 Der »Leverage Effect« lässt sich wie folgt erklären: $R_{EK} = R_I + (R_I - i)*FK/EK$. Dabei ist R_{EK} die Eigenkapitalrendite, R_I ist die Investitionsrendite, i ist der Kreditzins, FK das Fremdkapital und EK das Eigenkapital. Solange $R_I > i$, steigt R_{EK}, wenn die Verschuldung zunimmt (FK stärker steigt als EK). Wenn jedoch $R_I < i$, nimmt R_{EK} ab bei steigendem FK/EK, beziehungsweise es kann dann sogar zu einer negativen R_{EK} kommen.

Das ermuntert die Investorenschaft, Risiken einzugehen, die sie ohne die Zentralbankversicherung nicht eingehen würden. Die Preisforderungen für die Übernahme von Risiken sinken, und die Kredit- und Kapitalkosten fallen – und tragen zusätzlich dazu bei, die Unternehmensinvestitionen und die Konjunkturen anzutreiben und die Preise auf den Vermögensmärkten – den Märkten für beispielsweise Aktien, Grundstücke und Häuser – zu inflationieren. Doch die Gefahr bleibt, dass es irgendwann schiefgeht. Der Ökonom Ludwig von Mises schrieb dazu: »Doch endlos hätte man den Aufschwung der Konjunktur durch Festhalten an der Kreditausweitung nicht verlängern können. Früher oder später muss es zum Zusammenbruch des durch die Kreditausweitung ausgelosten Aufschwungs kommen, und der Anpassungsprozess, den man Niedergang der Konjunktur nennt, wird umso schmerzlicher sein und umso mehr Zeit beanspruchen, je länger die Kreditausweitung fortgesetzt worden war und je grösser der Umfang der durch sie bewirkten Kapitalfehlleitung gewesen ist.«[7]

Wie soll der umsichtige Investor damit umgehen: Wenn er gewiss sein kann, dass etwas falsch läuft im monetären System, dass Kapitalfehllenkungen stattfinden, die den langfristigen Erfolg von nicht wenigen Unternehmen infrage stellen? Wenn er gleichzeitig aber nicht wissen kann, wann die Kapitelfehllenkungen im Zuge einer Krise bereinigt werden? Den Kopf in den Sand zu stecken, sich von den Kapitalmärkten ganz fernzuhalten, ist keinesfalls eine risikolose Strategie: Sie kann zu Verlusten in Form von entgangenen Renditen führen, die sich selbst dann nicht mehr aufholen lassen, wenn es irgendwann zum Bust kommt. Rechnet der Investor damit, dass der kommende Bust das Fiat-Geldsystem zwar kräftig erschüttert, aber es nicht vollständig kollabieren lässt – so wie es in der Krise 2008/2009 der Fall war –, ist er gut beraten, in großartigen Unternehmen investiert zu bleiben und seine Crash-Ängste im Griff zu behalten. In einem solchen Szenario laufen nämlich Crash-Ängste Gefahr, die Kapitalrendite unnötig zu schmälern. Das soll im nun folgenden Kapitel näher erklärt werden.

---

7 Mises, L. v. (1940), *Nationalökonomie. Theorie des Handelns und Wirtschaftens*, Edition Union Genf, S. 524.

28. KAPITEL

Crash-Angst schmälert die Rendite

»I will tell you how to become rich. Close the doors. Be fearful when others are greedy. Be greedy when others are fearful.«

WARREN E. BUFFETT

Wer über einen bevorstehenden »Crash« spricht, kann sich der öffentlichen Aufmerksamkeit sicher sein. Das Wort »Crash« elektrisiert, es klingt bedrohlich und löst bei vielen Aktieninvestoren zumindest ein mulmiges Gefühl aus. Es drängt viele geradezu dazu, nicht untätig zu sein, sondern etwas zu tun: wie zum Beispiel »Gewinne mitzunehmen«, das Portfolio abzusichern oder die Aktienquote zu senken und die Kassenhaltung zu erhöhen. Die Investoren, die einen vergleichsweise kurzen Investitionshorizont haben – weil sie sich beispielsweise zur Aufgabe gemacht haben, jedes Jahr nicht schlechter als ein Aktienmarktindex abzuschneiden –, fühlen sich unweigerlich unter Handlungsdruck. Aber auch die Investoren, die zwar den Preis ihrer Aktien, nicht aber ihren Wert hinreichend genau kennen, werden aufgrund von Crash-Gerüchten nicht selten nervös.

Doch wann spricht man eigentlich von einem Crash? Wenn die Kurse um 10 oder 20 Prozent einbrechen? Oder erst, wenn sie um mehr als 40 Prozent abstürzen? Oder sollte man von einem Crash erst dann sprechen, wenn nicht nur die Börsenkurse kollabieren, sondern auch das gesamte Banken- und Finanzsystem in die Knie geht? Man erkennt: Das Wort Crash ist unbestimmt. Unterschiedliche Personen verstehen darunter in der Regel ganz Unterschiedliches. Und das ist gar nicht verwunderlich.

Abb. 26: Aktienkurse steigen im Trend, unterbrochen von Crashs

Entwicklung des S&P 500, 1. Januar 1997 bis 15. Juni 2017

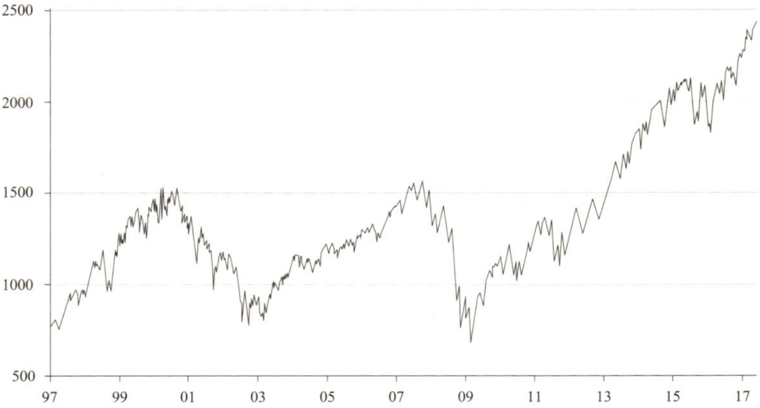

Quelle: Thomson Financial, Tageskurve.

Ganz unterschiedlich war nämlich das, was in der Börsengeschichte üblicherweise als Crash bezeichnet wird. Beispielsweise fiel der Dow Jones Industrial Average von September 1929 bis zum Juni 1932 um 87 Prozent. Es war die »Große Depression«, und es dauerte bis zum November 1954 – also mehr als 25 Jahre –, bis der US-Aktienindex den Crash überwunden und seinen Vor-Krisenstand wieder erreicht hatte. Von September 2000 bis August 2002 fiel der S&P 500 um knapp 42 Prozent: Die »New Economy«-Blase war geplatzt. Aber diesmal war der Crash nach nur etwas mehr als fünf Jahren, im Oktober 2007, überwunden, dann hatten die Kurse wieder ihr Vor-Krisenniveau erreicht. Sogleich setzte jedoch der nächste Kursrutsch ein. In der internationalen Finanz- und Wirtschaftskrise verlor der S&P 500 bis März 2009 55 Prozent. Nach nur etwas mehr als vier Jahren waren die Kursverluste wieder wettgemacht.

So aufregend-gruselig die Beschäftigung mit dem Crash-Thema auch ist: Sie verstellt nur allzu leicht den Blick auf den Langfristerfolg von Aktien. Wer beispielsweise seit 1970 bis heute in den S&P 500 investiert hat, konnte eine jahresdurchschnittliche Rendite von gut 7 Prozent erzielen (ohne Dividenden): Aus 10.000 US-Dollar wurden 263.965 US-Dollar. Berücksichtigt man die Dividenden (und deren Reinvestition in den Aktienmarkt), dürfte die durchschnittliche Jahresrendite sogar bei knapp 11 Prozent pro Jahr gelegen haben. Diese Zahlen deuten bereits etwas Wichtiges an: Die Aktienanlage verspricht Erfolg, wenn sie langfristig betrieben wird. Um das zu unterstreichen, seien zwei weitere wichtige Aspekte herausgestellt.

Erstens: Das Auf und Ab an den Börsen ist so sicher wie das Amen in der Kirche. Allerdings lässt sich der Zeitpunkt der Kursrückschläge nicht verlässlich prognostizieren, jedenfalls nicht mit wissenschaftlichen Mitteln. Nicht selten kommen sie quasi aus heiterem Himmel.

Abb. 27: Die Unvorhersehbarkeit der kurzfristigen Aktienkursbewegungen

Tagesrenditen des S&P 500 in Prozent, 1. Januar 1997 bis 15. Juni 2017

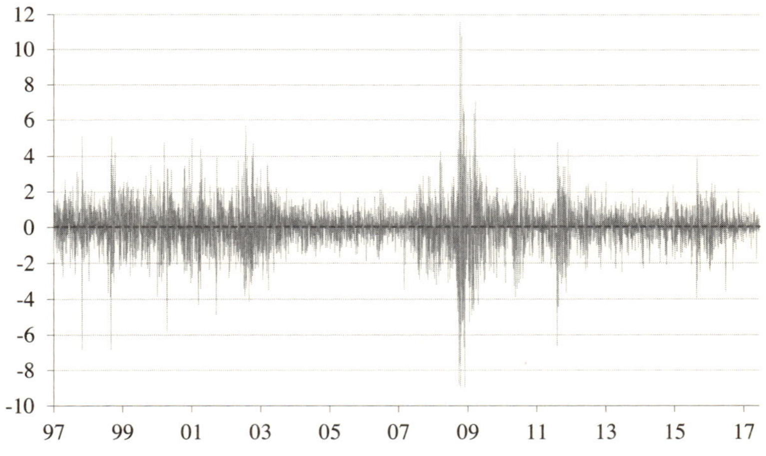

Quelle: Thomson Financial; eigene Berechnungen.

Zweitens: Der Versuch, durch eine »Rein-Raus-Strategie« (oder, was das Gleiche ist: durch ein »Markt-Timing«) gezielt den Crashs auszuweichen, ist nicht nur ein fragwürdiges Unterfangen, es kann auch Ihren Langfristerfolg torpedieren. Dazu ein Beispiel. Vom 1. Januar 1997 bis zum 15. Juni 2017 stieg der amerikanische S&P 500 Aktienmarktindex von 740,74 Punkten auf 2.432,46 Punkte. Das entsprach einer (stetigen, annualisierten) Rendite von knapp 8,5 Prozent pro Jahr – wenn Sie von Anfang bis Ende investiert gewesen wären.

Im genannten Zeitraum gab es 5.337 Handelstage. Die durchschnittliche Tagesrendite lag bei 0,03 Prozent – und zeigt, dass die Aktienkurse langfristig nach oben strebten (Abb. 27). Um diesen Mittelwert gab es allerdings kräftige Schwankungen. Den größten Kursgewinn – er betrug 11,6 Prozent gegenüber dem Vortag – gab es am 13. Oktober 2008. Den größten Tagesverlust von 9 Prozent am 15. Oktober 2008. Wären Sie aufgrund von Crash-Angst zeitweise aus dem S&P 500 ausgestiegen und hätten Sie dadurch die zehn besten Börsentage verpasst, wäre Ihre Rendite auf 3,4 Prozent geschrumpft. Hätten Sie die besten 20 Renditetage verpasst, wäre Ihre Rendite auf 0,5 Prozent abgeschmolzen.

Abb. 28: Anlageerfolg beim Investieren in den S&P 500 in Prozent
Rendite, wenn man die Tage mit den höchsten Kurssteigerungen verpasst hat (*)

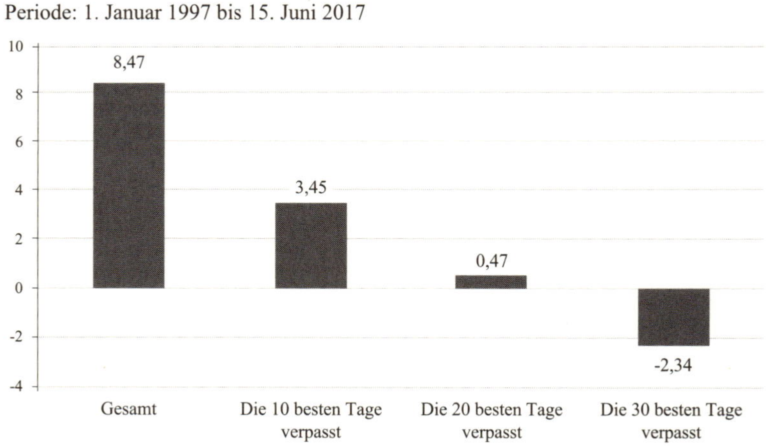

Quelle: Thomson Financial; eigene Berechnungen ermittelt auf Basis von Tageskursen.

(*) Stetige annualisierte Verzinsung.

Und hätten Sie die 30 besten Tage verpasst, hätten Sie eine Rendite von –2,3 Prozent eingefahren. Das heißt: Es gibt wenige Tage, die den Langfristerfolg maßgeblich bestimmen. Die darf man nicht verpassen. Deshalb: langfristig investieren.

Langfristig investiert bleiben, so werden Sie nun vielleicht denken, ist leichter gesagt als getan. Schließlich ereignen sich die hohen Kurssteigerungen häufig in Krisenphasen: Also an den Tagen, in den Wochen und Monaten, in denen man als Investor Ängste durchsteht und lieber auf der Verkäuferseite stehen will.

Wer aber hohe Renditen erzielen will, für den heißt es: kühlen Kopf behalten, nicht dem Fluchtinstinkt nachgeben und mit der Herde laufen, sondern innehalten, gegen den Strom schwimmen. Der Drang zum Panikverkauf, die Angst vor dem Crash, das ist es, was Ihre Rendite im Aktienmarkt senkt – und Sie vielleicht sogar daran hindert, überhaupt in Aktien zu investieren. Die Crash-Angst ist in der Tat vielleicht einer der größten Feinde für den Erfolg des Investierens.

Die Fähigkeit vieler Investoren, in Zeiten, in denen die Kurse stark fallen, stillzuhalten und nicht zu verkaufen, wenn andere verkaufen, ist nicht nur aus psychologischen Gründen begrenzt. Viele große Investoren wie Versicherungen, Pensionsfonds und auch Aktienfonds unterliegen der staatlichen Regulierung. Sie erschwert es ihnen, langfristig orientiert zu agieren. Institutionelle Anleger müssen beispielsweise ihr Risiko nach der Volatilität, die sich aus vergangenen Kursschwankungen errechnet, steuern und begrenzen. Das führt mitunter zu absurden Anlageentscheidungen. Beispielsweise müssen sie verkaufen, wenn die Kurse bereits im Keller sind. Nicht selten wird der Zeitpunkt für den richtigen Wiedereinstieg verpasst, und Rendite geht verloren.

Was sollte der Anleger in der aktuellen Situation tun? Bereits seit März 2009, also seit mehr als neun Jahren – ist eine fulminante Hausse im Gange, die den S&P 500 seitdem von 677 auf mittlerweile (Stand Mitte April 2018) knapp 2.700 Punkte heraufgetrieben hat. Die Einschätzung, die Wahrscheinlichkeit für eine Kurskorrektur habe sich mittlerweile deutlich erhöht, ist nicht leicht von der Hand zu weisen. Wie also geht man als Anleger mit aufkeimenden Crash-Sorgen um? Auf drei grundsätzliche Handlungsprinzipien lässt sich hier verweisen.

Erstens: Spekulieren Sie nicht auf das Eintreffen eines Crash. Kaum jemand ist in der Lage, Ihnen systematisch-treffsicher das Auf und Ab der Märkte vorherzusagen (mir zumindest ist niemand bekannt, der das könnte). Befreien Sie sich von dieser gedanklichen Zwangsjacke.

Zweitens: Stellen Sie sicher, dass Sie in »großartige Unternehmen« investiert haben. Großartige Unternehmen sind solche, die auch in wirtschaftlich und finanziell schwierigen Phasen in der Lage sind, erfolgreich zu wirtschaften – die relativ unbeschadet durch Boom-und-Bust-Zyklen hindurchkommen. Großartige Unternehmen zeichnen sich vor allem dadurch aus, dass sie etwas können, was andere Unternehmen nicht können. Sie sehen sich einer preisunelastischen Nachfrage für ihre Produkte gegenüber. Dadurch sind sie in der Lage, dauerhaft eine hohe Verzinsung auf das eingesetzte Kapital zu erzielen und den Gewinn pro Aktie im Zeitablauf zu erhöhen.

Drittens: Achten Sie penibel darauf, dass die Aktien, die Sie kaufen wollen, nicht zu hoch bewertet sind – relativ zu dem Preis, zu dem die Papiere an der Börse zu haben sind. Ein Unternehmen kann noch so gut sein: Wenn es zu teuer gekauft wird, ist es keine gute Investition. Es geht also darum abzuschätzen, was der Wert der Aktie ist, die man zu kaufen beabsichtigt. Der Wert der Aktie ist die Summe der abgezinsten künftigen Gewinne, die ein Unternehmen erzielt. Wer den Wert seiner Investments kennt, kann besser schlafen.

Wenn Sie nicht in der Lage sind, den Wert von Aktien mit hinreichender Genauigkeit zu bestimmen, sollten Sie entweder nicht investieren oder aber die Zusammenarbeit mit den Investoren suchen, die dazu in der Lage sind: Value-Investoren. Sie konzentrieren sich darauf, großartige Unternehmen zu identifizieren, und sie investieren nur dann, wenn sie hinreichende Gewissheit haben, dass der Wert des Unternehmens höher ist als der Börsenkurs.

Das ist gerade für diejenigen Anleger mit Crash-Sorgen von Interesse. Zum einen mindert das Vorgehen der Value-Investoren das Investitionsrisiko: Wenn zwischen dem Wert und dem Preis der Aktie ein hinreichender Abstand liegt, kommt der Investor in den Genuss einer Sicherheitsmarge, die das Risiko von Kapitalverlusten senkt. Zum anderen trägt eine hohe Sicherheitsmarge dazu bei, die Investitionsrendite zu erhöhen. Auf diese Weise können Sie Ihre Crash-Sorgen – die ein Feind für Ihre Performance sind – in den Griff bekommen.

29. KAPITEL

Ohne selbst zu denken, geht es nicht

»Alles Gescheite ist schon gedacht worden, man muß nur versuchen, es noch einmal zu denken.«

JOHANN WOLFGANG VON GOETHE

Der Philosoph Immanuel Kant (1724–1804) ermahnte seine Studenten, dass sie, wenn sie die Philosophie erlernen wollten, schon selber denken müssten; dass nichts und niemand ihnen diese Aufgabe abnehmen könnte. Kants Hinweis ist nicht nur für angehende Philosophen richtungsweisend, sondern auch für alle, die investieren. Auch beim Investieren muss man sich – will man erfolgreich sein – selbst denkend mit der Materie beschäftigen. Unkritisch dem Alltagsverstand folgen, oder dem zu folgen, was alle sagen, ist ein subtiler Weg, dem Selbstdenken auszuweichen.

Ein Beispiel. Das Kurs-Gewinn-Verhältnis (KGV) wird häufig als Entscheidungskriterium angeführt. Das KGV wird ermittelt, indem man den Börsenkurs der Aktie durch den Gewinn pro Aktie des Unternehmens dividiert. Liegt das KGV einer Aktie beispielsweise bei 20, so bedeutet das, dass man 20 Jahre warten muss, bis der (gegenwärtige) Gewinn den Kaufpreis wieder eingespielt hat. Bei einem hohen (geringen) KGV wird die Aktie als teuer (günstig) angesehen. Und teure Aktien verkauft man, günstige kauft man. Doch was ist von dieser Entscheidungsregel zu halten?

Schon die Ermittlung des KGV ist mit einigen Schwierigkeiten verbunden. Welcher Gewinn pro Aktie soll verwendet werden? Wenn der Gewinn zum Beispiel durch Einmaleffekte erhöht ist, fällt das KGV niedrig aus, die Aktie wird als zu billig ausgewiesen. Oder: In inflationären Phasen werden Unternehmensgewinne zu hoch ausgewiesen – denn die Abschreibungen (die sich an den Anschaffungskosten errechnen) decken nicht die gestiegenen Wiederbeschaffungskosten. Der Unternehmensgewinn wird künstlich aufgebläht. Auch hier scheint der KGV zu niedrig, der Aktienkurs zu gering zu sein. Allein auf Basis des KGV zu investieren, kann also leicht zu einer falschen Investitionsentscheidung führen.

Häufig wird auch das KGV eines Unternehmens mit dem KGV des Gesamtmarktes verglichen. Liegt das KGV des Unternehmens über (unter) dem Markt-KGV, lautet das Urteil nicht selten, das Unternehmen sei zu teuer (günstig), und ein Verkauf (Kauf) sei angeraten. Nehmen wir an, ein Unternehmen hat ein KGV von 30, während das Markt-KGV bei 15 liegt. Begründet wird das hohe KGV des Unternehmens mit erhöhten Zukunftsgewinnen (zum Beispiel aufgrund von anstehenden Produktinnovationen). Ist es aber deswegen schon zu teuer?

Wer mit Ja antwortet, der unterstellt, dass das KGV des Unternehmens auf das Markt-KGV zurückfällt, sobald sich die Erwartung der erhöhten Gewinne bewahrheitet. Nun gibt es aber Unternehmen, die dauerhaft ein höheres KGV als der Markt aufweisen, weil sie in der Lage sind, für lange Zeit eine Eigenkapitalverzinsung zu erzielen, die höher ist als die anderer Unternehmen. Solch ein Unternehmen kann daher trotz eines im Vergleich zum Markt-KGV hoch erscheinenden KGVs immer noch billig sein und für eine Investition in Betracht kommen.

Das KGV wird aber nicht nur herangezogen, um zu beurteilen, ob einzelne Aktien zu teuer oder zu billig sind, sondern Anleger verwenden das KGV häufig auch, um abzuschätzen, ob der gesamte Aktienmarkt angemessen bewertet ist oder nicht. Liegt dabei das aktuelle Markt-KGV über (unter) seinem historischen Durchschnitt, werden die Kurse als teuer (billig) eingestuft – und die Empfehlung lautet Verkauf/Nichtkauf (Kauf). Ein solches Vorgehen setzt zwar an einem gut begründeten Gedanken an, denn gesamtwirtschaftlich betrachtet können sich Aktienkurse und Unternehmensgewinne nicht beliebig weit und dauerhaft auseinanderentwickeln.

Die entscheidende Frage lautet: Wo liegt das »richtige« Markt-KGV? Bei 10, 15 oder bei 20 oder 30? Und vor allem: Ist das KGV im Zeitablauf eine Konstante? Wie schwierig die Beantwortung dieser Fragen ist, wird deutlich, wenn man sich vor Augen führt, dass das KGV nicht unabhängig vom Zins ist. Befindet sich beispielsweise der Zins auf einem niedrigen Niveau – weil die Zentralbanken mit ihrer Geldpolitik den Zins herunterdrücken –, wird auch das KGV höher ausfallen (im Vergleich mit einer Situation, in der die Zinsen nicht künstlich gedrückt sind). Diesen Zusammenhang illustriert Abbildung 29.

Abb. 29: Fallende Zinsen, steigendes Aktienmarkt-KGV

KGV des US-Aktienmarktes und 10-Jahresrendite der US-Staatsanleihen in Prozent

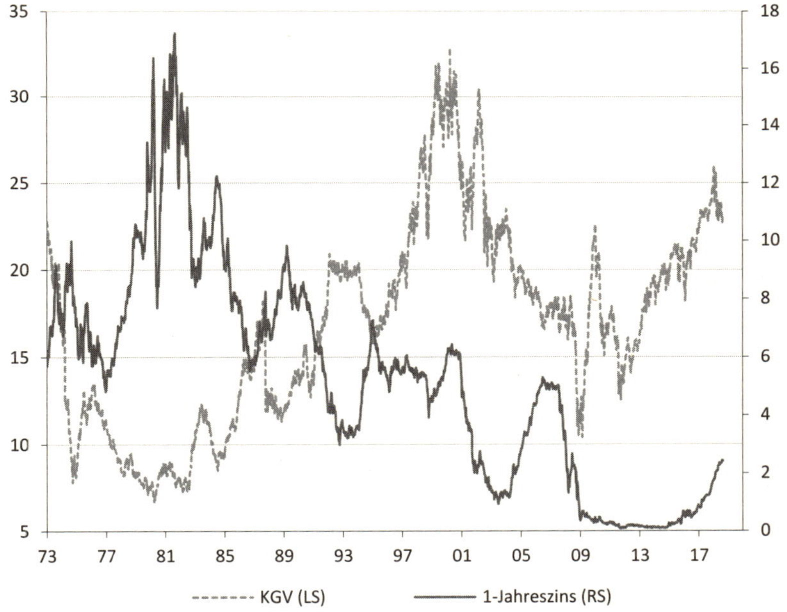

Quelle: Thomson Financial.

Sie zeigt für die Zeit von Februar 1973 bis September 2017 das KGV für den US-Aktienmarkt sowie den 1-Jahreszins in Prozent. Schaut man genau hin, sind zwei Dinge zu erkennen. Zum einen besteht zwischen den beiden Zeitserien ein *negativer* Zusammenhang: Steigende Zinsen gingen einher mit einem fallenden KGV, und umgekehrt. Zum anderen weisen beide Zeitreihen einen Trend auf: Das KGV ist trendmäßig gestiegen, der Zins ist trendmäßig gefallen. Wer folglich darauf gesetzt hat, das Auf und Ab von KGV und Zins werde sich stets auf einen konstanten Mittelwert zurückbilden, wurde enttäuscht.

Anmerkungen zum Kurs-Gewinn-Verhältnis

Das Kurs-Gewinn-Verhältnis (*KGV*) errechnet sich, indem man den Kurs der Aktie (*K*) durch den Gewinn pro Aktie (*G*) teilt:

$$KGV = K / G.$$

Ein KGV von, sagen wir, 10 bedeutet, dass der Investor 10 Jahre warten muss, bis seine Investition amortisiert ist (wobei unveränderte Gewinne im Zeitablauf angenommen werden).

Der Kehrwert des *KGV* ist die Gewinnrendite (*r*):

$$G / K = r.$$

Die Gewinnrendite lässt sich verstehen als neutraler Zins zuzüglich einer Risiko- und Liquiditätsprämie. Steigt *r*, weil der (Real-)Zins steigt, so spräche das für ein niedrigeres *KGV* – weil *K* dann fällt, oder weil *K* stärker als *G* fällt. Im umgekehrten Fall, in dem *r* fällt, sollte das *KGV* steigen. In einer Volkswirtschaft, in der der Marktzins im Zeitablauf fällt, ist es daher ökonomisch nachvollziehbar, wenn das *KGV* des Aktienmarktes im Zeitablauf ansteigt.

Was wäre, wenn sich die künftige Gewinnrendite zurückbildet, weil die Marktzinsen – ausgehend vom aktuellen US-amerikanischen Niveau – ihren Abwärtstrend beibehalten und sich so etwas wie »japanische Verhältnisse« im Zinsmarkt zementieren – wenn sich der Jahrzehnte währende Zinsabwärtstrend fortsetzten sollte? (Mehr dazu im folgenden Kapitel.) Pendelt sich der Langfristzins dauerhaft auf, sagen wir, 2 bis 3 Prozent ein, spräche das für ein Ansteigen des KGV über seinen historischen Durchschnitt hinaus (für die Zeit von März 1973 bis April 2018 lag der Durchschnittswert des KGV im US-Aktienmarkt bei knapp 17); die neue Bewertungsnorm könnte vielleicht ein KGV von 22 sein, oder sie könnte sogar noch höher ausfallen.

Abb. 30: KGV des US-Aktienmarktes steigt, wenn US-Langfristzins fällt

KGV des US-Aktienmarktes in Abhängigkeit des Zinses in Prozent(1)

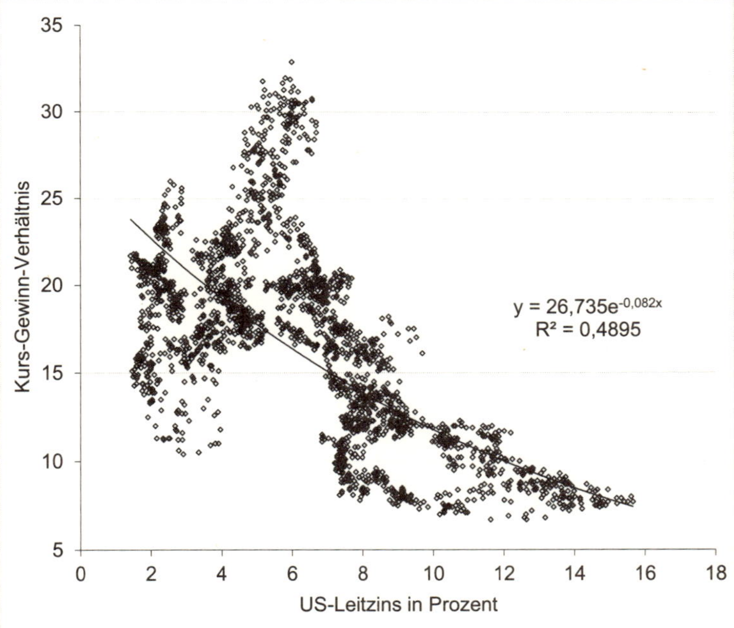

Quelle: Thomson Financial; eigene Berechnungen. Periode: Februar 1973 bis April 2018.

(1) Rendite für US-Staatsanleihen mit 10-jähriger Laufzeit.

Man sollte daraus jedoch keine vorschnelle Handlungsempfehlung ableiten, sich nicht ermuntert sehen, angesichts eines möglicherweise steigenden Bewertungsniveaus blindlings in die Aktienmärkte zu investieren. Allein auf steigende Bewertungen zu setzen, ist riskant. Sinnvoller erscheint ein anderes Vorgehen: Besser gezielt in Unternehmen zu investieren, die die Möglichkeit haben, für lange Zeit eine hohe Rendite auf das Eigenkapital zu erzielen und den Gewinn pro Aktie kräftig zu steigern. Solche Unternehmen sorgen gewissermaßen ganz natürlich, quasi aus sich heraus für hohe Investitionsrenditen – und sie profitieren natürlich auch von höheren Marktbewertungen, sollten sie sich denn einstellen.

Diese Überlegungen dürften deutlich gemacht haben, dass zwar das KGV eine für Investitionsentscheidungen grundsätzlich sinnvolle Sichtweise zum Ausdruck bringt: Der Kaufpreis der Aktien muss in einem ökonomisch angemessenen Verhältnis zum erwarteten Ertrag (in Form des Gewinns pro Aktie) stehen. Jedoch – und das sollte ebenfalls ersichtlich geworden sein – ist die praktische Verwendung des KGV alles andere als unproblematisch. Unkritisch angewandt, besteht die Gefahr, dass man mit Blick auf das KGV zu falschen Investitionsentscheidungen verleitet wird, die vor allem dem langfristig orientierten Anleger (Opportunitäts-)Verluste bescheren.

Glücklicherweise gibt es ein durchdachteres Verfahren: das »Dividenden-Diskontierungs-Modell«, das bereits 1937 von dem US-amerikanischen Ökonomen John Burr Williams (1900–1986) vorgelegt wurde. Danach bestimmt sich der (fundamentale) Wert einer Aktie als die Summe aller abdiskontierten Dividenden (beziehungsweise Gewinne), die ein Unternehmen künftig erzielt. Will man Williams' Modell in der Praxis anwenden, muss man die künftigen Gewinne schätzen und einen geeigneten Diskontierungszins festlegen. Das ist zwar mit einigem Aufwand verbunden, hat jedoch auch eine positive, eine disziplinierende Wirkung.

Jeder, der sich mit dem Dividenden-Diskontierungs-Modell befasst, wird beispielsweise rasch merken, dass man sich intensiv mit einem Unternehmen beschäftigen muss, um halbwegs verlässliche Schätzungen der künftigen Gewinne abgeben zu können. Bei manchen Unternehmen ist das relativ einfach, bei anderen hingegen schwierig, bei wieder anderen vielleicht sogar unmöglich. Sie werden also selbst rasch bemerken, bei welchen Unternehmen beziehungsweise in welchen Branchen Sie sich auskennen (und Grund haben zu investieren) und in welchen nicht (und Grund haben sich fernzuhalten).

Zudem leitet Sie das Dividenden-Diskontierungs-Modell an, sich eingehend Gedanken zu machen über den Zins, mit dem Sie die geschätzten Zukunftsgewinne abdiskontieren. Aktuell muss der Investor die Frage beantworten: Soll ich mit einem niedrigen Zins von, sagen wir, 0,5 Prozentpunkten abzinsen? Oder soll ich einen langfristigen Durchschnittszins von, sagen wir, 5 Prozent verwenden? Je höher der gewählte Diskontierungszins, desto niedriger wird auch der faire Wert der Aktie ausfallen – und entsprechend werden bei einem niedrigen Zins Aktien interessant, die bei einem höheren Zins unattraktiv sind.

Wenn nun aber das KGV keine Messlatte ist, mit der sich einfach und problemlos lohnende Investitionen bestimmen lassen, und wenn die Anwendung des Dividenden-Diskontierungs-Modells erheblichen Aufwand und Expertise erfordert – wie soll der Investor vorgehen? Wenn Sie in herausragende Unternehmen investieren und dabei einen langen Atem haben (also einen Investitionshorizont von fünf oder mehr Jahren), sind Sie in einer glücklichen Position: Je länger Ihr Investitionshorizont ist, desto weniger bedeutsam ist der Preis, zu dem Sie Ihre Aktie kaufen, für Ihre Investitionsrendite.

Die Investorenlegende Charlie Munger (*1924) drückt es so aus: »It's better to buy a wonderful company at a fair price than a fair company at a wonderful price« – es ist besser, eine wunderbare Firma zu einem halbwegs guten Preis zu kaufen als eine halbwegs gute Firma zu einem wunderbaren Preis. Diese wichtige Einsicht soll das nachstehende Beispiel illustrieren. Nehmen wir an, das Unternehmen erzielt heute einen Gewinn von 10 Euro und die Eigenkapitalverzinsung in den kommenden Jahren beträgt 15 Prozent pro Jahr.

Kauft man die Aktie für 10 Euro, beläuft sich die durchschnittliche Rendite pro Jahr auf 15 Prozent. Bezahlt man nur 5 Euro (weil man im »Crash« kauft), beträgt die Rendite nach fünf Jahren 32,1 Prozent, nach zehn Jahren 23,3 Prozent und nach 30 Jahren 17,7 Prozent. Kauft man das Unternehmen hingegen teuer, also beispielsweise für 20 Euro, liegt die durchschnittliche Rendite nach fünf Jahren bei 0,1 Prozent, nach zehn Jahren bei 7,3 Prozent und nach 30 Jahren bei 12,4 Prozent (Abb. 31). Man erkennt: *Je länger der Investitionshorizont ist, desto stärker nähert sich die Investitionsrendite der Eigenkapitalverzinsung des Unternehmens an; und desto geringer ist die Bedeutung des Kaufpreises der Aktie für die Investitionsrendite.*

Abb. 31: Je länger der Investitionshorizont, desto weniger bedeutsam der Kaufpreis

Investitionsrendite[1] in Abhängigkeit vom Kaufpreis der Aktie in Prozent

		Nach x Jahren:				
		x = 5	x = 10	x = 15	x = 20	x = 30
Kaufpreis:	10,00	15	15	15	15	15
	7,50	21,81	18,36	17,23	16,67	16,11
	5,00	32,10	23,25	20,44	19,06	17,69
	2,50	51,74	32,10	26,13	23,25	20,44
	12,50	9,98	12,46	13,30	13,72	14,15
	15,00	6,04	10,43	11,93	12,69	13,46
	20,00	0,11	7,30	9,81	11,08	12,37
	25,00	-4,26	4,93	8,19	9,85	11,54

Quelle: Eigene Berechnungen.

(1) Stetige, annualisierte Rendite in Prozent. – Annahmen: (a) Gewinn heute: 10 Euro, (b) Gewinne steigen um 15 Prozent pro Jahr.

Wie aber lassen sich großartige Unternehmen, die dauerhaft eine hohe Eigenkapitalrendite erzielen können, aufspüren? Das ist kein Hexenwerk. Investor-Legende Philipp A. Fisher (1907–2004) hat die grundlegenden Kriterien, mit denen sich großartige Unternehmen identifizieren lassen, bereits in seinem Klassiker der Investmentliteratur *Common Stocks and Uncommon Profits* im Jahr 1958 ausführlich dargelegt (siehe hierzu Kapitel 3, »Unternehmen schaffen Wert«). Er gibt Ihnen als Investor eine zeitlose Anforderungsliste an die Hand, die ein Unternehmen erfüllen muss, damit es als großartiges Unternehmen eingestuft werden kann.

Damit schließt sich der Kreis. Ob Sie Ihr Geld in Eigenregie investieren oder es einem Vermögensverwalter anvertrauen: Sie kommen nicht umhin, sich mit grundlegenden Fragen des Investierens auseinanderzusetzen. Selbst wenn Sie Ihre Investments auf einen Vermögensverwalter auslagern, treffen Sie (bewusst oder unbewusst) eine Entscheidung, auf welche Investitionsprinzipien Sie sich einlassen. Es führt also kein Weg daran vorbei, sich eingehend damit zu beschäftigen, wie man am besten erfolgreich investiert – wie man intelligent investiert.

Der Schlussgedanke soll hier vom bereits eingangs zitierten Immanuel Kant kommen. Der Philosoph schrieb in *Prolegomena* (1783): »Es ist niemals zu spät, vernünftig und weise zu werden; es ist aber jederzeit schwerer, wenn die Einsicht spät kommt, sie in Gang zu bringen.« Am besten ist es folglich, man fängt als Investor sogleich und ohne Umschweife damit an, den besseren Einsichten zu folgen und sie in die Tat umzusetzen. Denn Umdenken und Umlenken brauchen Zeit. Und gerade der Zeitfaktor ist beim Investieren eine ganz kritische Größe – eine, die Fehler nicht verzeiht.

30. KAPITEL

Über den Abwärtstrend des Zinses

»This pure rate of interest, then, is determined solely by the time preferences of the individuals in the society, and by no other factor.«
MURRAY N. ROTHBARD

Blickt man auf die Langfristzinsen, so zeigte sich seit etwa Anfang der 1980er-Jahre in den großen Volkswirtschaften der Welt ein einheitlicher Trend: Die Zinsen sind gefallen. Dafür gibt es ökonomisch gesehen eine Reihe von Erklärungen. Sie lassen sich in »natürliche« und »unnatürliche« Faktoren unterscheiden. Beginnen wir mit den natürlichen Faktoren. Dazu lässt sich der *nominale* Marktzins – im einfachsten Fall – gedanklich aufspalten in den Realzins (der auch als *reiner Zins, natürlicher Zins,* oder *Urzins* bezeichnet wird), eine Inflationsprämie und eine Liquiditätsprämie. Über jede dieser Zinskomponenten lässt sich etwas Konkretes sagen.

Der natürliche Zins, oder Urzins, ist uns bereits in Kapitel 14 »Über die Natur des Zinses« begegnet. Dort wurde erläutert, dass er einen Wertabschlag bezeichnet, den ein erst künftig verfügbares Gut gegenüber seiner gegenwärtigen Verfügbarkeit erleidet. Der natürliche Zins ist dabei *keine Konstante.* Werden Volkswirtschaften wohlhabender, steigen die Einkommen, dann werden die Menschen üblicherweise zukunftsorientierter: Sie leben nicht mehr von der Hand in den Mund, sondern verzichten auf Gegenwartskonsum, investieren das Ersparte produktiv und kommen dadurch in den Genuss eines künftig höheren Einkommens. Die Befriedigung der Gegenwartsbedürfnisse wird weniger dringlich im Vergleich zur Befriedigung künftiger Bedürfnisse – und der Realzins nimmt tendenziell ab. Mit anderen Worten: *Der Zins fällt als Folge einer abnehmenden Zeitpräferenz der Menschen.*

Abb. 32: Weltweit sind die Zinsen in den letzten Dekaden gesunken
Rendite langlaufender Staatsanleihen in Prozent

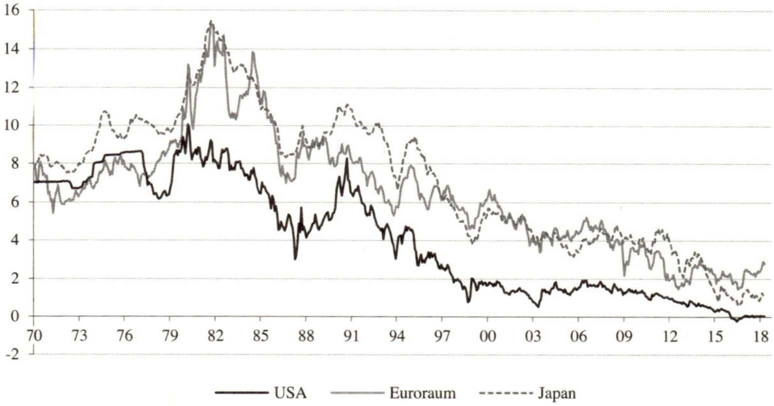

Quelle: Thomson Financial.

Nach den schlimmen Erfahrungen mit hoher Inflation zu Beginn der 1970er- und 1980er-Jahre haben die Zentralbanken in vielen Ländern den Auftrag erhalten, die Inflation der Konsumentenpreise zu verringern beziehungsweise auf einem relativ niedrigen Niveau zu halten. Das ist auch gelungen (was nicht verwunderlich ist, schließlich ist Inflation immer und überall ein monetäres Phänomen, und es sind die Zentralbanken, die für die Produktion der Geldmenge die Verantwortung tragen). Das Absinken der Inflation der Konsumgüterpreise hat dazu beigetragen, die Inflationserwartungen der Marktakteure und damit die Marktzinsen zu verringern.[8]

Hinzu kommt, dass in den letzten Jahrzehnten die Anleihemärkte zusehends größer geworden sind, das heißt, auch große Anleihe-

[8] Interessanterweise scheinen sich die Inflationserwartungen in den Zinsmärkten an der Entwicklung der Konsumentenpreise zu orientieren. Die Inflation der Vermögenspreise, die in den letzten Jahrzehnten in vielen Ländern deutlich höher ausgefallen ist als die Inflation der Konsumgüterpreise, bleibt hingegen unberücksichtigt. Unter diesen Umständen kann der Anleger kaum erwarten, dass er mit Anlagen im Zinsmarkt eine Rendite erzielt, die ihn für den tatsächlichen Geldwertschwund kompensiert.

volumina können in der Regel ge- und verkauft werden, ohne dass sie größere Kursbewegungen auslösen. Mit anderen Worten: Die Märkte für Anleihen sind zusehends liquider geworden. Zudem hat die Zahl der Produkte zugenommen, mit denen sich der Anleiheinvestor gegen unerwünschte Entwicklungen (Inflation, Kreditausfälle etc.) absichern kann. Auch das dürfte die Liquiditätsprämie gesenkt und zu einem Absinken des Marktzinses beigetragen haben.

Abb. 33: US-Zentralbank hat die Langfristzinsen im Griff
US-Kurz- und Langfristzins in Prozent

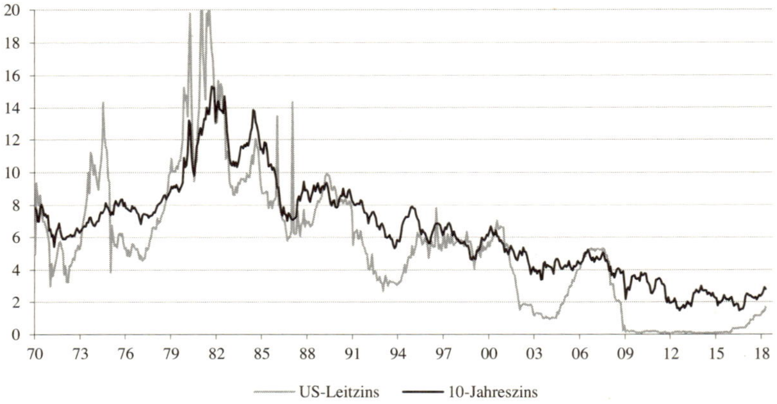

Quelle: Thomson Financial.

Neben den genannten »natürlichen Faktoren«, die den Marktzins abgesenkt haben, war in den letzten Jahrzehnten allerdings auch ein »unnatürlicher Faktor« am Werk: die Zentralbankpolitiken. Bekanntlich üben die Geldbehörden einen maßgeblichen Einfluss auf den Marktzins aus: Sie haben die *Zinsführerschaft* inne. Indem sie den Kurzfristzins setzen, zu dem Banken sich bei der Zentralbank verschulden können, nehmen sie einen maßgeblichen Einfluss auf alle anderen Zinsen in der Volkswirtschaft.[9] Dass der Kurzfristzins die Marschrichtung für den Langfristzins vorgibt, illustriert Abbildung 33 für die Verhältnisse in den Vereinigten Staaten von Amerika.

9 Dahinter verbirgt sich die *Zinsarbitrage*.

Seit der Krise 2008/2009 beeinflussen die Zentralbanken die Langfristzinsen *direkt*, indem sie Schuldpapiere auf den Märkten kaufen. Dadurch senken sie die Renditen der Schuldpapiere ab (die Renditen fallen niedriger aus, als sie ohne Zentralbankkäufe ausfallen würden). Vor allem aber senken die Zentralbanken die Marktzinsen ab, indem sie (in enger Kooperation mit den Geschäftsbanken) neues Geld per Kreditvergabe in Umlauf bringen – durch Kredite, denen keine echte Ersparnis gegenübersteht. Auch auf diese Weise wird der Marktzins unter sein natürliches Niveau gedrückt.

Im Fiat-Geldsystem, wie es heute in allen Volkswirtschaften vorzufinden ist, werden die (realen) Marktzinsen *chronisch unter* den natürlichen Zins gedrückt. Dadurch wird ein künstlicher Konjunkturschub (»Boom«) in Gang gesetzt. Damit er anhält, nicht in einen Bust umschlägt, muss der Marktzins immer weiter abgesenkt werden. Deshalb wird er nicht, nachdem er in einem Konjunkturabschwung von der Zentralbank gesenkt wurde, auf sein Vor-Krisenniveau zurückgeführt. Das erklärt ebenfalls den Zinsabwärtstrend. Es stellt sich die Frage: Wie tief kann der Zins fallen?

Wie die Erfahrung zeigt, sind die Zentralbanken in der Lage, durch Käufe von Wertpapieren nicht nur die nominalen, sondern auch die realen Marktzinsen für Anleihen auf oder unter die Nulllinie zu drücken: Sie fragen Wertpapiere nach, treiben deren Kurse in die Höhe und die Rendite in die Tiefe. Sparer und Investoren werden allerdings versuchen, dem Null- oder Negativzins auf den Staatsanleihemärkten zu entkommen, werden zum Beispiel Unternehmensanleihen, Aktien und Immobilien nachfragen. Die steigende Nachfrage nach diesen Gütern treibt deren Preise in die Höhe.

Bei einem Marktzins von null könnten dann beispielsweise die Kurse der Aktien theoretisch sogar so weit in die Höhe steigen, bis sie ebenfalls keine positive Rendite erwarten lassen. Mit anderen Worten: Eine Nullzinspolitik der Zentralbank, wird sie dauerhaft fortgeführt, würde alle übrigen Renditen in Richtung der Nulllinie befördern. Und ist der Marktzins negativ, könnten die Kurse Höhen erreichen, bei denen sie fortan ebenfalls nur noch eine negative Rendite abwerfen. Die Aussicht Null- oder gar Negativverzinsung markiert einen kritischen Punkt: Ohne die Möglichkeit, einen positiven Zins verdienen zu können, findet die arbeitsteilige Wirtschaft ihr Ende (siehe hierzu die nachstehende Info-Box).

Welt ohne Zins – eine Dystopie

Der Zins – genauer: der *natürliche Zins* oder *Urzins* – lässt sich aus dem menschlichen Leben im wahrsten Sinne des Wortes nicht wegdenken; er ist vielmehr denknotwendig. Der Urzins ist gewissermaßen in jedem von uns. Menschliches Handeln, so sagt uns die Logik, findet immer unter der Bedingung eines positiven Urzinses statt. Und das bedeutet in der Praxis, dass ein Gut höher wertgeschätzt wird, wenn es heute verfügbar ist, im Vergleich zur Situation, in der das gleiche Gut erst zu einem späteren Zeitpunkt vorrätig ist. Nimmt man einmal an, dem Staat und seiner Zentralbank gelänge es, den realen *Markt*zins ein für alle Mal auf null zu senken. In dieser Welt, in der es keinen realen *Markt*zins mehr zu verdienen gibt, stellt sich *Kapitalverzehr* ein – weil der Urzins, der das Handeln der Akteure bestimmt, nicht auf null geschweige denn darunter fallen kann. Bei einem realen Marktzins von null würden das kapitalistische Sparen und Investieren aufhören. Buchstäblich alles, was noch in den Regalen liegt, wird aufgezehrt und nicht mehr neu produziert. Es gäbe keine Ersatz- und Neuinvestitionen mehr. Die arbeitsteilige Marktwirtschaft würde ihr Ende finden. Die Volkswirtschaft fällt in eine primitive Subsistenzwirtschaft zurück. Eine Welt ohne einen positiven realen Marktzins wäre eine *Dystopie*.

Die bisherigen Ausführungen sollten zwei Dinge deutlich gemacht haben. Erstens: Es gibt natürliche wirtschaftlich-gesellschaftliche Faktoren, die bewirken, dass der Realzins und mit ihm der Marktzins im Zeitlauf absinken. Zweitens: Diese natürlichen Faktoren werden begleitet – und *zuweilen auch überlagert* – von einem unnatürlichen Faktor – der Zentralbankpolitik, die den Marktzins unter sein natürliches Niveau drückt. Das verursacht zum einen Fehlinvestitionen sowie auch die gefürchteten Boom-und-Bust-Zyklen. Zudem nimmt im Fiat-Geldsystem die Verschuldung im Zeitablauf zu – und dadurch wächst der politische Druck, den Marktzins auf immer niedrigere Niveaus zu schleusen und ihn dort auch zu halten, damit die Schuldenpyramide nicht einstürzt.

Die Zinsentwicklung ist ohne Frage für den Investor von großer Bedeutung. Doch eine *wissenschaftlich begründete* Antwort lässt sich auf die Frage, wo der künftige Marktzins denn liegen wird, *nicht* geben. Hier ist vielmehr die *Kunst der vernünftigen Entscheidung* gefragt. Der Investor, der erwartet, dass der Marktzins beziehungsweise seine künftigen Anlagemöglichkeiten bei, sagen wir, 10 Prozent liegen, ist gut beraten, mit dieser Rate die Gewinne der Unternehmen abzudiskontieren und ihren Barwert zu ermitteln. Wer meint, seine Renditealternativen werden künftig niedriger sein, sagen wir bei 5 Prozent, sollte seinen Abzinsungsfaktor entsprechend reduzieren.

Wo liegen bei diesem Vorgehen die Risiken? Wenn der künftige Marktzins *über* dem verwendeten Diskontierungszins liegt, wird der Wert des Unternehmens *überschätzt*; wenn er *unter* ihm liegt *unterschätzt*. Ein Beispiel soll das verdeutlichen (siehe Abb. 34). Nehmen wir an, der Barwert einer Aktie beträgt bei einem Diskontierungszins von 10 Prozent 85,14 Euro. Wenn die Aktie zu diesem Preis gekauft wird, und der Marktzins tatsächlich 10 Prozent beträgt, wird die jahresdurchschnittliche Rendite der Investition 10 Prozent betragen. Wenn sich jedoch nach der Kaufentscheidung herausstellt, dass der Marktzins nur 5 Prozent beträgt, war der Kauf zu 85,14 Euro ein Schnäppchen – denn der Investor hat weniger bezahlt, als die Investition wert ist (nämlich in diesem Fall 124,62 Euro). Die Investitionsrendite beträgt 7,02 Prozent pro Jahr: Sie liegt *über* dem Marktzins von 5 Prozent, weil der günstige Kaufpreis dafür sorgt, die Investitionsrendite über den Marktzins zu heben. Sollte allerdings der Marktzins 15 Prozent sein, beträgt die Investitionsrendite nur 13,24 Prozent – liegt also *unter* dem Marktzins: Die Aktie wurde zu teuer gekauft, und das schmälert die Investitionsrendite.

Abb. 34: Die Investitionsrendite(1) hängt vom Marktzins ab

Diskontierungszins, Barwert und Investitionsrendite in Abhängigkeit vom Marktzins

Diskontierungszins	**Barwert (ist hier gleich Kaufpreis, €)**	**Investitionsrendite bei einem Marktzins von:**		
		10%	5%	15%
10%	85,14	10%	7,02%	13,24%
5%	124,62	7,02%	5%	8,68%
15%	62,59	13,24%	11,11%	15%

Annahme: In den kommenden 20 Jahren beträgt der Gewinn 10 Euro pro Jahr.

Quelle: Eigene Berechnungen.

(1) Es handelt sich um die annualisierte stetige Verzinsung.

Zwar spielt es eine wichtige Rolle für den Erfolg, die künftige Marktzinsentwicklung zum Zeitpunkt der Investitionsentscheidung richtig einzuschätzen, doch eine richtige Zinsprognose zu erstellen, ist keine einfache Aufgabe. Dem damit verbundenen Unsicherheitsproblem kann der Investor begegnen, indem er einen möglichst *langen Investitionshorizont* wählt: Denn je *länger* der Investitionshorizont ist, desto *geringer* ist der Effekt auf die Investitionsrendite, den eine Fehleinschätzung der künftigen Marktzinsentwicklung hat; und desto bedeutsamer wird die Fähigkeit des Unternehmens, eine dauerhaft hohe Eigenkapitalrendite erzielen zu können. Das wiederum bringt uns zurück zur Überlegung, die in den vorangegangenen Kapiteln dieses Buches immer wieder zur Sprache gekommen ist: Das langfristige Investieren in *großartige Unternehmen* – Unternehmen, die für lange Zeit hohe Rendite auf das eingesetzte Kapital erzielen können – ist ein kluges Vorgehen, um mit den Unsicherheiten des Investierens fertig zu werden.

31. KAPITEL

Und was ist, wenn das Geld doch kaputtgeht?

»Eine Währungsreform ohne einen wirtschaftlichen Kurswechsel wäre zu einem völligen Scheitern der Reform verurteilt [...].«

LUDWIG ERHARD

Geld ist unverzichtbar für eine moderne, arbeitsteilige Volkswirtschaft. Denn nur mit Geld lässt sich eine *Wirtschaftsrechnung* durchführen. Nur wenn es in Geld ausgedrückte Preise für die Güter gibt, kann man kalkulieren. Dann kann man ermitteln, welche Investitionen rentabel sind und welche nicht. Deshalb ist inflationäres Geld auch so problematisch. Nicht nur, weil es die Kaufkraft des Geldes ruiniert und für eine unsoziale Umverteilung von Einkommen und Vermögen zwischen den Menschen sorgt, bei der einige gewinnen auf Kosten vieler. Inflationäres Geld verzerrt auch die Güterpreise und erschwert dadurch die Wirtschaftsrechnung, macht sie fehleranfällig. Das wiederum befördert Fehlentscheidungen von Produzenten und Konsumenten, die die materielle Güterausstattung der Volkswirtschaft schädigen.

Im Fiat-Geldsystem gibt es eine *chronische Inflation*: Die Zentralbanken weiten die Geldmenge fortwährend aus – und als Folge steigen alle Güterpreise im Zeitablauf an und die Kaufkraft des Geldes nimmt ab. Dabei kommt es zu Preisverzerrungen, weil unterschiedliche Güterpreise zu unterschiedlichen Zeitpunkten und in unterschiedlichem Maße ansteigen. Zudem sorgt das Fiat-Geldsystem – wie schon an anderer Stelle erläutert – für Boom und Bust und lässt die Verschuldung der Volkswirtschaften immer weiter anschwellen.

Sind die Schuldenlasten groß, leidet das Wirtschaftswachstum, und es kann zu einer *Kreditkrise* kommen: Investoren fürchten, dass Schuldner ihrem Schuldendienst nicht mehr nachkommen können. Die Kreditkosten steigen, das Kreditangebot schrumpft, fällige Kredite können nicht oder nur zu hohen Zinsen erneuert werden. Eine Abwärtsspirale kommt in Gang, die in Rezession-Depression ausufern kann. Das wollen die Zentralbanken natürlich verhindern, und das ein oder andere Mal kann ihnen das auch gelingen. Schließlich können sie jede gewünschte Geldmenge bereitstellen, können jeden Schuldner über Wasser halten, wenn es politisch gewünscht ist.

Zwar kann so eine Kreditkrise abgewendet werden. Heikel wird es allerdings, wenn die fortwährende Kredit- und Geldschaffung in eine *Währungskrise* mündet: Wenn also Investoren sich sorgen, dass der Geldwert schwindet. Um eine Flucht aus dem Geld zu verhindern, muss die Zentralbank die Zinsen erhöhen und das Kredit- und Geldmengenwachstum eindämmen. Eine sich daraufhin abschwächende oder gar rezessive Wirtschaft kann das Fiat-Geldsystem ins Wanken bringen: Kreditausfälle nehmen zu, das Vertrauen der Kunden und Investoren in die Stabilität der Banken schwindet, das Kreditangebot fällt, und eine schwere Rezession-Depression – ein großer Bust – stellt sich ein.

Die letzten Jahrzehnte waren ein Lehrstück: Den drohenden Bust, eine herannahende Kreditkrise haben die Zentralbanken mit noch niedrigeren Zinsen und noch mehr Kredit- und Geldmengenausweitung »bekämpft« (haben also genau die Mittel angewandt, mit denen sie die Krisen verursacht haben). Dahinter verbirgt sich gewissermaßen eine *stillschweigende Übereinkunft*: Das Fiat-Geldsystem soll in Gang gehalten werden, mit allen Mitteln soll verhindert werden, dass es kollabiert; die Kosten, die damit verbunden wären, werden gescheut. Produktivitäts- und Wachstumsschübe, die eine Marktwirtschaft immer wieder hervorbringt, verringern zweifelsohne die Überschuldungsproblematik, sie können den Bust zumindest lange Zeit hinauszögern. Viele Anleger, die eine »Krisenbekämpfung« durch die Zentralbanken befürworten, haben wohl die Hoffnung, die Volkswirtschaften könnten letztlich aus den Problemen, die das Fiat-Geldsystem verursacht, »herauswachsen«.

Der politische Anreiz, auf Wirtschafts- und Verschuldungskrisen mit *Inflation* zu antworten, ist in der Regel sehr groß – gerade in Volkswirtschaften, in denen der Staat eine große Rolle im Wirtschafts- und Gesellschaftsleben spielt. Mit dem Ausgeben von neuem Geld lassen sich schmerzliche Zahlungsausfälle von Staaten und Banken, aber auch von Konsumenten und Unternehmen abwehren – und die positiven Effekte der Inflation (Konjunkturstützung, Erhalt von Arbeitsplätzen) treten zuerst ein, während die Kosten der Inflation (Geldentwertung, Umverteilung etc.) erst später sichtbar werden.

Ein *Weginflationieren* der Schulden macht es jedoch erforderlich, die Zinsen zu kontrollieren. Nur so kann verhindert werden, dass im Zuge der Inflation die Zinsen steigen und die realen Kreditkosten in die Höhe treiben. Das geschah zum Beispiel in den 1940er- und 1950er-Jahren in den Vereinigten Staaten von Amerika. Die US-Zentralbank kaufte Schuldpapiere des Staates auf und bezahlte die Käufe mit neu geschaffenem Geld. Die Inflation stieg und führte zu einem negativen Realzins in den Kapitalmärkten. Diese Politik endete 1951 (durch den »Treasury-Fed Accord«) – nachdem durch sie die Kaufkraft des US-Dollar bereits um ungefähr 40 Prozent herabgesetzt hatte.

Hyperinflation ist ein Extremfall: Die Marktakteure rechnen damit, dass die Geldmengenvermehrung sich immer weiter beschleunigt. Aus Sorge, die Kaufkraft des Geldes werde daraufhin immer stärker an Wert verlieren, beginnt die Flucht aus dem Geld. Man versucht, Geld in Sachwerte wie Aktien, Häuser, Edelmetalle etc. zu tauschen. Der Geldwert verfällt. Die Hyperinflation kann gestoppt werden – indem die Zentralbank die elektronische Notenpresse anhält. Die Währung, mag sie auch stark entwertet sein, kann dann weiterhin verwendet werden (nachdem beispielsweise einige »Nullen« auf den Geldscheinen gestrichen wurden). Im Extremfall kann jedoch auch die Währung untergehen – wie beispielsweise die Papiermark in der Weimarer Republik.

Bei einem *Schuldenschnitt* werden ausgewählte Verbindlichkeiten gestrichen. Beispielsweise werden eine Staatsanleihe oder eine Bankschuldverschreibung von 100 Euro auf 20 Euro herabgesetzt. Die Kreditgeber erleiden Verluste. Das mag im Einzelfall durchführbar sein. Wenn aber Investoren hinter dem Schuldenschnitt keinen »Einzelfall«, sondern ein »System« erblicken, wird es stürmisch auf dem Kreditmarkt: Die Zinsen schießen in die Höhe, weil Investoren nur noch bereit sind, gegen eine hohe Risikoprämie ihr Geld zu verleihen. Die Politik der Schuldenschnitte ist gewissermaßen eine »Operation am offenen Herzen« und kann leicht in eine Kreditkrise ausarten.

Es kommt zum wahren Bust, zum *Crash*: Zahlungsausfälle und Pleiten auf breiter Front, Preisdeflation, Wirtschaftseinbruch, hohe Arbeitslosigkeit. Ein Tal der Tränen muss durchschritten werden, bevor die Lage sich bessert, bis sich die Wirtschaft, bis Produktion, Beschäftigung und Preise die Verzerrungen des Fiat-Geldsystems abgearbeitet haben. Oder aber die Zentralbanken greifen ein, versuchen, den schmerzhaften Prozess zumindest abzumildern und halten beispielsweise Staaten und Banken mit gezielten Geldspritzen zahlungsfähig. Oder aber der »Bereinigungs-Crash« wird ganz gescheut und offene Rechnungen werden mit der elektronischen Notenpresse finanziert. Dann landet die Volkswirtschaft geradewegs in der Inflationierungspolitik.

Gerät die Inflation außer Rand und Band, und akzeptieren die Menschen die Währung nicht mehr, kann eine *Währungsreform* unabwendbar werden. Die alte Währung wird durch eine neue ersetzt. Die Produktions- und Beschäftigungsstruktur, die unter der alten inflationierten Währung entstanden ist, kann dadurch kollabieren und dem Investor *dauerhafte Kapitalverluste* bescheren. Eine Währungsreform kann zudem mit weiteren Staatseingriffen in die Eigentumsverhältnisse der Bürger verbunden sein. Beispielsweise werden Forderungen und Verbindlichkeiten unterschiedlich umgestellt.

Es steht außer Frage, dass das internationale ungedeckte Fiat-Geldsystem genug Anlass gibt, beim Investieren Vorsicht walten zu lassen. Allerdings sollte man nicht vorschnell seinen Kollaps an die Wand malen. Denn die Beharrungskräfte des Fiat-Geldes sind keinesfalls zu unterschätzen – wie zum Beispiel die Finanz- und Wirtschaftskrise 2008/2009 nur zu deutlich gezeigt hat. Wenn es keine bewusste gesellschaftliche Entscheidung gibt, das Fiat-Geldsystem zu beenden, ist der Fortbestand des Fiat-Geldsystems (»Schrecken ohne Ende«) im Grunde nicht weniger wahrscheinlich als sein unerwartetes Ende (»Ende mit Schrecken«).

Ökonomische Erkenntnis und ethische Überlegungen haben in den letzten Jahrzehnten leider nicht vermocht, den Gebrauch des Fiat-Geldes zu entmutigen und eine Reform für »besseres Geld« in Gang zu setzen. Doch vielleicht wird es der Technologiefortschritt sein, der weitreichende Veränderungen im monetären System in Gang bringt: Das Entstehen und Verbreiten von sogenannten *Kryptowährungen* stellt nämlich für die etablierten Fiat-Währungen eine Konkurrenz dar. Deshalb kann man durchaus von einer *Revolution der Kryptowährungen* sprechen – warum, das soll im nun folgenden Kapitel besprochen werden.

32. KAPITEL

Die Revolution der Kryptowährungen

»I think the internet is going to be one of the major forces for reducing the role of government. The one thing that's missing but that will soon be developed, is a reliable e-cash.«

MILTON FRIEDMAN

»Zuerst ignorieren sie dich, dann lachen sie über dich, dann bekämpfen sie dich, und dann gewinnst du.« Diese Worte werden Mahatma Gandhi (1869–1948) zugesprochen. Sie sind geradezu von zeitloser Gültigkeit, wenn es gilt, die Begleitstimmen gesellschaftlicher Umwälzungen einzufangen. Hierzu zählen beispielsweise die Reaktionen rund um das Aufkommen und Verbreiten der sogenannten Kryptowährungen.[10] Die bekanntesten Kryptowährungen sind Bitcoin, Ethereum, Ripple, NEM, Litecoin, Dash und IOTA. Anfänglich übersehen und belächelt wegen ihres Anspruchs, zum neuen Geld zu werden, hat das öffentliche Interesse an den Kryptoeinheiten in den letzten Jahren deutlich zugenommen. Und das aus gutem Grund: Schließlich stellen die Cyber-Einheiten »besseres Geld« in Aussicht. Genau das ist es, was der Erfinder des Bitcoins – der sich hinter dem Pseudonym *Satoshi Nakamoto* verbirgt – beabsichtigt: dem Staat das Zwangsgeldmonopol zu entziehen, das er zum Nachteil der breiten Bevölkerung immer wieder miss-

[10] Eigentlich wäre es angemessen, bis auf Weiteres von Krypto*einheiten* zu sprechen, denn bislang ist noch keine von ihnen zum allgemein üblichen Tauschmittel – zum Geld – aufgestiegen. Hier und im Folgenden passen wir uns der Einfachheit halber dem gängigen Sprachgebrauch an.

braucht, um das Geld aufgrund von politischen Zwecken zu entwerten.

Blockchain und Bitcoin

Im Zentrum des Bitcoins (der auch als *digitale Münze* bezeichnet wird) steht das *verteilte Kontenbuch* (»Distributed Ledger« – DL). Im DL gibt es keine zentrale Instanz, die die abgelegten Daten verwaltet. Vielmehr verfügen die DL-Teilnehmer über eine gemeinsame Schreib-, Lese- und Speicherberechtigung. Die bekannteste DL-Anwendung ist die *Blockchain* – ein verteiltes Kontenbuch, das aus einer Kette chronologisch gereihter Blöcke besteht, die die Transaktionen abbilden. Das verteilte Kontenbuch wird aktualisiert, indem mit Computer-Rechenleistung ein neuer Transaktionsblock generiert und an die vorhandene Kette der Blöcke angefügt wird. Erweitert wird das verteilte Kontenbuch im Zuge eines konsensualen Abstimmungs- und Validierungsprozesses unter allen Teilnehmern. Die Informationen, die in einem Block enthalten sind, werden über kryptografische Verfahren auf sogenannte *Hash*-Werte reduziert und gespeichert. Jeder neue Block enthält den *Hash*-Wert des vorausgegangenen Blocks. Dadurch entsteht die Block-Kette. Das Übertragen von Informationen ist für alle im Netzwerk nachvollziehbar, während die Informationen selbst verschlüsselt und nicht einsehbar sind. Die DL-Technologie macht einen *elektronischen Werttransfer* zwischen den Teilnehmern des Netzwerks möglich, der einsetzbar ist im Zahlungsverkehr und in der Wertpapierabwicklung.

Der Bitcoin ist bislang die bekannteste Internet-basierte Kryptowährung, die sich der Blockchain-Technologie bedient. Die Cyber-Einheit wurde bereits 2008 erdacht, und am 5. Oktober 2009 bildete sich ihr erster Preis: 1 US-Dollar entsprach 1.309,03 Bitcoin. Der Bitcoin wird produziert (in der Fachsprache: *geschürft*) im Zuge des *Bitcoin-Mining*: Unter Einsatz aufwendiger Computer-Rechenleistung, die weltweit dezentral verfügbar ist, werden neue Blöcke erzeugt und zur Blockchain hinzugefügt. Miner, die einen gültigen Block erzeugen, erhalten neue Bitcoins. Die maximal schürfbare Bitcoin-Menge ist allerdings laut *Bitcoin-Protokoll* auf 21 Millionen

Stück begrenzt. Der Bitcoin kann direkt, ohne Inanspruchnahme einer Zentralinstanz, von Nutzer zu Nutzer übertragen werden (»Peer-to-Peer«). Die kryptographische Technik stellt dabei sicher, dass eine Bitcoin-Transaktion, die anonym abgewickelt wird, nur vom Bitcoin-Eigentümer vorgenommen werden kann; der Bitcoin ist so gesehen fälschungssicher, kann nicht mehrfach gleichzeitig ausgegeben werden.

Führen wir uns an dieser Stelle noch einmal kurz die ökonomischen und ethischen Defekte des staatlichen Fiat-Geldes vor Augen. (1) Fiat-Geld ist inflationär. Seine fortwährende Vermehrung lässt seine Kaufkraft schwinden. Der Fiat-Euro hat beispielsweise seit seiner Einführung am 1. Januar 1999 bis April 2018 gut 28 Prozent seiner Kaufkraft eingebüßt. Gegenüber US-Aktien ist in gleicher Zeit die Kaufkraft (ohne Berücksichtigung des Wechselkurseffektes) um gut 52 Prozent gefallen. Wer meint, sein Euro könne ihm als Wertaufbewahrungsmittel dienen, der irrt sich gewaltig.

(2) Das Fiat-Geld sorgt für eine nicht marktkonforme Verteilung von Einkommen und Vermögen. Die ersten, die das neu geschaffene Geld erhalten, können Güter zu noch unveränderten Preisen kaufen. Sie sind die Gewinner. Diejenigen, die die neue Geldmenge spät erhalten, oder die gar nichts von ihr abbekommen, können die Güter nur noch zu bereits erhöhten Preisen kaufen. Sie sind die Verlierer. Das Nachsehen haben vor allem Menschen mit geringem Einkommen. Sie haben nur begrenzte Verschuldungsmöglichkeiten, und damit zählen sie nicht zu den Erstempfängern des per Kredit geschaffenen Geldes. Das ist übrigens auch der Grund, warum das Fiat-Geld die Schere zwischen Arm und Reich immer weiter vergrößert. Fiat-Geld ist unsoziales Geld.

(3) Fiat-Geld verursacht Störungen im Wirtschafts- und Finanzsystem, es setzt die berühmt-berüchtigten Boom-und-Bust-Zyklen in Gang. Der Grund: Die Geldmengenvermehrung per Kreditvergabe verzerrt die Marktzinsen. Unternehmer werden zu Investitionen verlockt, die sich nur bei künstlich gedrückten Zinsen rechnen. Die Konjunktur zieht zunächst an (»Boom«), es kommt zu Spekulationsblasen. Früher oder später verpufft jedoch die »Reichtumsillusion«, und es stellt sich ein Abschwung (»Bust«) ein.

(4) Besonders problematisch ist, dass das Fiat-Geld die Verschuldung der Volkswirtschaft in die Höhe treibt: Die Schulden steigen im Zeitablauf stärker an, als die Einkommen zunehmen. Immer mehr Schulden sind erforderlich, bereitgestellt zu immer niedrigeren Zinsen, um die Kreditpyramide vor dem Einsturz zu bewahren. Die aktuelle Niedrigzinspolitik der Zentralbanken ist daher alles andere als ein »Zufall«, sie ist vielmehr eine logische Folge des Fiat-Geldes.

Jetzt, wo es die technischen Möglichkeiten gibt, ist es nur zu verständlich, dass sich kluge Köpfe aufgemacht haben, eine überlegene Alternative zum staatlichen Fiat-Geld auf den Weg zu bringen. So gesehen bringen sich die Kryptoeinheiten als Konkurrenten für das staatliche Fiat-Geld in Stellung. Die Staaten nehmen die Konkurrenz mittlerweile ernst und haben sich bereits aufgemacht, durch Regulierung und Besteuerung die Attraktivität der Kryptoeinheiten gegenüber dem Fiat-Geld im Zaume zu halten. Doch können die Bestrebungen, den Währungswettbewerb einzudämmen oder gar zu verhindern, erfolgreich sein?

Bisher ist es den Staaten gelungen, den Währungswettbewerb zu unterbinden, indem sie ihre Zentralbanken zu den *Zwangsmonopolisten der Geldproduktion* gemacht haben. Nur sie und die von ihnen lizensierten Geschäftsbanken dürfen Geld »aus dem Nichts« schaffen. Zudem wurden die staatlichen Währungen zum *gesetzlichen Zahlungsmittel* (»Legal Tender«) erklärt und damit privilegiert: Das staatliche Geld ist das Zahlungsmittel, das niemand zur Erfüllung einer Geldforderung ablehnen kann, ohne rechtliche Nachteile zu erleiden. (In Deutschland beispielsweise sind Euro-Banknoten das einzige unbeschränkte gesetzliche Zahlungsmittel.)

Doch damit nicht genug. Die Staaten diskriminieren in ihrer Steuergesetzgebung die Verwendung alternativer Zahlungsmittel. Wenn Sie beispielsweise Ihre Krügerrand-Goldmünze, die Sie vor Jahren für 800 Euro erworben haben, gegen einen Mantel eintauschen, der 2.000 Euro kostet, müssen Sie – wenn Sie der Steuergesetzgebung genügen wollen – Ihren Veräußerungsgewinn von 1.200 Euro (2.000 minus 800 Euro) versteuern. Verständlich, dass das Bezahlen mit Goldmünzen oder anderen Tauschmitteln weniger attraktiv ist als mit dem staatlichen Fiat-Geld.

Mittlerweile sind Kryptowährungen allerdings längst nicht mehr nur hochfliegende Entwürfe von Computernerds, sondern sie sind bereits im Praxiseinsatz. Beispielsweise ist der Bitcoin seit dem 1. April 2017 in Japan als »Zahlungsmittel« offiziell anerkannt. Auch Australien akzeptiert den Bitcoin als legales Zahlungsmittel seit dem 1. Juli 2017. Vor allem in Ländern, in denen das Fiat-Geld sich als besonders inflationär erweist – wie zum Beispiel in Argentinien –, ist der Bitcoin zum verbreiteten Tauschmittel aufgestiegen. Gemessen am weltweiten Transaktionsvolumen, das mit dem staatlichen Fiat-Geld abgewickelt wird, sind die mit Kryptowährungen ausgeführten Käufe und Verkäufe allerdings noch recht gering.

Aus Sicht der Geldtheorie haben Bitcoins viele Eigenschaften, die sie zum Geld aufsteigen lassen können: Sie sind beispielsweise knapp, homogen, teilbar, haltbar und transportabel – Eigenschaften, die ein Gut haben muss, damit es für Gelddienste verwendet werden kann. Ob aber eine Kryptowährung zu Geld wird, hängt letztlich von der Nachfrage ab – ob die Geldverwender die Kryptowährung als vorteilhafter ansehen als das Fiat-Geld oder alternative Geldarten wie zum Beispiel Edelmetalle (Gold und Silber).

Hier gibt es noch einige Hürden zu überwinden. Beispielsweise kann das Bitcoin-Netzwerk (noch) nicht mithalten mit der Leistungsfähigkeit der Fiat-Geld-Zahlungssysteme. Beispielsweise wurden im Jahr 2016 weltweit in der Spitze rund 350.000 Transaktionen pro Tag abgewickelt. Im deutschen Zahlungsverkehr allein werden pro Tag mehr als 75 Millionen Transaktionen durchgeführt. Auch gibt es noch keinen Kapitalmarkt für in Bitcoin ausgewiesene Finanzprodukte, mit denen gespart und investiert werden kann. Ein Kreditmarkt für Bitcoins hat sich noch nicht herausgebildet. Mit Bitcoin lassen sich bislang nur direkte Zahlungen durchführen.

Der Bitcoin wird geschaffen durch eine weltweit verteilte Computer-Rechenleistung, die mitunter viel Strom schluckt. Der genaue Verbrauch zur Bitcoin-Erzeugung (dem »Mining«) ist allerdings wegen der Dezentralität des Netzes kaum verlässlich zu erfassen. Unterstellt man, dass je Transaktion etwa 245 Kilowattstunden Strom benötigt werden (das entspricht etwa dem Mittelwert des geschätzten Stromverbrauchs von 27 tWh/Jahr bei 300.000 Transaktionen täglich), kostet eine Bitcoin-Transaktion bei vorherrschenden Strompreisen etwa 70 Euro in Deutschland, in China nur etwas mehr als 20 Euro – und ist damit ungleich teurer als Fiat-Geld-Zahlungen.

Die aufgeführten Nachteile des Bitcoins gegenüber dem Fiat-Geld sind aber vermutlich nicht in Stein gemeißelt; es wäre verwunderlich, wenn der menschliche Erfindungsgeist sie nicht beseitigt. So war es vermutlich vor allem auch der *Entwicklungsoptimismus*, der dazu beigetragen hat, den Bitcoin-Preisaufstieg in den letzten Jahren in die Höhe zu treiben. Im Dezember 2011 kostete der Bitcoin 3,75 US-Dollar. Nur ein paar Jahre später, Anfang Juli 2017, stand er bei etwa 2.500 US-Dollar – ein Anstieg von 66.567 Prozent: Hätte man für 1.000 US-Dollar Bitcoin gekauft, wären daraus 665.667 US-Dollar geworden. Im April 2018 stand er – nach erheblichen Schwankungen – bei etwa 9.000 US-Dollar; in der Spitze, am 18. Dezember 2017, hatte er fast 19.000 US-Dollar erreicht.

Der Bitcoin-Preis bildet sich auf dem Markt durch Angebot von und Nachfrage nach Bitcoin. Das Angebot des Bitcoins ist mengenmäßig begrenzt: Nicht mehr als insgesamt 21 Millionen Stück können geschürft werden – und im Mai 2018 waren bereits gut 17 Millionen Stück davon im Umlauf. Die Nachfrage nach Bitcoin hat sich in den Anfangsjahren als relativ unbeständig erwiesen, und das dürfte im Wesentlichen für das mitunter markante Auf und Ab des Bitcoin-Preises verantwortlich gewesen sein.

Die starken Preisschwankungen des Bitcoins sind vielfach als Indiz dafür gewertet worden, die Kryptowährung könne sich nicht als Geld etablieren: Ein Gut, dessen Marktpreis derart wild schwankt, könne nicht als Geld eingesetzt werden. Das aber mag vorschnell geurteilt sein. Sollte der Bitcoin erst einmal zum »normalen« Bestandteil des Vermögensportfolios vieler geworden sein, dürfte sich auch die Nachfrage nach ihm stabilisieren, und die starken Preisschwankungen würden nachlassen. So gesehen wären die Preisschwankungen des Bitcoins eher als Ausdruck seiner Neuartigkeit zu interpretieren, sprechen aber nicht per se gegen seine Eignung, zu Geld zu werden.

Abb. 35: Der fulminante Preisaufstieg des Bitcoins

Preis des Bitcoins in US-Dollar

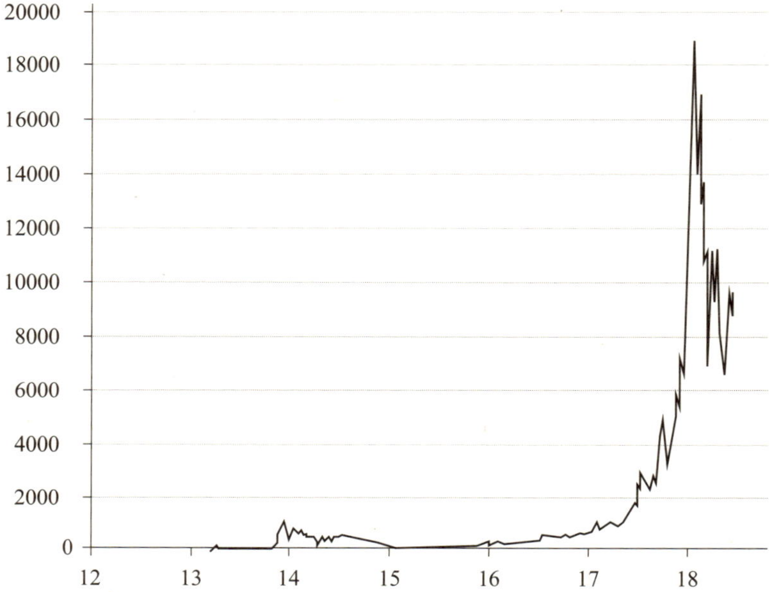

Quelle: Thomson Financial.

Es gibt vor allem drei Faktoren, die die Nachfrage nach Bitcoins weiter antreiben könnten. Erstens: Die Fiat-Geldmenge steigt weltweit immer weiter an, während die Zahl der Bitcoins begrenzt ist; die Wachstumsrate der Bitcoin-Menge ist bereits rückläufig und fällt irgendwann auf null. So gesehen gibt es einen systematischen Aufwertungsdruck des Bitcoins gegenüber den Fiat-Währungen (der allerdings bereits im Marktpreis des Bitcoins eskomptiert sein könnte).

Zweitens: Der Bitcoin stellt steigende Kaufkraft in Aussicht – ganz im Gegensatz zum Fiat-Geld, das seine Kaufkraft im Zeitablauf verliert. Weil die maximal produzierbare Bitcoin-Menge begrenzt ist, müssen in einer wachsenden Volkswirtschaft die Güterpreise, in Bitcoin gerechnet, sinken. Sinkende Preise wiederum bedeuten, dass die Zahl der Güter, die man für einen Bitcoin kaufen kann, steigt. Der Bitcoin gewinnt so gesehen an Kaufkraft über die Zeit – und das sollte die Nachfrage nach Bitcoins stützen.

Drittens: Bei einem Zurückdrängen oder Abschaffen des Bargeldes bietet eine Kryptowährung wie zum Beispiel der Bitcoin dem Geldverwender weiterhin die Möglichkeit, Zahlungen anonym abwickeln und seine finanzielle Privatsphäre bewahren zu können. Der Bitcoin bietet auch Schutz vor den Folgen eingefrorener oder konfiszierter Bankkonten. Nicht zu unterschätzende Dienste, die der Bitcoin bietet, und die seine Nachfrage beflügeln kann.

Bitcoin und digitalisiertes Goldgeld

Eine Entwicklungsfacette der Kryptoeinheiten soll hier nicht unerwähnt bleiben: Mit der Blockchain lassen sich »gefärbte« Bitcoins (in der Fachsprache: »Colored Bitcoins«) schaffen. Letztere können das Eigentum an beispielsweise einer physischen Feingoldmenge repräsentieren. Auf diese Weise lässt sich ein digitalisiertes Goldgeld aus der Taufe heben, das genauso wie jede andere Einheit der Kryptowährung zu Zahlungszwecken einsetzbar ist. Ein Vorteil eines Colored-Bitcoin, der den Anspruch auf Edelmetall gewährt, ist: Ein Totalverlust ist nicht möglich, weil Gold als Sachgut selbst dann, wenn es nicht mehr als Geld verwendet werden sollte, immer noch einen *nicht-monetären Marktwert* hat – weil es weiterhin von beispielsweise der Industrie oder den Schmuckherstellern nachgefragt wird. So gesehen stellt physisches Gold, dessen Verfügbarkeit mittels Blockchain digitalisiert wird, gewissermaßen eine Perfektionierung des in der Menschheitsgeschichte bisher besten Geldes – des Goldes (oder auch anderer Edelmetalle) – dar. Physisches Gold lässt sich natürlich auch schon heute problemlos digitalisieren: Physisch gelagertes Gold wird zum Beispiel mittels Kreditkarten oder einer App auf dem Smartphone handelbar gemacht. Käufe – sei es im Supermarkt oder im Internet – lassen sich so bequem in Gold abwickeln. Bisher haben staatliche Restriktionen – wie zum Beispiel Besteuerung und Regulierung – jedoch einen echten Wettbewerb des Geldes erschwert beziehungsweise unmöglich gemacht. Der Bitcoin könnte die Stolpersteine, die der Staat dem Wettbewerb um gutes Geld in den Weg legt, mehr oder weniger unwirksam machen.

Es bedarf vermutlich kaum mehr einer Erklärung, dass das Aufkommen von Kryptowährungen, sollte sich die Entwicklung in ihrer bisherigen Dynamik fortsetzen, revolutionäre Folgen für Wirtschaft und Gesellschaft hätte. Blockchain-basierte Kryptowährungen sind so gesehen eine *disruptive Kraft*, die im Extremfall sogar das Fiat-Geld wertlos werden lassen könnte. Auf welchem Wege das geschehen kann, das soll abschließend verdeutlicht werden. Nehmen wir dazu an, der Preis des Bitcoins beträgt 1 Euro, und der Preis eines Apfels beträgt 1 Euro beziehungsweise 1 Bitcoin.

Die Kaufkraft des Euro und des Bitcoins beträgt damit jeweils 1 Apfel. Nun steigt der Bitcoin-Preis auf 100 Euro. Derjenige, der den Bitcoin besitzt, kann nun bei unverändertem Euro-Apfelpreis 100 Äpfel kaufen, der Euro-Besitzer nach wie vor nur 1 Apfel. Der Bitcoin-Besitzer ist also reicher geworden. Nehmen wir nun an, die reichen Bitcoin-Besitzer fragen mehr Äpfel nach, die nun nicht mehr nur in Euro, sondern auch in Bitcoin gehandelt werden. Dadurch steigt der Preis der Äpfel in Euro und Bitcoin.

Es sei angenommen, der Apfelpreis verdoppelt sich auf 2 Euro pro Apfel. Der Euro-Besitzer erleidet dadurch einen Kaufkraftverlust: Er bekommt fortan nur noch ½ Apfel für 1 Euro. Auch der Bitcoin-Besitzer verliert: Er bekommt nur noch 50 Äpfel, also nur halb so viele Äpfel für seinen Bitcoin wie zuvor. Nehmen wir weiterhin an, die Euro-Halter beginnen, verstärkt Bitcoin nachzufragen. Die Folge ist, dass der Preis des Bitcoins in Euro weiter ansteigt, sagen wir auf 200 Euro pro Bitcoin.

Daraufhin kaufen die Bitcoin-Besitzer, die bei unveränderten Apfelpreisen reicher geworden sind, noch mehr Äpfel, und dadurch steigt der Apfelpreis auf, sagen wir, 4 Euro. Die Kaufkraft von 1 Euro fällt auf ¼ Apfel, die Kaufkraft des Bitcoins verbleibt bei 50 Äpfeln. Was das Beispiel deutlich machen soll: Wenn eine *Flucht* aus dem Euro in den Bitcoin einsetzt, steigt nicht nur der Bitcoin-Preis in Euro, sondern früher oder später steigen auch die Güterpreise in Euro, und die Kaufkraft des Euro schwindet.

Mit anderen Worten: Das Aufkommen einer neuen Währung birgt die Möglichkeit, dass das bislang verwendete Geld – wenn es als weniger vorteilhaft angesehen wird als das neue Geld – an Kaufkraft verliert, möglicherweise sogar als Geld unbrauchbar wird, wenn die Geldverwender im neuen Währungskandidaten das bessere Geld erblicken. Damit wird auch die weitreichende Bedeutung unumwunden klar, die das Aufkommen von Kryptoeinheiten für die bestehende Preis- und Vermögenstruktur der Volkswirtschaften haben kann. Wie soll man als Investor mit Kryptoeinheiten sinnvollerweise umgehen? Dieser Frage wird im folgenden Kapitel nachgegangen.

33. KAPITEL

Super-Investor hadert mit Kryptowährungen

»In my view, digital currencies are nothing but an unfounded fad (or perhaps even a pyramid scheme), based on a willingness to ascribe value to something that has little or none beyond what people will pay for it.«

HOWARD MARKS

Howard Marks zählt zu den weltweit bekanntesten und erfolgreichsten Investoren. Der Mitbegründer von Oaktree Capital Management L.P. – die Firma hat ein Anlagevolumen von etwa 100 Mrd. US-Dollar – ist bekannt für pointierte und erhellende Kommentare. In seinem Memo »There They Go Again ... Again« vom 26. Juli 2017 warnte Marks seine Leser eindrücklich vor den Gefahren der aufgeblähten Vermögenspreise, übermäßigen Risiken und künftig geringen Renditen. Darin hob Marks eine ganze Reihe von Entwicklungen hervor, die die Alarmglocken der Investoren läuten lassen sollten.

Da war zum Beispiel der Höhenflug der »FAANG«-Gang (also die Aktien von Facebook, Amazon, Apple, Netflix und Google beziehungsweise seit Oktober 2015 Alphabet). Das erinnere, so Marks, auffällig an die Unbekümmertheit der Investoren in den 1960er- und 1970er-Jahren, welche die sogenannten »Nifty-Fifty«-Aktien zuerst auf abenteuerliche Bewertungshöhen trieben, was aber schlussendlich in herben Verlusten für die Investoren endete. Gleiches geschah mit Ölaktien in den 1970er- und Tech-Medien- und Telekom-Aktien in den 1990er-Jahren.

Ein weiteres ein Indiz für eine Übertreibungsphase war für Marks das fulminante Anwachsen der Anlagebeträge, die die Exchange Traded Funds (ETFs) passiv in Aktienmarktindizes anlegten: Aktien wurden im großen Stil gekauft, nicht weil sie zuvor einer eingehenden Wertanalyse unterzogen worden waren, sondern weil sie in einem (wie auch immer definierten) Aktienmarktindex enthalten waren, den die ETF-Käufer nachfragten. Dadurch wurden Preisübertreibungen befördert – begünstigt in einem Umfeld extrem niedriger Zinsen, in dem Anleger händeringend nach Rendite suchten.

Ein zusätzliches Warnsignal erblickte Marks in der Private-Equity-Industrie, die Rekordbeträge einwarb, um sie dann – zusätzlich »gehebelt« mit Krediten – in nicht-börsengelistete Unternehmen zu investieren. Und nicht zuletzt stieß sich Marks an der übersteigerten Risikofreude in den Kreditmärkten: Der Zins für Kredite war sehr niedrig, die Risikoaufschläge für Schulden waren historisch gering. Selbst schlechte Schuldner (unter ihnen Staaten wie Argentinien, Elfenbeinküste, Senegal und Ägypten) kamen leicht und billig an immer neue Kredite.

Last but not least: Die fulminante Verteuerung der digitalen Währungen war für Marks ein weiterer Hinweis, dass die Investoren ihr umsichtiges Verhalten abgestreift hatten und sich große Hoffnungen auf fortgesetzte Wertsteigerungen von Kryptowährungen machten. Völlig unverständlich aus Marks' Sicht: »In my view, digital currencies are nothing but an unfounded fad (or perhaps even a pyramid scheme), based on a willingness to ascribe value to something that has little or none beyond what people will pay for it. But this isn't the first time. The same description can be applied to the Tulip mania that peaked in 1637, the South Sea Bubble (1720) and the Internet Bubble (1999–2000).«[11]

Auch wenn die Fans der Kryptowährungen den Kopf schütteln mögen: Aus Sicht eines Value-Investors – und Howard Marks ist dafür ein Beispiel par excellence – ist die Abneigung, in Kryptowährungen zu investieren, verständlich und folgerichtig. Denn der zentrale Grundsatz, auf den Value-Investoren wie Marks set-

11 Howard Marks, »There They Go Again ... Again«, Memo, Oaktree Capital Management L. P., 26. Juli 2017, S. 17.

zen, lautet: *Investiere nur dann, wenn der Wert dessen, was du kaufst, deutlich höher ist als der Preis, den du zahlst.* Das ist das »Preis-versus-Wert«-Prinzip. Und wer diesem Prinzip folgt, kann auf zwei Vorteile hoffen.

Erstens: Investiert man, wenn der Wert beispielsweise einer Aktie 10 oder 20 Prozent über dem Marktpreis liegt, arbeitet man mit einer *Sicherheitsmarge.* Sie bewahrt den Investor vor Verlusten, die durch mögliche Fehler bei der Einschätzung des Unternehmenswerts entstehen können. Zweitens: Wenn eine Aktie, die 100 Euro wert ist, zu beispielsweise 60 Euro gekauft wird, trägt das dazu bei, die Investitionsrendite zu erhöhen. Das »Preis-versus-Wert«-Prinzip senkt folglich das Risiko und erhöht gleichzeitig auch die erzielbare Rendite.

Will man das »Preis-versus-Wert«-Prinzip auf Kryptowährungen anwenden, gibt es allerdings ein Problem. Bei einer Aktie lässt sich der Wert ermitteln – zumindest innerhalb einer gewissen Bandbreite: Er entspricht, vereinfacht gesprochen, dem Barwert aller abdiskontierten Gewinne, die ein Unternehmen erzielt. Bei Kryptowährungen – wie übrigens bei allen Währungen auch – lässt sich ein solcher Wert nicht ermitteln. Es gibt keine verlässliche Bewertungsformel. Das »Preis-versus-Wert«-Prinzip lässt sich daher hier nicht anwenden.

Der Grund, warum Howard Marks seine Leser vor Kryptowährungen warnt, ist das *Bewertungsproblem*: Man weiß schlichtweg nicht, wo der »faire Wert« der digitalen Einheiten liegt. Und wenn ein Value-Investor den Wert einer Sache nicht beziffern kann, lässt er die Finger davon (erst recht, wenn er die Sache nicht einmal ansatzweise bewerten kann). Marks' Abneigung gegen die Kryptowährungen rührte also wohl in erster Linie nicht aus seiner Meinung, Kryptowährungen könnten sich nicht am Markt durchsetzen, sondern weil man sie nicht sinnvoll bewerten kann.

Wer Kryptowährungen kauft und keine hinreichend genaue Vorstellung von ihrem Wert hat, der investiert nicht, der *spekuliert.* Er begibt sich geradewegs in ein *Greater Fool's Game*: Er kauft etwas und hofft, dass sich in der Zukunft jemand findet, der bereit sein wird, einen höheren Preis zu bezahlen als den, den man selbst bezahlt hat. Das Spiel endet dann – und der Preis kollabiert –, wenn die Erwartung verpufft, jemand werde sich finden, der künftig noch mehr bezahlt; und den Letzten beißen bekanntlich die Hunde.

Wenn der Erwerb von Kryptowährungen bei Value-Investoren keinen großen Beifall findet, so liegt das an der Schwierigkeit, ihren Wert hinreichend genau bestimmen zu können. Das bedeutet nun aber *nicht*, dass man einen Bogen um die neuen Geldarten machen *muss*. Die Lehre, die man aus Marks' Ausführungen ziehen kann, ist vor allem eine konzeptionelle: Kryptowährungen sind *keine* Investitionskategorie wie Aktien, Anleihen oder Häuser. Sind vielmehr Kandidaten für neues Geld, und in Geld investiert man nicht wie in Aktien oder Anleihen. Geld hält man, um liquide zu sein.

Anleger, die zu dem Schluss kommen, einen Teil ihres Vermögens in Form von Kasse zu halten – weil sie beispielsweise aktuell keine attraktiven Investitionsmöglichkeiten sehen –, müssen überlegen, welche Währung sie halten wollen: US-Dollar, Euro, Schweizer Franken, Goldgeld oder Kryptowährungen. Letztere weisen allerdings (noch) erhebliche Preisschwankungen auf, und man weiß vor allem nicht, ob sie sich als Geld – also als allgemein akzeptiertes Tauschmittel – durchsetzen werden.

Anleger sollten sich dabei gleichzeitig bewusst sein, dass die offiziellen Fiat-Währungen wie US-Dollar, Euro oder Schweizer Franken nicht risikolos sind! Gerade sie sind einem Entwertungsrisiko ausgesetzt (und das mag eine Überlegung sein, der Howard Marks zu wenig Beachtung schenkt). Schon jetzt verlieren US-Dollar und Co. peu à peu ihre Kaufkraft, weil die Zentralbanken die Geldmengen immer weiter ausweiten und dadurch die Kaufkraft des Fiat-Geldes herabsetzen. Die schleichende Kaufkraftentwertung des Fiat-Geldes ist nicht nur chronisch geworden, sie kann sich durchaus noch verschärfen.

Weltweit ächzen die Volkswirtschaften unter gewaltigen Schuldenlasten – als Folge einer unablässigen Vermehrung der Kredite, herbeigeführt von den Zentralbanken im Zuge der Politik der gesenkten Marktzinsen. Mittlerweile lässt sich vielerorts die Kreditpyramide nur vor dem Einsturz bewahren, indem die Zentralbanken die Zinsen auf extrem niedrige Sätze geschleust haben und die elektronische Notenpresse laufen lassen. Unter diesen Bedingungen ist es nur noch eine Frage der Zeit, wann die Kaufkraft der offiziellen Währungen noch stärker unter die Räder kommt – und die Nachfrage nach einem alternativen, einem besseren Geld sich Bahn bricht.

Der Bitcoin hat – und das ist das wirklich Revolutionäre an ihm – das Potenzial, das Fiat-Geldsystem aus den Angeln zu heben. Seine »Bauweise« ist aus geldtheoretischer Sicht nämlich durchaus erfolgsversprechend: Eine mengenmäßig begrenzte Geldart, die direkt zwischen den Handelsparteien, ohne Inanspruchnahme einer zentralen Instanz zu Transaktionszwecken eingesetzt werden kann; ein Geld, mit dem sich Käufe und Verkäufe anonym abwickeln lassen, und das keinem staatlichen Zugriff unterliegt. Angesichts seines Entwicklungspotenzials ist es wenig verwunderlich, dass der Bitcoin aus Sicht vieler Anleger attraktiv zu sein scheint.

Doch dabei ist zu beachten, dass der Erfolg der Kryptowährungen noch nicht gesichert ist, sondern dass es »Pionier-Risiken« gibt. Das wichtigste Risiko lautet: Kryptowährungen können zum Totalverlust werden. Nehmen wir an, Kryptowährung *A* hat sich als Geld etabliert. Plötzlich taucht ein neuer Konkurrent auf, die Kryptowährung *B*. Sie schneidet aus Sicht der Geldnachfrager in *allen* technischen Geld-Eigenschaften besser ab als *A*. In dem Fall ist wahrscheinlich, dass *A* untergeht, und *B* das alleinige Geld wird: Wenn die Kryptowährung *A* für nichts anderes einsetzbar ist als für Geldzwecke, wird sie wertlos verfallen.

Das ist anders bei Sach- oder Warengeld in Form von Gold oder Silber. Edelmetalle werden nicht nur für monetäre Zwecke nachgefragt (in Form von Barren und Münzen). Sie erfreuen sich auch einer Nachfrage, die unabhängig ist von ihrer monetären Verwendung – allen voran die Schmuck- und Industrienachfrage. Und solange die nicht-monetäre Nachfrage nach Edelmetallen Bestand hat, kann ihr Marktpreis nicht auf null fallen. Natürlich können auch die Edelmetallpreise starken Schwankungen unterliegen. Einem Totalverlustrisiko unterliegen sie – anders als Kryptowährungen – nicht.

Zudem lässt sich – wie bereits erwähnt – das »Preis-versus-Wert«-Prinzip nicht auf Kryptowährungen anwenden. Wer Kryptowährungen wie Bitcoin kauft, begibt sich in den spekulativen Bereich: Es gibt kein überzeugendes Verfahren, keine ökonomische

Formel, um den Wert einer Kryptowährung auch nur annähernd bestimmen zu können. Wenn man aber nicht weiß, ob eine Sache teuer oder billig ist, lässt sich auch keine sinnvolle, keine vertretbare Investmententscheidung treffen. Man hat keinen Anhaltspunkt, um zu entscheiden, ob der Marktpreis der Kryptowährung zu billig oder zu teuer ist. Wie will man da eine solide Investmententscheidung treffen?

Wer Kryptowährungen kauft, geht daher gewissermaßen eine »Alles oder Nichts«-Wette ein. Ob man bei einer solchen Wette überhaupt mitmachen sollte oder nicht, und wenn ja, mit welchem Einsatz, das muss jeder Anleger natürlich für sich selbst entscheiden. Viele der erfolgreichen Investoren betonen jedoch: »Alles oder Nichts«-Wetten sind nicht das, was man unter klugem Investieren versteht. Für die meisten Anleger sind »Alles oder Nichts«-Wetten nicht empfehlenswert, schon gar nicht, wenn ein Großteil des Vermögens dafür eingesetzt wird.

Eine Möglichkeit, um mit den unsicheren Entwicklungspotenzialen der Kryptowährungen beziehungsweise den damit möglicherweise verbundenen Veränderungen im monetären System umzugehen, ist so naheliegend wie einfach: Investiere in »großartige Unternehmen« – und das mit einem langen Atem. Denn unabhängig davon, ob die Währung, in der künftig die Geschäfte abgewickelt werden, US-Dollar, Euro, Schweizer Franken oder Bitcoin heißt: Großartige Unternehmen haben vergleichsweise gute Chancen, auch im Zuge von tiefgehenden Veränderungen im monetären System wirtschaftlich und finanziell zu überleben. Das soll im folgenden Kapitel noch einmal zusammenfassend erläutert werden.

34. KAPITEL

Chancen nutzen – in gute Unternehmen investieren

»Investment is most intelligent when it is most businesslike.«

Benjamin Graham

Alle wichtigen Währungen der Welt sind sogenanntes Fiat-Geld: staatliches Zwangsgeld, produziert von staatlichen Zentralbanken, die das Geldproduktionsmonopol innehaben. Geschaffen wird das Fiat-Geld durch (Zentral-)Bankkreditvergabe, durch Kredite, denen keine echte Ersparnis gegenübersteht. Das Fiat-Geld hat eine Reihe von Konsequenzen, die höchst bedeutsam für jeden Investor sind. Sie zu kennen ist also nicht nur von theoretischem Interesse.

Fiat-Geld ist chronisch inflationär, seine Kaufkraft schwindet im Zeitablauf. Die Ausweitung der Fiat-Geldmenge bereichert einige (die Erstempfänger des neuen Geldes) zulasten vieler (das sind die Spätempfänger des neuen Geldes). Es sorgt zudem für Wirtschaftsstörungen, für »Boom und Bust«. Denn das Vermehren der Fiat-Geldmenge durch Kreditvergabe verzerrt die Marktzinsen, drückt sie unter ihr »natürliches Niveau«. Mittlerweile sind die Schuldenlasten in vielen Ländern so groß geworden, dass die staatlichen Zentralbanken die Zinsen auf Rekordtiefstände abgesenkt haben. Mit den elektronischen Notenpressen werden Zahlungsausfälle von Staaten und Banken abgewehrt. Das mag kurzfristig eine (Schein-)Besserung bringen. Die Ursache der Probleme – das Fiat-Geldsystem – bleibt jedoch bestehen.

Viele Schulden sind nicht mehr auf ehrlichem Wege rückzahlbar. Deshalb haben insbesondere die Europäischen Regierungen gezielt Maßnahmen auf den Weg gebracht, um die Schulden aus der Welt zu schaffen. Beispielsweise wurde im Euroraum die »Bank Recovery and Resolution Directive« scharfgeschaltet. Ihr Kernstück ist das »Bail-in«, das Halter von Bankverbindlichkeiten an den Verlusten der Banken beteiligt.

Weitere Maßnahmen stehen im Raum. Im Oktober 2013 hatte der Internationale Währungsfonds (IWF) bereits vorgeschlagen, zur Staatsschuldensenkung den privaten Haushalten eine Vermögenssteuer aufzubürden, um mit den so gewonnenen Erträgen die Staatsschulden zu reduzieren. Im Mai 2014 forderte der IWF zudem, die Halter von Euro-Staatsanleihen sollten mittels Schuldenschnitten (englisch: »Reprofiling«) zur Ader gelassen werden.

Im Januar 2014 ließ beispielsweise die Deutsche Bundesbank verlauten: »Droht eine mit gravierenden Konsequenzen verbundene Überschuldung eines Staates, dürfen (…) auch weitreichende Maßnahmen wie ein Beitrag privater Nettovermögen zur Bewältigung einer solchen Notsituation nicht von vornherein ausgeschlossen werden.«

Angesichts der praktischen Probleme, die mit Schuldenschnitten verbunden sind, wäre es jedoch eine Überraschung, wenn nicht auch noch die Inflationspolitik – verstanden als die Politik der Geldmengenvermehrung – verstärkt zum Einsatz kommt. Denn für Regierende und Regierte – gerade wenn viele von den Regierten von staatlichen Zuwendungen abhängen – ist die Kaufkraftentwertung des Geldes die Politik des vergleichsweise kleinsten Übels.

Für Anleger stellt sich die Frage: Was ist zu tun? Die Antwort auf diese Frage beginnt mit einer grundlegenden Erkenntnis: Der Anleger, der sein Vermögen nicht nur erhalten, sondern mehren will, muss eine *positive reale Rendite auf das eingesetzte Kapital* erzielen. Das heißt, seine Investitionsrendite muss nach Abzug der Inflation positiv sein. Auf welchem Wege lässt sich das erreichen?

Mit Bankguthaben und Schuldpapieren wird das schwerlich gelingen; wie die gerade skizzierten Überlegungen deutlich zeigen. Eine gangbare Alternative ist das Investieren in Produktivkapital, im einfachsten Fall das Investieren in Aktien. Unternehmen erzielen eine positive reale Rendite auf das eingesetzte Kapital. Allerdings wird das in wirtschaftlich schwierigen Zeiten nur den »guten Unternehmen« gelingen.

Wodurch zeichnen sich gute Unternehmen aus? Gute Unternehmen verfügen über Markteintrittsbarrieren (»Barriers to Entry«): Sie können etwas, was andere nicht können, was andere auch nicht kopieren können. Nach Bruce C. Greenwald werden die Markteintrittsbarrieren durch drei Faktoren bestimmt:

1. »Captive customers«. Die Nachfrage nach den Produkten des Unternehmens ist preisunelastisch.
2. »Proprietary manufacturing capability«. Das Unternehmen kann etwas produzieren, was andere nicht produzieren können (beispielsweise aufgrund eines technologischen Vorsprungs).
3. »Scale economics«. Das Unternehmen verfügt über die geringsten Durchschnittskosten, weil es die Fixkosten auf eine große Absatzmenge verteilen kann.

Verfügt ein Unternehmen über Markteintrittsbarrieren, so ist es in der Lage, steigende Produktionskosten (für zum Beispiel Löhne, Zwischenprodukte und Energie) in den Absatzpreis weiterzureichen. Zudem erleidet ein gutes Unternehmen auch keinen Rückgang in der Absatzmenge, wenn die Inflation steigt. Beides zusammen macht das Unternehmen »inflationsresistent«: Es kann eine Rendite auf das Eigenkapital erzielen, die dauerhaft höher ist als die Inflation.

Beispielhaft seien an dieser Stelle zwei (idealtypische) Eigenschaften von inflationsresistenten Geschäftsmodellen aufgeführt:

1. »Asset Light«. Das Reinvestieren in Zeiten von Inflation treibt Unternehmen in eine Kostenfalle, die die Kapitalrenditen schmälert. Unternehmen, die keine oder nur geringe Sachanlagen haben, die im Zeitablauf erneuert werden müssen, sind daher attraktiv.
2. »Hidden Option«. Bei Inflation sind Unternehmen attraktiv, deren Kostenbasis bei Inflation unverändert bleibt, während die Umsätze mit der Inflation ansteigen. Diese Unternehmen können ihre Kapitalrendite bei Inflation sogar steigern.

Gute Unternehmen können ihren Gewinn profitabel in das eigene Geschäft reinvestieren. Sie schütten ihre Gewinne daher nicht oder nur zu einem geringen Teil aus. Das ist zum Vorteil für den Aktionär, und zwar dann, wenn die Rendite, zu der ein gutes Unternehmen seine Gewinne reinvestieren kann, höher ist als die Rendite, die dem Aktionär alternativ zur Verfügung steht.

Der Aktionär kommt dadurch in den Genuss des Zinseszinseffektes: Kann das Unternehmen seine Gewinne zu attraktiven Renditen reinvestieren, steigt sein ökonomischer Wert im Zeitablauf an – und damit letztlich auch sein Aktienkurs. Die Kurse an der Börse mögen kurzfristig schwanken, und es können sich zuweilen Fehlbewertungen einstellen. Langfristig jedoch wird der Aktienkurs dem Unternehmenswert folgen – und der wird bestimmt durch die Rendite auf das Eigenkapital.

Die nachstehende Tabelle illustriert die Kraft des Zinseszinseffektes – und zeigt, wie erfolgreich das Investieren in gute Unternehmen, in »Great Businesses«, über die Jahre hinweg sein kann. Gelingt es dem Anleger, in ein Unternehmen zu investieren, dass beispielsweise eine reale Kapitalrendite von 10 Prozent pro Jahr erzielt, so wird er seinen Einsatz nach 25 Jahren bereits verzehnfacht, nach 49 Jahren verhundertfacht haben. Wenn Sie hingegen Ihr Geld zu 15 Prozent pro Jahr anlegen, ist es verzehnfacht nach nur 17 Jahren und verhundertfacht nach 33 Jahren.

Abb. 36: Wie Rendite und Zeit den Investitionserfolg bestimmen

Anzahl der Jahre, um das Kapital zu verzehn- bzw. zu verhundertfachen

	Anlagebetrag	
Rendite pro Jahr	**verzehnfacht nach:**	**verhundertfacht nach:**
5%	48 Jahren	95 Jahren
10%	25 Jahren	49 Jahren
15%	17 Jahren	33 Jahren
20%	13 Jahren	26 Jahren
25%	11 Jahren	21 Jahren

Quelle: Eigene Berechnungen.

Doch der Leser sollte nicht den Schluss ziehen: Unternehmen mit hoher Eigenkapitalrendite sind notwendigerweise eine tolle Investition. Denn auch das beste Unternehmen ist keine gute Investition, wenn es zu teuer gekauft wird. Der Anleger muss stets den »inneren Wert« der Aktie – das ist der Barwert aller künftigen Einzahlungen, die ein Unternehmen erzielt – mit ihrem aktuellen Marktpreis vergleichen. Nur dann, wenn der Preis deutlich unter dem Wert liegt – wenn also eine ausreichende Sicherheitsmarge vorliegt –, lohnt sich der Kauf. Das Handlungsprinzip lautet: »Preis-versus-Wert«.

Ein solches Vorgehen entspricht der Philosophie des Value-Investing in der Tradition von Benjamin Graham und Warren E. Buffett. Langfristig orientierte Investoren, die sich konsequent an das Prinzip »Preis-versus-Wert« halten, schützen sich vor dauerhaften Kapitalverlusten. Sie sind zudem auch in der Lage, attraktive Renditen auf ihr eingesetztes Kapital zu erzielen und damit dessen Kaufkraft zu mehren.

Mit dem Value-Investing kann der Anleger Börsenschwankungen – die sich künftig vermutlich weiter verschärfen werden – renditesteigernd für sich nutzen. Im Börsengeschehen treten nämlich immer wieder Situationen auf, in denen der Marktpreis unter den Wert einer Aktie fällt. Das eröffnet Investoren attraktive Einstiegsmöglichkeiten. Gemäß dem Motto: Im Einkauf liegt der Gewinn.

Für den langfristig denkenden Anleger ist nämlich das Risiko nicht das kurzfristige Schwanken der Aktienkurse. Sein Risiko ist, einen dauerhaften Kapitalverlust zu erleiden. Das kurzfristige Auf und Ab der Börsen lässt sich für die meisten Anleger nicht verlässlich prognostizieren. Umso mehr empfiehlt sich für sie das langfristig orientierte Investieren in gute Unternehmensaktien, wenn sie zu Preisen gekauft werden können, die deutlich unter ihrem Wert liegen.

Das Fiat-Geldsystem führt zu Verzerrungen in der volkswirtschaftlichen Produktionsstruktur: Es verleitet Unternehmen zu Fehlinvestitionen, die den langfristigen Unternehmenserfolg schmälern oder sogar zunichtemachen können. Das Value-Investing ermöglicht es, auch mit dieser Unsicherheit umzugehen, und zwar bei der Auswahl der guten Unternehmen.

1. Man zieht die Finanzhistorie des Unternehmens zurate. Ein Indiz, dass es sich um ein gutes Unternehmen handelt, ist, wenn das Unternehmen über Boom-und-Bust-Zyklen, über Inflationszyklen hinweg hohe Kapitalrenditen erzielt hat.

2. Weil der Erfolg kapitalintensiver Unternehmen erhöhter Unsicherheit unterliegt, sollte der Anleger nur dann in sie investieren, wenn auch eine ausreichend hohe Sicherheitsmarge vorliegt – oder aber diese Unternehmen meiden.
3. Unternehmen, deren Geschäftserfolg stark von der Kreditfinanzierung getrieben ist, bergen erhebliche Unsicherheit. Für den Anleger gilt hier gleichermaßen: Nur investieren, wenn der Preis, der für die Aktie zu zahlen ist, deutlich unterhalb ihres Wertes liegt.

Das Fiat-Geld leidet unter schweren ökonomischen und ethischen Defiziten, und es kann im Extremfall wertlos werden. Anleger sollten allerdings die verbleibende Verweildauer des Fiat-Geldes auch nicht unterschätzen. In diesem Sinne schrieb der US-amerikanische Ökonom Murray N. Rothbard (1926–1995): »[I]f fiat money could not continue indefinitely, I would not have to come here to plead for its abolition.«[12]

Ob nun mit oder ohne Fiat-Geld: Es macht Sinn, in gute Unternehmen zu investieren. Unternehmen produzieren Güter, sie verdienen Geld. Guten Unternehmen wird es gelingen, trotz aller Verzerrungen, für die das Fiat-Geldsystem sorgt, langfristig erfolgreich zu sein, die reale Kaufkraft des investierten Kapitals zu mehren. Als Anleger kann man daran teilhaben, wenn man die Aktien dieser Unternehmen zu günstigen Preisen kaufen kann. Diese Chance sollte der umsichtige Investor nutzen.

[12] Murray N. Rothbard, *The Case for a 100 Percent Gold Dollar* (Auburn: Ludwig von Mises Institute, 2005 [1962]), S. 149.

ANHANG

Kritik der modernen Finanzmarkttheorie

Zusammenfassung

Die moderne Finanzmarkttheorie (MFT) ist das beherrschende Paradigma der modernen Kapitalmarktforschung, und sie übt maßgeblichen Einfluss auf die Praxis der Kapitalanlage aus. Eine kritische Analyse zeigt jedoch, dass die MFT (einschließlich der Theorie der effizienten Märkte und der modernen Portfoliotheorie) unter *logischen Inkonsistenten* leidet: Die MFT erweist sich als eine *falsche Theorie*, vor deren Empfehlungen sich der umsichtige Investor – ja, man muss es deutlich sagen – in Acht nehmen sollte.

Inhalt

1. Einleitung

»[D]ie Ökonomie ist keine empirische Sozialwissenschaft, sondern muß als aprioristische Handlungswissenschaft begriffen werden, deren Aussagen nicht an Erfahrungsdaten überprüft, sondern logisch abgeleitet werden.«

HANS-HERMANN HOPPE

Die moderne Finanzmarkttheorie (MFT) hat nicht nur der wissenschaftlichen Kapitalmarktforschung ihren Stempel aufgedrückt. Sie hat auch eine große Breitenwirkung entfaltet, bestimmt maßgeblich, wie private und institutionelle Investoren Geld anlegen. Die MFT nimmt zudem auch Einfluss auf die staatlichen Regularien, beispielsweise auf das Risikomanagement von Banken, Versicherungen und anderen Kapitalanlagestellen.

Auf diesen Wegen beeinflusst die MFT die volkswirtschaftliche Kapitalallokation – also die Art und Weise, wie die Ersparnisse investiert werden – und damit auch Wachstum und Beschäftigung. Gerade weil die MFT so einflussreich und wirkungsmächtig ist, ist es sinnvoll, sich grundlegend-*kritisch* mit ihr auseinanderzusetzen.

Vorab ein paar allgemeine Worte. Die Bedeutung von Theorien kann nicht groß genug eingestuft werden: Es sind stets Theorien, die das menschliche Denken und Handeln leiten. Und damit das Denken und Handeln zu den gewünschten Ergebnissen führt, müssen die Theorien *richtig* sein. Doch wie lassen sich *richtige* von *falschen* Theorien unterscheiden? Diese Frage lenkt den Blick auf die *wissenschaftliche Methode.*

Die wissenschaftliche Methode ist – vereinfachend gesprochen – das Vorgehen, um Erkenntnisse (im Sinne von Wahrheitsaussagen) über ein Erkenntnisobjekt zu gewinnen und ihren Wahrheitsgehalt zu überprüfen. Die Wahl der wissenschaftlichen Methode ist daher von besonderer Relevanz – nicht nur von theoretischer, sondern vor allem auch praktischer Relevanz.[13]

---

[13] Zu der grundlegenden Diskussion siehe zum Beispiel Hartwig (1977), *Kritisch-rationale Methodologie und ökonomische Forschungspraxis*; auch Hoppe (1995), *Economic Science and the Austrian Method*; ders. (1983), *Kritik der kausalwissenschaftlichen Sozialforschung*, insb. S. 39 ff.

Die wissenschaftliche Methode, die in den Sozial- und Wirtschaftswissenschaften anzuwenden ist, unterscheidet sich *kategorial* von der, die in den Naturwissenschaften Verwendung findet. Die Sozial- und Wirtschaftswissenschaft ist keine Erfahrungswissenschaft, sie lässt sich widerspruchsfrei nur als *apriorische Handlungswissenschaft* verstehen (konzeptualisieren).[14]

Ihre Aussagen werden mit *logischen Mitteln* gewonnen, und ebenso wird ihr Wahrheitsgehalt mit logischen Mitteln überprüft.[15] Diese Position, die heute eine Minderheitsmeinung geworden ist, ist folgenreich: »Die entscheidende praktische Konsequenz (...), die sich aus der Anerkennung des aprioristischen Charakters der Ökonomie ergibt, ist der drastisch erhöhte Zwang zu logischer Argumentation, diskursivem Räsonnement und deduktiver Ableitung.«[16]

Im Folgenden wird die moderne Finanzmarkttheorie (MFT) unter Rückgriff auf die Erkenntnisse der *apriorischen Handlungswissenschaft* einer kritischen Betrachtung unterzogen. Zunächst wird dazu die Problemstellung, der sich die MFT widmet, aufgezeigt, und im Anschluss daran werden die Grundbausteine der MFT – die *Markteffizienzhypothese* und die *Theorie der rationalen Erwartungen – kritisch betrachtet.*

---

14 Diese Sichtweise steht im Gegensatz zur heute verbreiteten Auffassung, die Sozial- und Wirtschaftswissenschaft sei eine *Erfahrungswissenschaft*. Zur Rechtfertigung, die Nationalökonomie als *apriorische Handlungswissenschaft* zu konzeptualisieren, siehe Hoppe (1983), *Kritik der kausalwissenschaftlichen Sozialforschung*; ders. (1995), *Economic Science and the Austrian Method*; Mises (1940), *Nationalökonomie*, S. 11–187. Siehe auch Polleit (2018), *Über die Logik des Handelns*; für eine weiterführende Kritik Polleit (2013), *The Financial and Economic Crisis and the Aberrance of Economics*.

15 »Alles, was unsere Wissenschaft enthält, ist Entfaltung des Begriffes *menschliches Handeln*. Alles, was wir brauchen, um denkend die Sätze unserer Wissenschaft abzuleiten, ist Wissen um das Wesen des menschlichen Handelns, jenes Wissen, das uns eigen ist, weil wir Menschen sind (...) Alle Begriffe unserer Lehre sind im Begriffe menschliches Handeln mitgedacht, und die Aufgabe der Wissenschaft ist es, sie aufzuzeigen, zu entwickeln, zu verdeutlichen und genau zu bestimmen.« Mises (1940), *Nationalökonomie*, S. 40.

16 Hoppe (1983), *Kritik der kausalwissenschaftlichen Sozialforschung*, S. 84.

2. Moderne Finanzmarkttheorie (MFT)

Auf Finanzmärkten wird – vereinfachend gesprochen – Geld gegen Geld getauscht: US-Dollar werden gegen Euro gehandelt, japanische Yen gegen Schweizer Franken. Es wird aber auch gegenwärtig verfügbares Geld (*Gegenwartsgut*) gegen zukünftig verfügbares Geld (*Zukunftsgut*) getauscht. Beispielsweise bedeutet der Kauf einer Aktie, dass der Käufer gegenwärtig verfügbares Geld gegen künftige erwartete Dividendenzahlungen eintauscht.

Damit wird eine zentrale Frage deutlich: *Wie bilden sich die Preise der auf den Finanzmärkten gehandelten Geldarten beziehungsweise künftig erwarteten Geldzahlungen?* Illustrieren wir das *Preisbestimmungs-* beziehungsweise *Bewertungsproblem* anhand des Beispiels einer Aktie und greifen dafür auf das Dividenden-Barwert-Modell zurück, das der amerikanische Ökonom John Burr Williams (1900–1989) formuliert hat.[17]

Danach entspricht der Aktienkurs (*P*) dem Barwert aller künftigen abgezinsten Gewinne beziehungsweise Dividenden (*D*), die das Unternehmen erzielt:

$$P = \sum_{i=1}^{n} \frac{D_i}{(1+r)^i}$$

mit r = Diskontierungsrate, n = Anzahl der Jahre, i = konkretes Jahr.

Nun haben wir zwar eine Formel, kennen aber nicht die künftigen Dividenden und kennen auch nicht den künftigen Diskontierungszins. Mit anderen Worten: *D* und *r* sind *unsicher* – und entsprechend *unsicher* ist auch *P*.

Wie kann und soll der Anleger mit dieser Unsicherheit umgehen? Wie lässt sich Unsicherheit überhaupt erfassen beziehungsweise messen? Welche Rolle spielt Unsicherheit für die Aktienkursbildung an der Börse? Welche weiteren (Stör-)Faktoren beeinflussen die Preisbildung der Aktie? Mit diesen Fragestellungen setzt sich die MFT auseinander.

[17] Siehe Williams (1956), *Theory of Investment Value.*

Die MFT ist zum einen eine *explikative Theorie*, indem sie versucht, Antworten auf obige Fragen abzuleiten. Zum anderen ist sie auch eine *normative Theorie*: Die MFT sagt, wie ein Investor seine Geldanlage vernünftig (rational) gestalten, wie er Investitionsentscheidungen unter Rendite- und Risiko- beziehungsweise Unsicherheitsaspekten treffen soll.

Kernstück der MFT ist die »moderne Portfoliotheorie« (Modern Portfolio Theory, MPT), die maßgeblich auf den 1952 veröffentlichten Aufsatz »Portfolio Selection« von Harry M. Markowitz (*1927) zurückgeht. Danach besteht zwischen Risiko und Rendite der Wertpapiere ein positiver Zusammenhang. Der risikoaverse Investor kann sein Portfolio optimieren: Bei gegebenem Risiko kann er die Portfoliorendite maximieren.[18]

Die MPT wurde nachfolgend zu einem Kapitalmarktmodell, dem Capital Asset Pricing Model (CAPM), weiterentwickelt.[19] Um dabei das *tatsächliche Anlegerverhalten* explizit zu berücksichtigen, wurde die MPT durch zwei weitere Annahmen (Argumente) erweitert, und zwar durch die Markteffizienzhypothese (Efficient Market Hypothesis, MEH) und die Theorie der rationalen Erwartungen (TRE). Betrachten wir zunächst die MEH.

3. Markteffizienzhypothese (MEH)

Die MEH geht zurück auf die Arbeiten des französischen Mathematikers Louis Bachelier (1870–1946) und des amerikanischen Ökonomen und Geschäftsmannes Alfred Cowles (1891–1984).[20]

Im Jahr 1965 beschäftigte sich Paul A. Samuelson (1915–2009) in seinem Aufsatz »Proof that Properly Anticipated Prices Fluc-

[18] Genauer: Man spricht hier von einem *effizienten Portfolio*, wenn (1) es für eine gegebene Rendite kein geringeres Risiko gibt oder (2) für ein gegebenes Risiko keine höhere Rendite und wenn (3) es keine höhere Rendite bei geringerem Risiko gibt.

[19] Das CAPM wurde in den frühen 1960er-Jahren von William Sharpe (1964), Jack Treynor (1962), John Lintner (1965a, b) und Jan Mossin (1966) entwickelt.

[20] Es sei hier angemerkt, dass die Markteffizienzhypothese keine *Hypothese* ist, sondern eine Behauptung, eine *Mutmaßung*: Sie ist keine »Wenn-dann-Aussage«, sondern eine »So-ist-es-Aussage«. Das soll in diesem Aufsatz aber nicht weiter problematisiert werden. Siehe hierzu auch Dias de Sousa, Ricardo, Howden (2015), »The Efficient Market Conjecture«.

tuate Randomly« mit der MEH.[21] Im gleichen Jahr veröffentlichte sein Schüler Eugene F. Fama (*1939) den Aufsatz »The Behavior of Stock Prices«. Beide, Samuelson und Fama, haben ganz wesentlich dazu beigetragen, die MEH zu popularisieren.[22]

Die MEH besagt, dass (1) die Aktienkurse stets alle für die Wertbestimmung des Unternehmens relevanten Informationen enthalten. Der Wertpapiermarkt ist *informationseffizient.*[23] Weiterhin besagt sie, dass (2) kursrelevante Informationen *zufällig* eintreffen. Man kann als Investor nicht wissen, *wann* sie eintreffen; und man weiß auch nicht, *wie* sie den Aktienkurs beeinflussen.

Diese Zufälligkeit des Eintreffens von (positiven oder negativen) Informationen folgt, so die Vertreter der MEH, einem sogenannten *Random Walk*. Mit Random Walk wird ein Prozess von Zufallsbewegungen der Kurse bezeichnet, der – bildlich gesprochen – an den torkelnden Gang eines Betrunkenen erinnert.

Anders formuliert: Die Wahrscheinlichkeit, dass eine positive Information auftritt, die den Börsenkurs anhebt, beträgt 50 Prozent, und 50 Prozent beträgt auch die Wahrscheinlichkeit, dass die Information den Börsenkurs senkt. Der Erwartungswert der Kursveränderung ist also 0. Mit anderen Worten: Der aktuelle Börsenkurs liefert – so die MEH – die beste Schätzung über den künftigen Börsenkurs.

Folglich kommt der Versuch, die Börsenkurse prognostizieren zu wollen, einem Münzwurf gleich: Die Chance, Kopf oder Zahl zu erzielen, ist jeweils 50 Prozent. Und der Erwartungswert, mit solch

---

21 Samuelson, P. A. (1965), »Proof that Properly Anticipated Prices Fluctuate Randomly«, in: *Industrial Management Review* 6 (2), S. 41–49.

22 Siehe Fama (1965), »The Behavior of Stock-Market Prices«; ders. (1970), »Efficient Capital Markets: A Review of Theory and Empirical Work«. Fama hat für seine Arbeiten insbesondere zur modernen Finanzmarkttheorie im Jahr 2010 den Wirtschaftsnobelpreis erhalten, zusammen mit Lars P. Hansen und Robert J. Shiller.

23 Es werden drei Arten von Informationseffizienz unterschieden: (1) schwache, (2) halb-strenge und (3) strenge. Ad (1): Schwache Informationseffizienz liegt vor, wenn alle vergangenheitsbezogenen Informationen im Kurs enthalten sind. Wenn das so ist, dann lässt sich mit zum Beispiel der Chartanalyse keine Überrendite erzielen. Ad (2): Liegt halb-strenge Informationseffizienz vor, sind alle öffentlich zugänglichen Informationen bereits in den Börsenkursen enthalten. Überrenditen sind auch mit der Fundamentalanalyse nicht möglich. Ad (3): Bei strenger Informationseffizienz sind in den Kursen alle Informationen, auch die nicht-öffentlichen (»Insiderinformationen«), enthalten. Das Erzielen von Überrenditen ist unmöglich.

einem Münzwurf einen Gewinn zu erzielen, ist null. Die Konsequenz der MEH ist, dass der Investor *keine Überrenditen* erzielen kann: Er kann mit seinen Investmententscheidungen nicht besser abschneiden als der Gesamtmarkt.[24]

Wer der MEH Glauben schenkt, der wird folglich nicht in ausgewählte Aktien investieren, sondern den Gesamtmarkt kaufen – beispielsweise in Form eines Aktienmarkt-Indexzertifikates oder eines Index-ETFs. Ist aber die MEH eine richtige, eine akzeptable Theorie? Sind die Empfehlungen, die sie dem Investor gibt, solide?

4. Logik des menschlichen Handelns

Um diese Fragen zu beantworten, brauchen wir – wie einleitend angemerkt – eine *Meta-Theorie*: eine Theorie der Theorie(n). Genauer: Wir brauchen eine Theorie, mit der die Korrektheit, der Wahrheitsgehalt der Theorie (in diesem Falle die MEH) beurteilt werden kann. Dazu greifen wir im Folgenden auf die *Logik*, genauer: die *Logik des Handelns*, zurück.[25]

Sie setzt an einem zentralen Satz an. Er lautet: »Der Mensch handelt.« Dieser erscheint zunächst trivial zu sein. Bei genauer Überlegung erweist er sich jedoch erkenntnistheoretisch als höchst bedeutungsvoll. Der Wahrheitsgehalt des Satzes »Der Mensch handelt« lässt sich nicht verneinen, ohne einen intellektuellen Widerspruch zu begehen.

---

[24] Das würde folglich bedeuten, dass es einen Investmenterfolg, wie ihn Warren E. Buffett und Charlie Munger erzielt haben, nicht geben kann. In der Zeit von 1965 bis 2016 hat ihre Aktie Berkshire Hathaway im Durchschnitt eine Rendite (stetige Verzinsung) in Höhe von 20,8 Prozent (nach Steuern) pro Jahr erzielt, während der S&P 500 Aktienindex um 9,7 (vor Steuern) Prozent gestiegen ist. Die Zahlen sind den Berkshire Hathaway Inc. Shareholder Letters entnommen.

[25] Der Ökonom und Gesellschaftstheoretiker Ludwig von Mises (1881–1973) rationalisierte die Logik des Handelns (die er auch als *Praxeologie* bezeichnete) als wissenschaftliche Methode für die Nationalökonomie. Er forderte damit einen »methodologischen Dualismus« ein: Das heißt, er zeigte mit logischen Mitteln, dass die wissenschaftliche Methode in der Nationalökonomie eine andere sein *muss* als in der Naturwissenschaft. Siehe hierzu Mises (1940), *Nationalökonomie*, S. 1–114. Zum besseren Verständnis: Die Logik des Handelns behauptet *nicht*, dass der Mensch sich logisch verhält, sondern sie zeigt, was wir mit logischen Schlussfolgerungen aus der unwiderlegbaren Einsicht, dass der Mensch handelt, wissen können.

Wer sagt »Der Mensch handelt nicht«, der handelt und widerspricht damit dem Gesagten, begeht also einen *performativen Widerspruch*. Der Satz »Der Mensch handelt« gilt a priori: Er ist selbst-evident, ist erfahrungsunabhängig und allgemeingültig.[26] Aus der apriorischen (apodiktisch wahren) Erkenntnis lassen sich nun weitere Erkenntnisse deduktiv ableiten.

Beispielsweise die Erkenntnis, dass Menschen handeln, um *Ziele* zu erreichen; dass sie dazu *Mittel* einsetzen müssen und dass Mittel *knapp* sind; dass der Handelnde ein Mehr einem Weniger vorzieht; dass Handeln stets unter Einsatz von *Zeit* stattfindet; und anderes mehr.

Alle diese Aussagen lassen sich nicht widerspruchsfrei verneinen. Die Logik des Handelns bietet daher die Möglichkeit, den logischen Gehalt von ökonomischen Theorien zu überprüfen: Ökonomische Theorien, die gegen die Erkenntnisse der Handlungslogik verstoßen, müssen Zweifel an ihrer Validität wecken beziehungsweise als falsch zurückgewiesen werden.

Die Erkenntnisse, die aus der Logik des Handelns gewonnen werden, sind – um mit Immanuel Kant (1724–1804) zu sprechen – die *Bedingungen der Möglichkeit richtiger ökonomischer Theorien*. Betrachten wir vor diesem Hintergrund nun den ersten Baustein der MFT, die MEH.

5. MEH aus Sicht der (Handlungs-)Logik

Wie ist es *(handlungs-)logisch* um die Aussage der MEH bestellt, die Aktienkurse enthielten stets alle relevanten Informationen? Es folgt aus der *Logik des Handelns*, dass für denjenigen, der eine Aktie für, sagen wir, 100 Euro verkauft, die 100 Euro wertvoller sind als die Aktie und dass gleichzeitig für denjenigen, der die Aktie kauft, das Umgekehrte gilt: Für ihn ist die Aktie wertvoller als 100 Euro.

In einem freiwilligen Tausch haben Käufer und Verkäufer notwendigerweise genau *entgegengesetzte Wertungen*: Der Käufer meint, die Aktie sei zu billig (sie sei also mehr wert als 100 Euro),

[26] Der Begriff a priori steht für Aussagen, die anhand von Wahrnehmungen weder als wahr noch als falsch erwiesen werden können.

der Verkäufer meint, sie sei zu teuer (sie sei weniger wert als 100 Euro). Wäre das nicht so, würde kein (freiwilliger) Tausch stattfinden.

Die *nicht verneinbare Ungleichheit der Wertungen*, die zwischen Käufer und Verkäufer besteht, liefert eine wichtige Erkenntnis: Der Markt kann weder aus Sicht des Käufers noch des Verkäufers informationseffizient sein in dem Sinne, dass aus Sicht von Käufer und Verkäufer alle kursrelevanten Informationen bereits im Kurs enthalten sind.

Die gerade geschilderte Transaktion ist vielmehr ein unmissverständliches Indiz dafür, dass Käufer und Verkäufer die Meinung haben, dass die Märkte *nicht* informationseffizient sind.[27] Denn wären die Märkte informationseffizient, bestünde für niemanden ein Anlass, die Aktie zu kaufen beziehungsweise zu verkaufen. Die (Kern-)Aussage der MEH, der Aktienmarkt sei informationseffizient, ist also logisch widersprüchlich und damit falsch.

Weiterhin ist zu kritisieren, dass die MEH von einem existierenden Markt*gleichgewicht* ausgeht: Zu jedem Zeitpunkt enthalten die Aktienkurse alle relevanten Informationen. Das aber impliziert (zumindest für die Zeit, in der keine neuen Informationen hinzukommen) eine Situation, in dem ein Stillstand, ein *Ruhestand* erreicht ist. Doch im Bereich des menschlichen Handelns kann es das aus logischen Gründen nicht geben.

Beispiel: Wenn Henry eine Apple-Aktie zu 140 US-Dollar von Sara kauft, zeigt der Kurs von 140 US-Dollar nicht etwa ein Gleichgewicht an. Er zeigt vielmehr, dass aus Henrys Sicht eine Apple-Aktie mehr wert ist als 140 US-Dollar und dass für Sara 140 US-Dollar mehr wert sind als eine Apple-Aktie. Der Kurs von 140 US-Dollar pro Aktie spiegelt also keine Gleichgewichtsituation wider, weder für Henry noch für Sara.

Bei dem Kurs von 140 US-Dollar, zu dem die Aktie gehandelt wird, sind weder Henry noch Sara wunschlos glücklich. Menschliches Handeln bedeutet, dass der Handelnde nicht *nicht* handeln kann. Vielmehr versucht er fortwährend, seinen Zielen näher zu

---

[27] Um zu dieser Schlussfolgerung zu gelangen, muss man nicht Kosten für die Beschaffung und Verarbeitung von Informationen ins Feld führen, die erforderlich sind, um das Stattfinden von Markttransaktionen zu erklären – wie es beispielsweise Grossmann und Stiglitz (1980) tun.

kommen. Er wird aber *niemals* einen Zustand erreichen, der nicht verbessert werden kann.

Hätte er alle seine Ziele erreicht, würde er nicht mehr handeln. Das aber ist denkunmöglich: Man kann nicht widerspruchsfrei argumentieren, dass der Mensch nicht handelt. Die MEH unterstellt also etwas – ein Marktgleichgewicht –, das unlogisch und damit falsch ist. Handeln kann Unzufriedenheit verringern, kann sie aber nicht aus der Welt schaffen. Ein Marktgleichgewicht im Sinne eines Ruhezustands (ob nun im Aktien- oder Gütermarkt) kann es daher nicht geben.

Wenn die MEH aufgrund (handlungs-)logischer Überlegungen als logisch inkonsistent beziehungsweise falsch zurückzuweisen ist, könnte man eigentlich schon aufhören, sich weiter mit ihr zu beschäftigen. Wir wollen dennoch einige weitere kritische Anmerkungen zu ihrer empirischen Überprüfbarkeit machen.

6. Kritik zur empirischen Überprüfung der MEH

Eine Hypothese steht für einen »Wenn-dann«-Zusammenhang in der Form »Wenn *A*, dann *B*« oder »Wenn *A* sich um x Prozent verändert, dann reagiert *B* um y Prozent«. Zunächst fällt auf: Die MEH ist gar keine Hypothese, sondern eine Behauptung, eine Vermutung.

Selbst wenn wir über diese »Schwierigkeit« großzügig hinwegsehen, zeigt sich, dass die empirische Überprüfung der MEH, wie sie in der Forschung praktiziert wird, Anlass zu vielerlei Kritik gibt. Fünf Kritikpunkte seien im Folgenden aufgeführt.

(1) *Die MEH ist unbestimmt, sie entzieht sich einer empirischen Überprüfbarkeit.* – Will man testen, ob die Börsenkurse alle relevanten Informationen enthalten (ob also die Kernaussage der MEH gilt), muss man wissen, was die *relevanten* Informationen sind.

Gehören dazu die Unternehmensgewinne? Oder Neuigkeiten über Veränderungen im Unternehmensmanagement? Und was ist mit Zinsen, Wechselkursen etc.? Was relevante Informationen sind oder nicht, auf diese Frage gibt die MEH keine Antwort.

Man muss aber nicht nur wissen, was die kursrelevanten Informationen sind. Man muss sie auch objektiv messen können. Wie lässt sich der Einfluss eines Wechsels im Management messen? Welche Zinsen sind relevant: die kurz- oder die langfristigen Zinsen? Wie das geschehen soll, auch darüber gibt die MEH keine Auskunft.

Diejenigen, die die MEH testen, verfolgen häufig eine *Ausweichstrategie* – weil es die erforderlichen Testdaten nicht gibt beziehungsweise weil sie sich nicht objektiv feststellen lassen. Das, was in den empirischen Analysen herauskommt, kann daher nicht abschließend überzeugen.[28]

(2) *Zur Überprüfung der MEH braucht man Überrenditen, die sich aber nicht objektiv finden lassen.* – Wie bereits erwähnt, besagt die MEH, dass niemand (dauerhaft) Überrenditen erzielen kann, dass also niemand (dauerhaft) besser abschneiden kann als der Gesamtmarkt.

Um zu testen, ob Überrenditen möglich sind oder nicht, braucht man ein Modell, das uns sagt, was denn der »richtige« Börsenkurs und die »richtige« Rendite zu einem bestimmten Zeitpunkt sind.

Nur dann, wenn man über ein solches Modell verfügt, kann man ermitteln, ob ein Investor eine Überrendite erzielt oder nicht: Man stellt die erzielte Rendite der »richtigen« Rendite gegenüber. Welches Modell aber kann die richtige Rendite berechnen?

In der Literatur wird häufig auf das (bereits erwähnte) CAPM zurückgegriffen. Es besagt, in Kurzform, dass die Rendite einer

---

[28] Das Vorgehen, das man in der Kapitalmarktforschung antrifft, um die MEH einer empirischen Überprüfbarkeit zugänglich zu machen, ist alles andere als überzeugend: Man schätzt den Aktienkurs in Periode t+1 auf Basis des Kurses in Periode t: $P_{t+1} = a + bP_t + \varepsilon_t$. Wenn P_t der beste Schätzer für P_{t+1} ist (der Markt also informationseffizient ist), so muss $b = 1$ sein. Zudem darf es *keine serielle Korrelation der Residuen* geben (ansonsten ergäbe sich die Möglichkeit, mit dem Erwartungsfehler den künftigen Preis zu erklären – und das widerspräche der MEH). Die Frage ist nun aber: Woher aber weiß man, dass P_t *informationseffizient* ist? Das muss ja gewährleistet sein, damit P_t der beste Schätzer für P_{t+1} sein kann. In der empirischen Überprüfung der MEH unterstellt man ganz einfach, dass P_t informationseffizient ist, ohne dafür einen überzeugenden Beweis vorzubringen! Man setzt also genau das voraus, was man untersuchen will: dass die Preise informationseffizient sind. Wir haben es hier mit einem *Zirkelschluss* zu tun, der wissenschafts- und erkenntnistheoretisch ins Nichts führt.

Aktie dem risikolosen Zins zuzüglich eines Risikoaufschlags entspricht.

Allerdings baut das CAPM auf der MEH (und ihren Annahmen) auf: Die Antwort auf die zu klärende Frage – ob also die Märkte informationseffizient sind oder nicht – wird in den Prämissen des CAPM zur Ermittlung der Überrenditen bereits vorausgesetzt.

Es ist unmittelbar einsichtig, dass man nicht die MEH überprüfen kann, wenn man im Zuge der Überprüfung sie als bereits bestätigt unterstellt. Ein solches Vorgehen ist vielmehr als *unsinnig* zurückzuweisen.

(3) *Die Überprüfung der MEH scheitert am Induktionsproblem.* – Ein grundlegendes erkenntnistheoretisches Problem begegnet uns beim Versuch, den Wahrheitsgehalt der MEH anhand von Daten überprüfen zu wollen.

Aus einzelnen Beobachtungen lässt sich bekanntlich keine Allgemeingültigkeit ableiten. Das sagt uns das *Induktionsproblem.* Letzteres lässt sich mit dem folgenden Beispiel verdeutlichen: Selbst wenn man bislang nur weiße Schwäne beobachtet hat, lässt sich daraus nicht logisch folgern, dass alle Schwäne weiß sind.

Denn es kann sein, dass man bislang andersfarbige Schwäne übersehen hat oder dass man künftig noch andersfarbige Schwäne beobachten wird.[29] Kurzum: Aus einzelnen Beobachtungen lässt sich *logisch* nicht auf eine Allgemeingültigkeit schließen.

Diese Einsicht ist wichtig: Nehmen wir an, es gelingt, die MEH anhand von Vergangenheitsdaten zu überprüfen, und man findet dabei heraus, dass die Hypothese (sie lautet: »Es lassen sich keine Überrenditen erzielen«) *nicht verworfen* werden kann.

Heißt das, dass die Hypothese bestätigt ist? Die Antwort lautet: Nein! Denn es könnte ja sein, dass künftige Beobachtungen (die wir

[29] An dieser Stelle sei darauf hingewiesen, dass zwischen Wahrheit und Wahrscheinlichkeit streng zu unterscheiden ist. Eine immer größere Wahrscheinlichkeit bedeutet nicht, dass man der Wahrheit immer näher kommt. Bei einer unbeschränkten All-Aussage wie »Alle Schwäne sind weiß« braucht es nur eine Gegeninstanz (»Dieser Schwan ist schwarz«), um die All-Aussage als falsch zu erweisen – obwohl für die All-Aussage immer noch eine Wahrscheinlichkeit (gemessen als Verhältnis der positiven zu den möglichen Fällen) von 1 als Grenzwert erhalten bleibt. Siehe hierzu zum Beispiel Poser (2001), *Wirtschaftstheorie,* S. 108 ff.

noch nicht gemacht haben) dem bisherigen Ergebnis widersprechen und dass künftig die Hypothese verworfen werden könnte.

Und was ist, wenn der durchgeführte Test die Hypothese verwirft? Auch damit ist nicht viel gewonnen. Denn es könnte ja sein, dass künftige Beobachtungen zeigen, dass die Hypothese *nicht* verworfen wird.

Bestenfalls können wir die Aussage treffen: Bislang ist der Befund so und so, und wir müssen abwarten, ob der Befund künftig ein anderer sein wird oder nicht. Ob man der MEH glauben soll oder nicht, wird man auf diesem Wege niemals erfahren können; der Wahrheitsgehalt der MEH lässt sich so nicht beurteilen.

(4) *Für ein Testen der MEH kann man nicht auf die sogenannten »Protokollsätze« zurückgreifen.* – In den Naturwissenschaften lässt sich das Überprüfen einer Hypothese anhand von Daten praktizieren. Hier gibt es gleichartige Beobachtungspunkte, die man durch Experimente gewinnen kann; Karl R. Popper nennt sie »Protokollsätze«.

In den Sozialwissenschaften, im Bereich des menschlichen Handelns, gibt es hingegen *keine gleichartigen homogenen Beobachtungspunkte*, gibt es keine (Popper'schen) Protokollsätze wie in den Naturwissenschaften.

Menschliches Handeln ist im wahrsten Sinne des Wortes *einmalig*, es ist nicht wiederholbar: Menschliches Handeln findet stets unter konkreten Umständen statt, und der handelnde Mensch stellt keine Konstante in dem Sinne dar, dass er konstante (zeitinvariante) Ziele, Präferenzen und Wissenszustände hätte.

Beispiel: Die Aktienkurse, die sich am 29. und 30. November 2017 gebildet haben, sind jeweils unter ganz bestimmten (Umfeld-)Bedingungen zustande gekommen – bestimmte Käufer und Verkäufer hatten bestimmte Ziele, Präferenzen, verfügten über einen bestimmten Wissensstand.

Diese beiden Kurse sind daher nicht miteinander vergleichbar wie die Ergebnisse von Laborversuchen, bei denen unter sonst gleichen Bedingungen ein Faktor verändert und seine Wirkung auf die zu erklärende Variable gemessen wird.

Das Vorgehen, das in der Naturwissenschaft praktiziert wird, das Formulieren von Hypothesen (»Wenn-dann«-Aussagen) und ihr Testen, lässt sich im Bereich des menschlichen Handelns und

Wirtschaftens aus erkenntnistheoretischen Gründen nicht durchführen.

(5) *Die Risikodefinition, die die MEH hervorbringt, ist fragwürdig, kann nicht überzeugen.* – Wie bereits ausgeführt, geht die MEH davon aus, dass die Aktienkurse jederzeit alle relevanten Informationen enthalten.

Damit wird behauptet: Der Aktienkurs entspricht stets dem *Wert* der Aktie (d. h. der Summe aller abdiskontierten Gewinne des Unternehmens entsprechend der Formel, die zu Beginn dieses Aufsatzes erläutert wurde).

In der MEH werden daher Kursschwankungen gleichgesetzt mit Wertveränderungen der Aktie. Das ist der Grund, warum die MEH die Schwankungen der Börsenkurse als das richtige Maß für das Risiko, das der Investor trägt, ausweist.

Doch ein Gleichsetzen von Kursschwankungen mit Wertveränderungen der Aktie wäre nur dann vertretbar, wenn die MEH richtig ist. Das aber ist sie nicht – wie sich mit der *Logik des Handelns* zeigen lässt.

Käufe und Verkäufe einer Aktie signalisieren, dass weder aus Sicht der Käufer noch der Verkäufer die Börsenkurse informationseffizient im Sinne der MEH sein können. Wie aber lässt sich dann die Aussage begründen, Kursschwankungen ließen sich mit Wertveränderungen der Aktien gleichsetzen?

Empirisch gesehen ist es naheliegend zu vermuten, dass das Auf und Ab der Börsenkurse nicht immer die Wertveränderung der Aktien (in korrekter Weise) widerspiegelt. So mancher Börsianer handelt gefühlsmäßig, unüberlegt etc. Dass sich dadurch Marktphasen ergeben, in denen der Preis und der Wert der Aktien auseinanderfallen, liegt nahe.[30]

Was ist aus (handlungs-)logischer Perspektive in diesem Zusammenhang anzumerken? Ein Aspekt ist offensichtlich: Die MEH behauptet, die Börsenkurse reflektierten *sofort* und *unmittelbar neue Informationen*. Das aber ist denkunmöglich: Denn Handeln erfordert

30 »When the price of a stock can be influenced by a ›herd‹ on Wall Street with prices set at the margin by the most emotional person, or the greediest person, or the most depressed person, it is hard to argue that the market always prices rationally. In fact, market prices are frequently nonsensical.« Buffett (1984), »The Superinvestors of Graham-and-Doddsville«, S. 13.

Zeit (so gering sie auch sein mag), zeitloses Handeln, eine zeitlose Preisbildung, lassen sich nicht widerspruchsfrei denken.

Welche Annahmen müsste die MEH denn zusätzlich machen, um rechtfertigen zu können, dass die Börsenkurse zu jedem Zeitpunkt den Wert des Unternehmens korrekt widerspiegeln? Die ursprüngliche Version der MEH, wie sie Fama 1964 formuliert hat, reicht nicht aus, darauf eine Antwort zu geben.[31]

7. Kritik der Theorie der rationalen Erwartungen (TRE)[32]

Lassen sich vielleicht die logischen Unkorrektheiten heilen, indem man die MEH um zusätzliche Annahmen erweitert? Beispielsweise indem man annimmt, dass alle Marktakteure die gleichen Informationen zur gleichen Zeit haben und dass sie daraus alle die gleichen Schlüsse ziehen und folglich alle gleich gut abschneiden?

Diese Annahmen werden von der *Theorie der rationalen Erwartungen* (TRE) gemacht. Sie wurde 1961 von John Fraser Muth (1930–2005)[33] vorgelegt und vor allem von Robert E. Lucas (*1937)[34] weiterentwickelt. Die TRE baut auf drei Grundannahmen auf:

---

[31] Fama machte zunächst nur zwei Annahmen: (1) Die Änderung der Börsenkurse in Zeitpunkt t ist unabhängig von den Änderungen in t–1. (2) Diese Änderungen der Börsenkurse folgen einer bekannten Wahrscheinlichkeitsverteilung.

[32] Erwartungen spielen natürlich eine wichtige Rolle in den Modellen und Überlegungen der Ökonomen. Rationale Erwartungen sind nur eine theoretische Form der Erwartungsbildung. Bei *extrapolativen Erwartungen* schreibt der Handelnde das, was er in der Vergangenheit erfahren hat, in die Zukunft fort: Betrug der Anstieg der Preise 2 Prozent pro Jahr, so werden sie auch in der Zukunft um 2 Prozent ansteigen. *Adaptive Erwartungen* bedeuten, dass die Menschen zwar grundsätzlich das Vergangene in die Zukunft projektieren, allerdings korrigieren sie um Erwartungsfehler, die ihnen zuvor unterlaufen sind. Man nehme an, 2016 lag die Inflationserwartung bei 2 Prozent (die Rate, die die Zentralbank versprochen hat). Tatsächlich betrug die Inflation aber 4 Prozent. Folglich betrug der Erwartungsfehler 2 Prozentpunkte. In 2017 erwarten die Marktakteure dann 4 Prozent Inflation: 2 Prozentpunkte wie von der Zentralbank versprochen plus 2 Prozentpunkte aufgrund des Erwartungsfehlers im Vorjahr.

[33] Siehe Muth, J. F. (1961), »Rational Expectations and the Theory of Price Movements«, in: *Econometrica* 29 (3), S. 315–335.

[34] Siehe Lucas, R. E. (1983), »Econometric Policy Evaluation: A Critique«, in: *Theory, Policy, Institutions: Papers from the Carnegie Rochester Conference Series on Public Policy,*

(1) Alle Marktakteure verfügen über die gleichen Informationen, haben das gleiche Wissen. (2) Alle wissen, wie die Wirtschaft funktioniert und können die Konsequenzen, die das Eintreffen von neuen Informationen hat, richtig deuten. (3) Die Marktakteure kennen die Wahrscheinlichkeitsfunktion der künftig eintreffenden Ereignisse, sie begehen daher *keine systematischen Erwartungsfehler*.

Die TRE wurde mittlerweile in die MEH integriert beziehungsweise (stillschweigend) mit der MEH verschmolzen. Daher ist es angeraten, auch die TRE einer kritischen Überprüfung zu unterziehen. Das soll im Folgenden anhand von drei Überlegungen geschehen.[35]

(1) Gäbe es tatsächlich rationale Erwartungen, dann müssten die Marktakteure über eine *Liste aller künftig möglichen Zukunftsereignisse* verfügen. Wenn es aber eine solche Liste *nicht* gibt, kann es auch kein Wissen über die Häufigkeitsverteilung der künftig möglichen Ereignisse geben: Wenn ich nicht weiß, welche Ereignisse überhaupt möglich sind, ist es unmöglich, irgendetwas Gehaltvolles über die Eintrittswahrscheinlichkeiten dieser unbekannten Ereignisse zu sagen.

Nun wird niemand, der bei Sinnen ist, behaupten, über eine Liste aller künftig möglichen Geschehnisse einschließlich ihrer Eintrittswahrscheinlichkeit zu verfügen. Der Gedanke widerspricht nicht nur der Erfahrung (die die meisten von uns gemacht haben): Es gibt immer wieder *Überraschungen* – Ereignisse treten ein, die man nicht für möglich gehalten hat.

(2) Die TRE nimmt an, dass alle Marktakteure die künftigen Ereignisse und ihre Eintrittswahrscheinlichkeiten kennen und dass sie alle dabei nur *Zufallsfehler* begehen (die einen Erwartungswert von null haben).

Damit unterstellt man jedoch, dass alle das gleiche Wissen (über die Zukunft) haben. In dem Sinn: »Du weißt, was ich weiß, und ich weiß, was du weißt.« Ansonsten können ja die Erwartungsfehler der Marktakteure nicht gleich sein. Sollten wir (du

hrsg. von K. Brunner, A. Meltzer, S. 257–284.

35 Die folgenden Kritikpunkte finden sich bei Hoppe (2012), *On Certainty and Uncertainty*, S. 223–228.

und ich) aber unterschiedliches Wissen haben, so werden wir auch unterschiedliche Erwartungsfehler machen: Die Wahrscheinlichkeit, dass ich oder du richtig prognostizieren, muss sich dann unterscheiden.

Die Güte der Vorhersagen, die unterschiedliche Personen machen, ist nun aber nicht allein Ausdruck der Zufälligkeit, sondern sie hängt von dem unterschiedlichen Wissen ab, das die unterschiedlichen Personen haben. Ist es überhaupt vorstellbar, dass wir alle das gleiche Wissen haben?

Wenn wir alle das gleiche Wissen hätten, so müsste (und würde) man diesen Tatbestand gar nicht in Wort und Schrift äußern, denn alle wüssten es ja bereits. Wenn man also behauptet, dass alle das gleiche Wissen haben, so impliziert das vielmehr, dass eben *nicht* alle das gleiche Wissen haben. So offenbart sich auch hier ein logischer Widerspruch.

(3) Kommen wir zum »K.-o.-Kriterium«: Aus *rein logischen Gründen* kann es so etwas wie eine Liste aller künftig möglichen Ereignisse und ihrer Häufigkeitsverteilung nicht geben. Der handelnde Mensch lässt sich nämlich logisch-widerspruchsfrei nur als *lernfähig* konzeptualisieren.

Um das zu erklären, greifen wir in aller Kürze auf die *Diskursethik* zurück, die die Philosophen Karl-Otto Apel (1922–2017) und Jürgen Habermas (*1929) formuliert haben. Ihr Ausgangspunkt ist die Einsicht, dass Fragen, ob etwas wahr oder falsch ist, sich nur im Zuge des *Argumentierens* entscheiden lassen.

Eine zentrale Einsicht ist nun, dass man nicht *nicht* argumentieren kann. Wer die Aussage macht: »Man kann *nicht* argumentieren«, der argumentiert und widerspricht damit seiner Aussage. Er begeht einen *performativen Widerspruch*. Man hat es folglich hier mit dem *Apriori des Argumentierens* zu tun.

Die Aussage »Der Mensch kann lernen« lässt sich argumentativ nicht widerspruchsfrei verneinen. Denn: (a) Wer sagt: »Der Mensch kann nicht lernen«, setzt bereits voraus (bei sich selbst oder seinem Gesprächspartner), dass man das Konzept »Lernen« versteht – dass man also irgendwann einmal zu lernen gelernt hat. Das aber ist ein *performativer Widerspruch*. (b) Wer sagt: »Der Mensch kann lernen, dass er nicht lernen kann«, begeht einen *offenen Widerspruch*.

Man kann also nicht behaupten, dass man nicht lernen kann, ohne in einen logischen Widerspruch zu verfallen. Wenn also die Vertreter der TRE verneinen, dass der Mensch lernen kann (weil sie annehmen, dass die Handelnden die Zukunft in Bezug auf alle möglichen Ereignisse und ihre Eintrittswahrscheinlichkeit kennen), ist das *unlogisch* und damit falsch: Denn dann könnten die Handelnden nicht mehr lernen – und genau das ist unlogisch und damit falsch.

8. *Exkurs*: Zur Wahl des Risikomaßes

Die MFT hat maßgeblich beeinflusst, wie heutzutage Investoren über Risiko (nach-)denken. Ihr zufolge definiert sich zum Beispiel das Risiko eines Aktieninvestments in Form von *Kursschwankungen* an der Börse.[36] An dieser Stelle sei eine kurze Kritik an diesem Risikomaß vorgebracht.

Stellen Sie sich vor, Sie investieren 1 Euro (Fall 1). In Jahr 1 erzielen Sie eine Rendite von 10 Prozent, sodass Ihr Investment auf 1,10 Euro anwächst. In Jahr 2 ist die Rendite –15 Prozent, Ihr Investment ist nur noch 0,94 Euro wert. In Jahr 3 ist die Rendite 20 Prozent, in Jahr 4 7 Prozent. Nach vier Jahren haben Sie 1,20 Euro.

In Fall 2 erzielen Sie die gleichen Renditen im Zeitablauf, aber mit dem entgegengesetzten Vorzeichen. Nach vier Jahren haben Sie aus 1 Euro 0,77 Euro gemacht. Die Volatilität war in Fall 1 und Fall 2 aber dieselbe! Doch in Fall 1 haben Sie 20 Prozent verdient, in Fall 2 23 Prozent verloren! Dieses Beispiel zeigt, wie problematisch die Volatilität (Standardabweichung) als Risikomaß ist.

Wie aber kommt es, dass die Volatilität als Risikomaß angesehen wird? Der MEH zufolge reflektiert der Marktpreis in korrekter Weise den fundamentalen Wert der Aktie. Schwankt der Börsenkurs (aufgrund des Eintreffens von relevanten Informationen), so schwankt auch der Wert der Aktie in gleichem Ausmaß, so die MEH.

[36] Dieses Risiko wird mit der Standardabweichung gemessen. Sie misst die durchschnittliche Entfernung aller gemessenen Ausprägungen eines Merkmals vom Durchschnitt. Im Fachjargon wird sie als Volatilität bezeichnet.

Abb. 37: Volatilität als Risikomaß in der MFT

Wie die Volatilität den Investor zur falschen Entscheidung verleiten kann

Jahr

Fall 1

	1	2	3	4	Volatilität
Rendite	10	-15	20	7	12,78
Betrag	1,10	0,94	1,12	1,20	

Fall 2

	1	2	3	4	
Rendite	-10	15	-20	-7	12,78
Betrag	0,90	1,04	0,83	0,77	

Quelle: Eigene Berechnungen.

Wenn das so ist (der Markt also informationseffizient ist), dann würde es in der Tat Sinn machen, Börsenkursschwankungen mit Risiko gleichzusetzen. Was aber, wenn der Markt *nicht* informationseffizient ist (und das kann er, wie bereits gezeigt, aus logischen Gründen nicht sein)?

In diesem Fall können die Aktienkurse zeitweise von ihrem fundamentalen Wert abweichen – und das heißt, dass die Schwankungen der Börsenkurse per se *kein* sinnvolles, kein akzeptables Risikomaß für den Investor sind.[37]

Die Kritik lässt sich noch schärfer formulieren: Investmententscheidungen anhand der Volatilität zu treffen, führt zu falschen Entscheidungen, schadet dem Investmenterfolg. Wiederholen wir dazu noch einmal das einfache Beispiel aus Kapitel »Falsches Risiko, richtiges Risiko«:

Nehmen wir an, Ihre Analyse zeigt, dass der Wert einer Aktie 100 Euro ist. Im Markt wird sie jedoch zu 50 Euro gehandelt (so etwas kann passieren). Sie kaufen die Aktie – und können auf eine Rendite von 100 Prozent hoffen.

---

[37] Der Investor, der hier gemeint ist, ist jemand, der sein Geld langfristig (ein oder mehrere Jahre) investiert. Gemeint ist nicht der Händler, der minütlich oder stündlich kauft und wieder verkauft; er ist ein Spekulant.

Nach dem Kauf fällt die Aktie auf 30 Euro – und zwar weil es Panik auf dem Börsenparkett gibt, *nicht* weil ihr Wert gefallen ist. Die Volatilität (das Risikomaß der MFT) der Aktie steigt dadurch an. Sie fragen sich zu Recht: Wieso sollte mein Risiko gestiegen sein? Meine Rendite ist doch weiterhin 100 Prozent!

Wenn ich weitere Aktien zu 30 Euro kaufe, beträgt die Rendite der neuen Aktien sogar 233 Prozent! Der Kursrutsch hat also mein Risiko gar nicht erhöht: Wenn ich etwas für 30 Euro kaufen kann, das 100 Euro wert ist, so ist das doch weniger risikoreich, als wenn ich dafür 50 Euro zahle!

Ein Investor, der sich von der Volatilität leiten lässt, begeht einen folgenschweren Fehler. Betrachten wir dazu das nachstehende Beispiel. Ihr Anlagebetrag ist 100.000 Euro. Dafür kaufen Sie 1.000 Aktien zum Kurs von 100 Euro. Nun fällt der Kurs auf 50 Euro, und die Volatilität steigt. Ihr Buchverlust beträgt 50.000 Euro. Sie entscheiden sich, die Aktien weiter zu halten. Die Aktie fällt weiter auf 30 Euro. Nun verkaufen Sie, nicht weil Sie meinen, der Wert der Aktie sei gesunken, sondern weil die Finanzmarktaufsicht sagt, die Volatilität sei zu hoch geworden. Ihr realisierter Verlust beträgt 70.000 Euro.

Abb. 38: Vorsicht vor Investmententscheidungen, die sich an der Volatilität ausrichten

Wie die Volatilität den Investor fehlleiten kann

Aktion	Kurs	Anzahl Aktien	Anlage-betrag	Gewinn / Verlust*)
Kauf	100	1.000	100.000	...
Halten	50	1.000	50.000	-50.000
Verkauf	30	1.000	30.000	-70.000
Kauf	40	750	30.000	...
Halten	100	750	75.000	-25.000

Quelle: Eigene Berechnungen.

* Gegenüber der Ausgangssituation

Dann dreht die Börse, und die Volatilität nimmt wieder ab. Sie brauchen etwas Zeit, um die Entscheidung zu treffen, wieder in den Aktienmarkt einzusteigen. Beim Kurs von, sagen wir, 40 Euro investieren Sie Ihre verbliebenen 30.000 Euro. Selbst wenn der Kurs wieder auf 100 Euro steigt (also den Wert erreicht, den Sie anfänglich der Aktie beigemessen haben), beträgt Ihr Verlust 25.000 Euro! Kauf- und Verkaufsentscheidungen von der Volatilität abhängig zu machen, kann folglich sehr verlustreich sein.

Zum Beta-Faktor

Das CAPM, das einen zentralen Stellenwert in der MFT einnimmt, postuliert, dass sich die Rendite eines risikobehafteten Wertpapiers aus dem risikolosen Zins zuzüglich einer Risikoprämie zusammensetzt. Die Risikoprämie entspricht der Differenz zwischen Gesamtmarktrendite und risikolosem Zins, die mit einem Risikofaktor multipliziert wird. Da der Investor durch Diversifikation das *unternehmensspezifische Risiko* (idiosynkratische Risiko) eliminieren kann, wird ihm im Kapitalmarkt nur das *systematische Risiko* (Marktrisiko) entgolten. Die Rendite für ein risikobehaftetes Wertpapier, R_i, im Kapitalmarktgleichgewicht ist demnach:[38]

$$R_i = R_f + \left(R_M - R_f\right) \cdot ß_i,$$

wobei R_f = risikoloser Zins, R_M = Rendite des Marktportfolios und $ß_i$ = systematisches Risiko (das auch als Beta- oder ß-Faktor bezeichnet wird). Der ß-Faktor erklärt sich wie folgt:

$$ß_i = \frac{COV(R_i,R_M)}{\mathrm{VAR}(R_M)} = k_{i,m} \cdot \frac{\sigma_i}{\sigma_M}.$$

Der ß-Faktor ist das Verhältnis zwischen der Kovarianz (*COV*) der Rendite des Wertpapiers *i* mit der Rendite des Gesamtmarktes und der Varianz (*VAR*) der Rendite des Gesamtmarktes. Das entspricht

[38] Üblicherweise wird mit Erwartungswerten argumentiert. Für eine Herleitung des CAPM siehe zum Beispiel Peridon, Steiner (1991), *Finanzwirtschaft der Unternehmung*, S. 250–252.

dem Korrelationskoeffizienten zwischen der Rendite eines Wertpapiers *i* und der Rendite des Gesamtmarktes ($k_{i,m}$), multipliziert mit dem Verhältnis zwischen der Schwankung der Wertpapierrendite *i* (σ_i) und der Schwankung der Gesamtmarktrendite (σ_m).

Ist der ß-Faktor einer Aktie hoch (sagen wir 1,5), so bedeutet das, dass die Aktie um 15 Prozent steigt, wenn der Gesamtmarkt um 10 Prozent zulegt. Liegt der ß-Faktor bei 1, so bewegt sich das Wertpapier eins zu eins mit dem Gesamtmarkt. Und ist der ß-Faktor kleiner als 1 (sagen wir 0,5), so steigt die Aktie um 5 Prozent, wenn der Aktienmarkt um 10 Prozent steigt.

Je höher (kleiner) der ß-Faktor ist, desto höher (kleiner) ist nach dem CAPM das Risiko. Daraus ziehen die Vertreter der MFT zwei *normative* Schlüsse: (1) Je größer (kleiner) der ß-Faktor eines Wertpapiers ist, desto höher (geringer) soll die (richtige) Renditeerwartung des Investors sein; und (2) je größer (kleiner) der ß-Faktor eines Wertpapiers ist, desto geringer (höher) muss sein Anteil am Portfolio ausfallen, wenn der Investor sein Gesamtrisiko begrenzen will. Doch auch diese Aussagen halten einer kritischen Betrachtung nicht stand.

Die MEH behauptet, Märkte seien informationseffizient: Die Kurse spiegelten stets alle relevanten Informationen wider. Doch wie bereits gezeigt wurde, kann man – aus logischen Gründen – Kursveränderungen einer Aktie *nicht per se* gleichsetzen mit Wertveränderungen des Unternehmens (*Wert* verstanden als Barwert der künftigen Dividendenzahlungen). Der Kurs einer Aktie kann aufgrund vieler Gründe schwanken. Eine Aktie, die hohe Kursschwankungen zeigt – ob isoliert betrachtet oder in Relation zum Gesamtmarkt – und folglich einen hohen ß-Faktor hat, ist sowohl vereinbar mit einer künftig erfolgreichen als auch mit einer künftig nicht erfolgreichen Entwicklung. Man kann aus einen ß-Faktor nicht, wie es im CAPM geschieht, schlussfolgern, dass eine logisch begründbare positive Beziehung besteht zwischen dem ß-Faktor einer Aktie und ihrer künftig zu erwartenden Rendite.

9. Zur Möglichkeit von Spekulationsblasen

Die Spekulationsblasen (»Bubbles«) der letzten Jahre – etwa in Form des »New Economy«-Hypes Mitte der 1990er-Jahre und des Kreditbooms ab etwa 2003 (sowie die nachfolgende schwere Finanz- und Wirtschaftskrise) – werfen die Frage auf: Sind spekulative Blasen an den Finanzmärkten vereinbar mit der MEH?[39]

Das Vorliegen einer (rationalen) »Blase« bedeutet, dass der Aktienkurs P_t zusätzlich zur fundamental gerechtfertigten Preiskomponente (P_t^f) eine »Blasenkomponente« (B_t) hat:

$$P_t = P_t^f + B_t$$

Was ist der Grund, warum es Blasen geben kann? Zum Beispiel gibt es *Herdenverhalten*: Steigende Kurse locken neue Käufer an, die nicht aufgrund fundamentaler Gründe, sondern allein wegen der bereits gestiegenen Kurse kaufen. Dadurch werden die Kurse weiter in die Höhe getrieben – was wiederum neue Käufer anlockt. Und so weiter.

Was sagt die MEH zu der Frage: *Sind Blasen möglich?* Blickt man in die Literatur, werden unterschiedliche Antworten gegeben. Es findet sich die Auffassung, Blasen seien vereinbar mit der MEH. Schließlich besage die MEH *lediglich*, dass die Marktpreise zu jedem Zeitpunkt die Einschätzung aller kursrelevanten Informationen widerspiegeln. Sie behaupte aber *nicht*, dass diese Einschätzungen stets fehlerfrei und damit die Kurse stets die richtigen seien.

Ebenso findet sich die Auffassung, eine Blase sei mit der MEH vereinbar, weil letztere lediglich besagt, *Überrenditen* seien nicht möglich. Und diese Aussage werde nicht durch das Auftreten von Blasen widerlegt: Auch in einer Blase sei der Investor nicht in der Lage, Überrenditen zu erzielen.[40] Man trifft allerdings auch auf die Position, dass es »rationale Blasen« gibt, also Blasen, die mit der

[39] Siehe hierzu zum Beispiel Cuthbertson (1996), *Quantitative Financial Economics. Stocks, Bonds and Foreign Exchange*, S. 156–168; Campbell, Lo, MacKinlay (1997), *The Econometrics of Financial Markets*, S. 258–260.

[40] Beispielsweise argumentiert Fama, dass es so etwas wie eine Blase (»Bubble«) gar nicht geben kann und dass die Markteffizienzhypothese auch in den »Übersteigerungsphasen« Gültigkeit hatte. In einem Interview mit der *New York Times* vom 13.

TRE vereinbar seien[41], und ebenso Auffassungen, die dieser Position widersprechen.[42]

Für uns ist aber nicht entscheidend, ob die MEH oder die TRE das Entstehen von Blasen für möglich erklären oder nicht. Schließlich hat unsere kritische Analyse gezeigt, dass beide Theorien unter logischen Unkorrektheiten leiden und daher keine verlässlichen Prüfinstanzen sein können. *Die Frage, ob es Blasen auf den Finanzmärkten geben kann oder nicht, muss vielmehr mit einer logisch korrekten Theorie beantwortet werden.* Zur letzteren zählt eine Theorie, die auf der *Logik des Handelns* aufbaut. Was aber sagt die Logik des Handelns zu – und das ist entscheidend an dieser Stelle – menschlichen Irrtümern und Fehlern?

Dass Menschen *Fehler* machen – und zwar in dem Sinne, dass sie manchmal Mittel in einer Weise einsetzen, die sie nicht zum angestrebten Ziel führen –, ist nicht nur eine (unbestreitbare) Lebens- und Erfahrungsweisheit. Es ist auch eine Folgerung, die sich aus der Logik des menschlichen Handelns selbst ableitet. Um mit gegebenen Mitteln alle unsere Ziele »fehlerfrei« zu erreichen, müssten wir über eine *perfekte Voraussicht* verfügen: Wir müssten wissen, welche Mittel wann, wie und wo einzusetzen sind; und zudem müssten wir auch volle Kontrolle über alle sonstigen Faktoren haben, die das Erreichen unserer Ziele beeinflussen.

Dabei niemals Fehler zu begehen, würde die *Abwesenheit von Unsicherheit* bedingen. [43] Das aber wäre ein logischer Widerspruch: Denn der wahre Satz »Der Mensch handelt« besagt, dass der Mensch unter Unsicherheit handelt. Um das einzusehen, verdeutliche man sich, was es bedeuten würde, wenn er unter Abwesenheit von Unsicherheit handelt.

Januar 2010 sagte er: »I don't even know what a bubble means. These words have become popular. I don't think they have any meaning.«

[41] So etwa Blanchard, Watson (1982), »Bubbles, Rational Expectations and Financial Markets«.

[42] Siehe hierzu z. B. Diba, Grossmann (1985), »Rational Bubbles in Stock Prices?«. In ihrer empirischen Analyse kommen die Autoren zum Schluss, dass rationale Blasen nicht existieren.

[43] Siehe hierzu Mises (1998), *Human Action*, Kap. VI.: »Uncertainty«, S. 105–118: »If man knew the future, he would not have to choose and would not act. We would be like an automaton, reacting to stimuli without any will of his own.« (S. 105); auch Rothbard (2009), *Man, Economy, and State*, S. 7.

Man wüsste dann schon heute, was künftig alles geschehen wird: welche Ereignisse eintreten, welche Vorlieben man künftig haben wird, welche Mittel bereitstehen, um Bedürfnisse zu erfüllen etc. Wenn die Zukunft sicher ist, ist aber menschliches Handeln nicht möglich – und das ist, wie bereits gezeigt, denkunmöglich.

Gemäß der Logik des menschlichen Handelns besteht also die Möglichkeit, dass es auf Finanzmärkten zu Blasen kommen kann. Denn man kann die Finanzmärkte – aus logischen Gründen – nicht als informationseffizient in dem Sinne konzeptualisieren, dass die Akteure beim Mitteleinsatz zur Erreichung ihrer Ziele nie Fehler begehen. Die Idee, dass die Finanzmärkte stets für die richtigen, fundamental gerechtfertigten Börsenkurse sorgen, lässt sich logisch nicht aufrecht erhalten.

10. Der konstruktive Beitrag der »Österreichischen Schule«

Die MFT beschränkt ihre Analyse auf die Marktpreise beziehungsweise deren Veränderungen im Zeitablauf. Sie hält dabei keinerlei theoretische Erklärung bereit, wie sich volkswirtschaftliche Geschehnisse auf das Finanzmarktgeschehen auswirken. So gesehen weist die MFT nicht nur logische Defizite auf, sie ist auch »karg«.

Eine reichere, ergiebigere Theorie zur Erklärung der Finanzmarktpreise bietet die monetäre Konjunkturtheorie der Österreichischen Schule der Nationalökonomie (ÖS).[44] Sie hält eine (handlungs-)logische Erklärung für die Preisbildung auf Märkten bereit. Sie erlaubt es, die Phänomene, die die MFT ausblendet, explizit theoretisch zu erfassen – wie zum Beispiel die Bedingungen des Tauschens und das Entstehen von Spekulationsblasen auf den Finanzmärkten. Das soll abschließend skizziert werden.

---

44 Siehe Ebeling (1996), *The Austrian Theory of the Trade Cycle and other Essays*; Mises (1998), *Human Action*, Kap. XX.: »Interest, Credit Expansion, and the Trade Cycle«, S. 535–583. Für eine handlungslogische Begründung siehe Hoppe (1983), *Kritik der kausalwissenschaftlichen Sozialforschung*, S. 64–78.

In einem ungedeckten Papier- oder Fiat-Geldsystem weitet die Zentralbank (in enger Kooperation mit den Geschäftsbanken) die Geldmenge aus, indem sie neue Kredite vergibt – Kredite, die nicht durch »echte Ersparnis« gedeckt sind; es handelt sich um Geldschaffen »aus dem Nichts«. Das zusätzliche Kreditangebot senkt den Marktzins ab – und zwar unter das Niveau (des »natürlichen Zinses«), das sich einstellen würde, wenn es keine Kredit- und Geldmengenerhöhung »aus dem Nichts« geben würde. Der künstlich gesenkte Marktzins lässt die Ersparnis sinken, und er erhöht die Nachfrage nach Konsum- und Investitionsgütern.

Auf diese Weise kommt ein künstlicher Aufschwung (»Boom«) in Gang. Dabei entstehen »Clusters of Errors«[45]: Über viele Branchen hinweg zeigt sich früher oder später, dass sich die begonnenen Investitionen nicht rechnen, dass sich Absatzerwartungen nicht erfüllen, dass Produktionskosten höher ausfallen als ursprünglich gedacht. Angesichts enttäuschter Rentabilitätserwartungen schränken die Unternehmen ihre Produktion ein und reduzieren die Belegschaft. Der Boom schlägt in einen Abschwung (»Bust«) um.

Die Wirkung der künstlich abgesenkten Zinsen erfasst die Börsen: (1) Die Barwerte der künftig erwarteten Gewinne und damit die Aktienkurse steigen künstlich in die Höhe.[46] (2) Dieser Effekt wird verstärkt, wenn die künstlich gesenkten Zinsen die Gewinnerwartungen steigen lassen. (3) Künstlich gesenkte Zinsen verringern zudem die Kredit- und Kapitalkosten der Unternehmen und erhöhen dadurch ebenfalls die erwarteten Gewinne und Aktienkurse.

Steigt der künstlich gesenkte Zins nachfolgend wieder auf sein neutrales Niveau an, weil Banken ihr Kreditangebot nicht mehr ausweiten können oder wollen (beispielsweise weil sie Kreditausfälle verkraften müssen beziehungsweise fürchten), schlägt der Boom in einen Bust um. Der wirtschaftsbelebende Effekt, die »Reichtumsillusion«, verpufft. Die zuvor gestiegenen Börsenkurse fallen, die Preisblase platzt.[47]

---

[45] Siehe Rothbard (2000), *America's Great Depression*, S. 8 ff.

[46] Die Blase ist hier zu verstehen als die Preiskomponente des Börsenkurses, die sich allein als Folge des künstlich gesenkten Zinses erklärt – die also den fundamental gerechtfertigten Preis der Aktie übersteigt.

[47] Die Entstehung von Blasen ist natürlich nicht auf die Aktienmärkte beschränkt. Es kann auch Häuser- und Anleihemärkte treffen.

Diese kurze Skizzierung sollte ausreichen, um zu verdeutlichen, dass die (handlungslogisch fundierte) monetäre Konjunkturtheorie der ÖS eine Erklärung anbietet für die Möglichkeit, dass Preisblasen auf den Finanzmärkten entstehen können. Die ÖS stellt damit einen theoretischen Erklärungsrahmen bereit, der den Gehalt der MFT weit übersteigt und eine solide theoretische Verbindung herstellt zwischen dem Finanzmarktgeschehen und makroökonomischen Entwicklungen.

11. Überrenditen sind möglich – aber nicht für alle

Die bisherigen Ausführungen haben deutlich gemacht, dass die MFT unter logischen Inkonsistenzen leidet. Der Investor ist daher gut beraten, ihren Erklärungen und Handlungsempfehlungen nicht unkritisch Glauben zu schenken. Vor allem sollte er sich besonders kritisch mit einer Kernaussage der MFT auseinandersetzen: dass der Investor nicht in der Lage sei, dauerhaft Überrenditen zu erzielen. Wer sich genauer mit dieser Aussage auseinandersetzt, wird erkennen, dass sie nicht zu halten ist.

Die Erfahrung lehrt, dass es Unterschiede zwischen Menschen gibt. Einige besitzen Fähigkeiten, die andere nicht haben: Die einen denken schnell, die anderen langsam; die einen sind ehrgeizig, die anderen genügsam; und so weiter. Aus diesen Unterschieden in Bezug auf Ziele, Wünsche und körperlich-geistige Fähigkeiten erwächst die *Möglichkeit,* dass einige beim Verfolgen ihrer Ziele erfolgreicher abschneiden können als andere. Daher besteht auch die *Möglichkeit,* dass einige am Kapitalmarkt Überrenditen erzielen können. Und sollten sich die genannten Unterschiede als dauerhaft erweisen, besteht auch die *Möglichkeit,* dass einige *dauerhaft* Überrenditen erzielen können.

Die Erfahrung liefert dafür jedoch keinen abschließenden Beweis, denn aus Beobachtungen lassen sich bekanntlich keine Gesetzmäßigkeiten ableiten. Doch es lässt sich eine (handlungs-)logische Begründung für die *Möglichkeit* geben, warum einige Kapitalanleger dauerhaft Überrenditen erzielen können. Sie lautet: Dass Menschen miteinander in eine Austauschbeziehung treten, ist Folge von *interpersonellen Ungleichheiten.* Unterschiedliche Menschen verfolgen unterschiedliche Ziele, haben unterschiedliche Wünsche und unterschiedliche Fähigkeiten. Ohne diese Unterschiede (und ihre Dauerhaftigkeit) gibt es keine (fortgesetzten) Markttransaktionen. Hinzu kommt, dass das *Wissen*[48], über das die jeweilige Person verfügt, unterschiedlich sein *muss.*

Denn was würde es bedeuten, wenn wir alle das gleiche Wissen hätten? In diesem Fall kenne ich deine Ziele, Vorlieben und Fähigkeiten, und du kennst meine Ziele, Vorlieben und Fähigkeiten. Und zudem haben wir die gleiche Vorstellung darüber, welche Mittel wir in welcher Weise einsetzen müssen, um bestimmte Ziele zu erreichen. Das hätte für das Handeln auf dem Kapitalmarkt folgende Konsequenz: Wenn alle über das gleiche Wissen verfügen, haben auch alle die gleiche Vorstellung darüber, ob man zum Beispiel mit einer Aktie eine bestimmte Rendite erzielen kann oder nicht.

Alle haben dann die gleiche Vorstellung über den (richtigen) *Wert* der Aktie. Folglich werden auch *alle* zu einem bestimmten Aktienkurs kaufen, verkaufen oder halten wollen. Unter dieser Bedingung aber sind Markttransaktionen unmöglich – denn sie setzen ja voraus, dass jemand meint, eine Aktie sei zu einem bestimmten Preis ein guter Kauf, während ein anderer gleichzeitig meint, es sei attraktiv, die Aktie zu diesem Preis zu verkaufen. Es ist daher (handlungs-)logisch notwendig, dass auf einem (Kapital-)Markt die Akteure unterschiedliches Wissen haben, denn sonst kann kein Tausch stattfinden.

Wenn nun aber unterschiedliche Personen unterschiedliche Fähigkeiten und ungleiches Wissen haben, und wenn es im Zuge von Markttransaktionen nicht widerspruchsfrei denkbar ist, dass alle irgendwann über das gleiche Wissen verfügen, dann besteht auch die (handlungs-)logische *Möglichkeit*, dass einige Akteure im Kapitalmarkt dauerhaft Überrenditen erzielen können.

---

48 Gemeint ist hier nicht »perfektes Wissen« im Sinne von Wissen über alles, was künftig geschehen wird. Mit »gleichem Wissen« ist lediglich ein Zustand gemeint, in dem alle zu einem Zeitpunkt über den gleichen Wissensstand verfügen.

Ob jemand tatsächlich dauerhaft Überrenditen erzielen kann, wird er unter Beweis stellen müssen; seine Performance über die Jahre wird es zeigen. Die Kernaussage der MFT jedoch, man könne nicht dauerhaft Überrenditen erzielen, lässt sich mit (handlungs-) logischen Überlegungen als falsch entlarven. Daher ist jeder Anleger gut beraten, sich eingehend mit der Frage auseinanderzusetzen: Bin ich in der Lage, dauerhaft besser abzuschneiden als alle anderen Finanzmarktteilnehmer? Wenn die Antwort Nein lautet, sollte er *passiv* investieren (zum Beispiel durch den Erwerb eines Aktienweltmarkt-Indexes oder -ETFs). Wenn die Antwort Ja lautet, sollte er *aktiv*, in ausgewählte Aktien (oder Anleihen etc.) investieren – entweder in Eigenregie oder indem er mit Investoren zusammenarbeitet, die die Fähigkeit haben, dauerhaft Überrenditen erzielen zu können. Die Möglichkeit, als aktiver Investor Überrenditen zu erzielen, ist gegeben – die MFT hat Unrecht.

Literatur

Blanchard, O. J., Watson, M. W. (1982), Bubbles, Rational Expectations and Financial Markets, NBER Working Paper No. 945, July.

Buffett, W. E. (1984), The Superinvestors of Graham-and-Doddsville; wiederabgedruckt in: The Columbia Business School Magazine, S. 4–15.

Campbell, J. Y., Lo, A. W., MacKinlay, A. C. (1997), The Econometrics of Financial Markets. Princeton University Press, Princeton, New Jersey.

Dias de Sousa, C., Ricardo, E., Howden, D. (2015), The Efficient Market Conjecture, in: Quarterly Journal of Austrian Economics, Bd. 4, Nr. 18 (2015), S. 387–408.

Cuthbertson, K. (1996), Quantitative Financial Economics. Stocks, Bonds and Foreign Exchange, John Wiley & Sons.

Diba, B. T., Grossmann, H. I. (1985), Rational Bubbles in Stock Prices?, NBER Working Paper No. 1779, October.

Fama, E. (1970), Efficient Capital Markets: A Review of Theory and Empirical Work, in: Journal of Finance, May, Bd. 25, Nr. 2, S. 383–417.

Fama E. (1965), The Behavior of Stock-Market Prices, in: Journal of Business, Bd. 38, Nr. 1, S. 34–105.

Grossman, S. J., Stiglitz J. E. (1980), On the Impossibility of Informationally Efficient Markets, in: American Economic Review, 70:3, S. 393–408.

Hartwig, K.-H. (1977), Kritisch-rationale Methodologie und ökonomische Forschungspraxis. Zum Gesetzesbegriff in der Nationalökonomie, Peter Lang, Frankfurt am Main, Bern, Las Vegas.

Hoppe, H.-H. (2012), On Certainty and Uncertainty, in: The Great Fiction. Property, Economy, Society and the Politics of Decline, Laissez Fair Books, S. 217–249.

Hoppe, H.-H. (1983), Kritik der kausalwissenschaftlichen Sozialforschung. Untersuchungen zur Grundlegung von Soziologie und Ökonomie, Westdeutscher Verlag, Opladen.

Lintner, J. (1965a), Security Prices, Risk and Maximal Gains from Diversification, in: Journal of Finance. December, 20, S. 587–615.

Lintner, J. (1965b), The Valuation of Risk Assets and the Selection of Risky Investments in Stock Portfolios and Capital Budgets, in: Review of Economics and Statistics, Februar, 47, S. 13–37.

Malkiel, B. G. (2003), The Efficient Market Hypothesis and Its Critics, in: Journal of Economic Perspectives, Bd. 17, Nr. 1, Winter, S. 59–82.

Mises L. v. (1998), Human Action. A Treatise on Economics, Ludwig von Mises Institute, Auburn, US Alabama.

Mises, L. v. (1940), Nationalökonomie. Theorie des Handelns und Wirtschaftens, Editions Union Genf.

Mossin, J. (1966), Equilibrium in a Capital Asset Market, in: Econometrica. October, 35, S. 768–783.

Polleit, T. (2017), Über die Logik des Handelns (Antrittsvorlesung an der Universität Bayreuth), 22. Juni (http://www.misesde.org/?p=16485).

Polleit, T. (2013), The Financial and Economic Crisis and the Aberrance of Economics, in: Credit and Capital Markets – Kredit und Kapital, Vol. 46, Nr. 2, S. 233–246.

Poser, H. (2001), Wirtschaftstheorie. Eine philosophische Einführung, Philipp Reclam jun., Stuttgart.

Rothbard, M. N. (2000), America's Great Depression, 5. Aufl., Ludwig von Mises Institute, Auburn, US Alabama.

Sharpe, W. F. (1964), Capital Asset Prices: A Theory of Market Equilibrium Under Conditions of Risk, in: Journal of Finance. September, 19, S. 425–442.

Shostak, F. (1997), In Defense of Fundamental Analysis: A Critique of the Efficient Market Hypothesis, in: Review of Austrian Economics 10 (2), S. 27–45.

Treynor, J. L. (1962), Toward a Theory of Market Value of Risky Assets. Unpublished manuscript. Final version in Asset Pricing and Portfolio Performance, 1999, Robert A. Korajczyk, ed., London: Risk Books, S. 15–22

Williams, J. B. (1956 [1938]), Theory of Investment Value, Cambridge M. A., Harvard University Press, North Holland Publishing.

Über den Autor

Dr. Thorsten Polleit (Jahrgang 1967) ist seit April 2012 Chefvolkswirt der Degussa, Europas größtem Edelmetallhandelshaus. Zuvor war er 15 Jahre im internationalen Investmentbanking tätig. Seit 2014 ist er Honorarprofessor für Volkswirtschaftslehre an der Universität Bayreuth. Thorsten Polleit wurde mit dem O.P. Alford III Prize in Libertarian Scholarship ausgezeichnet. Er ist Adjunct Scholar am Ludwig von Mises Institute, Auburn, Alabama, USA, und Präsident des Ludwig von Mises Institute Deutschland. Thorsten Polleit ist Mitgründer und Berater eines Alternative Investment Fund (AIF). Seine private Website ist: *www.thorsten-polleit.com.*

Geldreform

Thorsten Polleit, Michael von Prollius

Ob US-Dollar, Euro, chinesischer Renminbi, japanischer Yen oder Britisches Pfund: Sie alle sind ungedecktes Papiergeld, genauer: staatliches Zwangsgeld.
Das staatliche Zwangsgeld leidet unter schwerwiegenden ökonomischen und ethischen Defiziten. Es ist inflationär, es ist ein Fremd- und Störfaktor im Gefüge freier Märkte und verursacht Finanz- und Wirtschaftskrisen. Zudem sorgt es für immer größere Schuldenlasten und bereichert in ungerechtfertigter Weise einige wenige auf Kosten aller anderen.
Die komplett überarbeitete 3. Auflage des Buches soll einen konstruktiven Beitrag leisten, um eine der wohl größten gesellschaftlichen Herausforderungen unserer Zeit zu bewältigen: das staatliche Zwangsgeldsystem zu beenden und durch eine marktwirtschaftliche Geldordnung zu ersetzen.

288 Seiten | Hardcover | 14,99 € (D) | 15,50 € (A) | ISBN 978-3-89879-691-0

Ludwig von Mises

Thorsten Polleit, Philipp Bagus,
Hans-Hermann Hoppe, Jörg Guido Hülsmann

Ludwig von Mises (1881–1973) gehört zusammen mit Friedrich August von Hayek zu den wichtigsten Vertretern der Österreichischen Schule der Nationalökonomie. Er gilt als bedeutendster Wirtschafts- und Geldtheoretiker des zwanzigsten Jahrhunderts. Erstmals geben vier profilierte und ausgewiesene Kenner der Arbeiten von Mises' einen Einstieg in die Lehren und Sichtweisen des großen Ökonomen. Hans-Hermann Hoppe gibt eine Einführung in Ludwig von Mises' Leben, sein Werk sowie den Liberalismus. Jörg Guido Hülsmann beleuchtet Mises' Geldtheorie. Philipp Bagus widmet sich seiner Staats- und Interventionismuskritik und Herausgeber Thorsten Polleit erläutert von Mises' wissenschaftliche Methode.

160 Seiten | Softcover | 14,99 € (D) | 15,50 € (A) | ISBN 978-3-89879-824-2

Charlie Munger

Tren Griffin, Charles Munger, Hendrik Leber

Charlie Munger ist visionärer Vizepräsident von Berkshire Hathaway, einem der 20 größten Unternehmen der USA. Doch noch mehr ist er Warren Buffetts unersetzlicher Geschäftspartner, der über Jahrzehnte besser abgeschnitten hat als der Markt. Munger ist davon überzeugt, dass Sie als Investor dasselbe schaffen können. Seine Lebenserfahrung – ein Bündel interdisziplinärer Denkmodelle aus Wirtschaft, Psychologie und Philosophie – ermöglicht es ihm, Emotionen und Investitionen strikt zu trennen und so die üblichen Fallstricke beim Investieren zu meiden. Das können auch Sie.
Tren Griffins Buch präsentiert erstmals Mungers Investmentstrategien, von denen Generationen erfolgreicher Investoren profitiert haben. Doch geht es Munger und Griffin nicht ausschließlich um Investmentstrategien, sondern auch darum, genau die Denkstrukturen zu vermitteln, aus denen Sie als Leser sowohl für Ihre Investitionen als auch Ihr Leben praktischen Nutzen ziehen können.
Das erste Buch über Charlie Mungers einzigartige Investmentstrategien auf Deutsch.

256 Seiten | Hardcover | 24,99 € (D) | 25,70 € (A) | ISBN 978-3-89879-958-4

Die Essays von Warren Buffett

Lawrence A Cunningham, Warren Buffett

Warren Buffett - dieser Name hat in Investoren- und Börsenkreisen einen magischen Klang. Wie dieser Mann sein Unternehmen, dessen Aktionäre und auch sich selbst (er ist zur Zeit der zweitreichste Mann der Welt) zu Erfolg und Wohlstand führte, ist eine Investoren-Leistung, die ihresgleichen sucht. Über Buffett ist viel geschrieben worden, doch was hat er selbst zu sagen? Dies ist das erste Buch aus seiner eigenen Feder! Hier lesen Sie Buffetts klassische Briefe an seine Aktionäre, ausgewählt und zusammengestellt von Herausgeber Lawrence A. Cunningham. Lassen Sie sich von Buffetts Anlagephilosophie für Ihre eigenen Investitionen inspirieren und anleiten! Denn der Wert von Buffetts nüchterner Weisheit wächst in dem Maße, wie der Aktienmarkt hin- und herschlingert.

299 Seiten | Hardcover | 34,99 € (D) | 36,00 € (A) | ISBN 978-3-89879-697-2